湛庐CHEERS

与最聪明的人共同进化

HERE COMES EVERYBODY

# 男孩女孩学习大不同

A Guide for Teachers and Parents

给教师和家长的教导指南

[美] 迈克尔 · 古里安 著
Michael Gurian
玉冰 译

# Boys and Girls Learn Differently!

献给盖尔（Gail）、加布丽埃勒（Gabrielle）和达维塔（Davita）

献给从幼儿园到高中的所有男孩和女孩，
以及鲍勃·亨利（Bob Henley）

献给帕蒂·纳斯伯格（Patty Nasburg）
和杰西·特鲁曼（Jesse Trueman）

献给所有令我们保持年轻、保有好奇心
并真正参与到教与学之中的学生们

献给凯文·罗（Kevin Roe）和迈克·罗（Mike Roe）

献给努力把握每一个机会帮助孩子走向成功的
每一位家长和老师

MICHAEL

GURIAN

迈克尔·古里安

- 全球最具影响力的
性别科学领域教育家
- 首屈一指的
男孩教育权威

# 最懂男孩女孩
# 内在优势的教育家

迈克尔·古里安是一名社会哲学家、家庭咨询师、企业顾问和《纽约时报》畅销书作家，曾出版过 32 本畅销书，著作涉及育儿、教育、心理、商业等领域，先后被译为 23 种语言，在世界各地流传。

在教育领域，古里安曾就职于美国冈扎加大学教育学院，并在那里开启了人生中第一堂性别生物学课程。他的经典书系“男孩养育专家古里安优势教养系列”（《核心天性教养法》《男孩女孩学习大不同》《男孩的学习方式大不同》《男孩的思维方式大不同》《男孩的人生目标大不同》）传递出一种观点，即“核心天性与性别差异是给孩子带来决定性影响的两个关键因素”，这一观点曾掀起全美激烈论战。古里安制作的教养视频被美国已有百年历史的非营利性组织“大哥哥大姐姐”采用。作为性别科学领域的先驱人物，古里安的学术活动遍布哈佛大学、斯坦福大学、约翰·霍普金斯大学、加州大学和科罗拉多大学等世界名校。

MICHAEL GURIAN

近 40 年来，古里安一直从事大脑生物学和性别差异领域的研究，尤其在男孩教育方面颇有建树。他研发的 Core 模式，即同情心（Compassion）、荣誉感（Honor）、责任心（Responsibility）和进取心（Enterprise），“10 条价值观”工具及三重家庭体系，影响了无数男孩的成长。他还与合作伙伴凯茜·史蒂文斯（Kathy Stevens）一起，研发出了名为“男孩女孩学习方式大不同”的课程。目前，已有超过 2 000 所学校以及全美数万名家长、教师尝试了这些教育方法。

## 享誉全美的“人民的哲学家”

此外，古里安还被誉为“人民的哲学家”，因为他以超强的能力将人们的普通生活与科学思维联系在了一起，并积极倡导将神经生物学和脑科学的研究引入家庭、工作、学校和公共事务的管理中。曾在欧洲、亚洲、美洲和中东地区生活、学习和工作的经历，也使古里安的哲学思想受到了多元文化的熏陶。

经过近 40 年对两性亲密关系的观察和科学研究，古里安指出：男人和女人的思维及行为模式存在明显差异，这导致他们天生彼此不和，即便是关系很好的夫妻也可能因过于亲密而疏离。因此，正确理解男性和女性之间的思维及行为差异，是维持幸福美满婚姻的关键。他把婚姻分为 5 个阶段：浪漫期、迷惘期、斗争期、觉醒期和亲密的分离期。无数美国家庭因此受益。如今，古里安和妻子盖尔，两个女儿加布丽埃勒和达维塔幸福地生活在美国华盛顿州的斯波坎市。

## 性别科学解读领导力第一人

1996 年，古里安创办了古里安研究所，之后相继推出了许多培训项目，旨在帮助更多人真正理解性别差异，并探讨如何最大化地利用男性和女性各自的优势，来提高工作效率。

古里安每年都会在大约 20 个城市的各种活动上发表主题演讲，并为社区、学校、公司、医院等机构提供咨询服务，他已成为北美地区最具活力的演讲者之一。古里安擅长基于科学的研究、务实的案例来阐述他的观点，为建设更好的领导力和市场营销团队提供性别科学方面的指导方案。古里安努力帮助与会者了解他们的领导能力和管理能力；了解性别差异可能造成的影响；理解在进行跨企业交易时，因性别差异造成的谈判风格上的不同；通过在两性之间建立信任关系，提高行政和管理团队的效率；通过改善沟通和解决冲突的技巧，提高男性和女性领导者的管理能力等。

古里安曾为谷歌、波音、百事、NASA 等大型企业和政府机构提供咨询及培训服务。

湛庐CHEERS 特别制作

## 男孩养育专家
## 古里安优势教养系列

# 理解天性，激发孩子的优势力量

在我心中，中国的语言和文化占据着特殊的位置。我的女儿加布丽埃勒在美国和平队（Peace Corps）工作时，曾在重庆待了两年，并在那段时间里结识了她的丈夫，也是一位美籍华人。中国是世界舞台上的重要一员，我很荣幸自己的这几本书能被中国读者了解。感谢湛庐文化将这些书引入中国，带入中国人的家庭、学校和社会。

20世纪90年代中期，当这个系列的第一本《男孩的思维方式大不同》写成时，我和我的代理人根本找不到一家愿意出版这本书的美国出版商。编辑们看过写作计划后，纷纷回复道："读者想看的不是有关男孩的书，而是有关女孩的。""男孩已经享有特权了，他们什么也不缺，我们需要的是写女孩而不是写男孩的书。"

在那些年里，美国主流出版商的数量比现在更多，但26家美国主流出版商都拒绝出版这本书——直到我跟一位编辑说："如果有必要，我宁愿不拿一分钱。世界上有半数父母在养育着男孩，这本书一定会有读者喜欢的。"

对方终于答应下来。一年多以后，《男孩的思维方式大不同》这本书一出版便立即在世界各地找到了读者。接下来的几年间，全世界出版了很多关于男孩的新书，都大获成功，我的《男孩的思维方式大不同》及后续作品《男孩的学习方式大不同》《核心天性教养法》《男孩的人生目标大不同》《男孩女孩学习大不同》都获得了好评。我想这是因为这些书对人们有帮助。我一向希望针对人们的需求来写作。

和女孩一样，男孩同样需要大量的帮助，这种需求并不比女孩多或少。除非文明社会把注意力集中在如何教育男孩上，否则将会有数以亿计的男孩被我们丢下，陷入失败、动力不足、抑郁、物质滥用、暴力及其他各种各样的深渊。抚养和教育男孩是一项神圣的任务，是文明的根基。每个迷失的男孩都会成为一个迷失的男人，每个迷失的男人都可能会伤害到别人和他自己。

这个系列中的每本书都融合了神经科学和社会科学，以及应用心理学和教育心理学的研究。“培养天性”（nurture the nature）这个概念是这套书的基础。我并不想直接告诉父母和教师应该做什么，而是希望帮助父母、教师、政策制定者和读者成为“平民科学家”。这样一来，在家里、学校和运动场上，你就能为自己负责照看的孩子做出正确的决定。我的任务就是把科学和策略交到你手上。

我的理论是“基于天性的教养”（nature-based theory），它来自这样一种观点：人类社会最初只是培养孩子的天性，而这就是最成功的教养方法。这也就意味着，我们必须了解孩子天性中的性别差异：男孩和女孩的学习方式是不同的，成长方式也有差别，每个孩子作为男性或女性所产生的人生目标感也大不一样。在解释了这些大脑差异之后，我们就能培养出每个孩子真正的天性。

在培养天性时，我们会鼓励孩子拥有高自尊和目标感、在这个世界上找到自己的人生角色，热爱教育，努力奋斗，满足人类爱与被爱的需要。我们会将女孩培养成坚强、自信、有爱心的女性，也会将男孩培养成坚强、自信、有爱心的男性。共情和社会情绪的学习是人类发展的两个重要因素，对于男孩和女孩来说，这两个因素在某些方面有相似之处，但也有区别。

在这套图书中，有些主题我有所涉及但并未深入展开论述，其中一个是关于数字生活、科技、社交媒体和电子游戏对男孩和女孩大脑发育的影响。今天，我们在世界各地都能看到父母让刚刚学会走路的孩子玩手机，老师则在上课时让很小的孩子盯着笔记本电脑或显示器屏幕，时间长达 4 个小时甚至更多。虽然在一定程度上使用屏幕对孩子是有益的，但如果时间过长，就会对孩子的大脑发育产生负面影响。

在人生的舞台上，男孩和女孩面临着各自的不同挑战。对男孩来说，使用屏幕的时间过长会使他们更容易患上注意缺陷障碍（ADD）或注意缺陷多动障碍（ADHD）；对女孩来说，则会提高她们产生焦虑障碍的可能性；而无论男孩还是女孩，出现抑郁及其他类似问题的风险都会增加。男孩还有一个特殊的倾向，即如果在学校和家庭中过度使用屏幕，包括玩电子游戏时间过长，他们将会学习动力不足。

还有另一个主题，你正在阅读的这套书中没有过多提及，但有必要引起重视，那就是环境中的神经毒素对孩子大脑的影响，包括空气污染、农产品上的化肥及农药残留、扰乱内分泌系统的食品添加剂、洗涤液、护肤品等。这些神经毒素存在于生活的方方面面，影响着男孩和女孩的基因表达，导致男孩更容易患上大脑和学习障碍，女孩更容易患上焦虑和抑郁。

如今，男孩面临的问题和不良影响多种多样，其中之一就是我们都不希望看到男性暴力行为的增多。在抑郁时，男孩比女孩更有可能选择自杀或伤害他人。男性抑郁症如今已是一个重大的全球性现象，对此，这套书给出了帮助父母或养育者对抗孩子抑郁和学习动力不足的策略和方案。总的来说，我相信男性抑郁症是人类文明所面临的影响最深远的问题之一。

男孩和女孩都是妙不可言的。如果你在抚养、教育、指导孩子的时候，既能体会到他们的聪明可爱，又能感受到他们之间的些许不同，我希望你能在阅读这套书的过程中获得帮助，建立一个能够帮助孩子成长的长辈团体，激发出每个孩子的力量。这种力量就是孩子的“天性”。当培养孩子的这种力量时，我们不仅是在养育自己的孩子，也是在通过他们滋养整个世界。

## 测一测，你知道如何利用男孩女孩的天生不同科学施教吗？

### 给家长

1. 儿子在幼儿园或小学老是欺负小朋友，尤其喜欢欺负女孩。老师和其他家长经常跟你告状，以下哪些处理方法较为得当？

A 应该严厉制止，不能让他小小年纪就学会霸凌

B 耐心跟他讲道理，让他明白欺负别人是不对的

C 男孩天生好动，小朋友之间打闹很正常，只要没有出格行为，不必过分担心

D 尝试跟他沟通，引导他通过语言沟通的方式解决问题，学会“君子动口不动手”

2. 女儿刚上小学，性格内向、敏感，小小年纪总是一副心事重重的样子，爱哭，还爱发脾气，该怎么帮她疏导情绪压力？

A 教她磨炼坚强的品质，告诉她爱哭不是好孩子，给她树立一些坚强的女性榜样

B 鼓励她哭出来，这是孩子宣泄情绪的一种正常方式

C 跟她聊天，提一些开放性的问题，帮助她倾诉出来，引导她找到情绪背后的原因

D 多给她些陪伴，多和她一起参加亲子活动，让她感受到与你的紧密依恋

### 给教师

3. 升入中学的男生数理化成绩突飞猛进，可就是不爱学语文、英语等文科课程，成绩不断下滑，以下哪些方法对他们提高文科成绩及读写能力有所助益？

A 训练他们做课堂笔记，学会提炼要点并列出纲要层级，会很有帮助

B 找到他们感兴趣的话题点，寻找相关的课堂阅读材料

C 精选阅读篇章，让他们反复阅读，直至熟读成诵，便能下笔成章

D 每天找一个固定时间讨论他们感兴趣的话题或文章，尽量让他们复述

4. 班上的花花一直是学霸，但是升入初三以后，数理化等理科课程明显跟不上进度，做题费劲，成绩也不好，以下哪些方法对她学好理科有所帮助？

A 多做题，针对每种题型提炼出解题套路，每次见到相同题型就可直接套用

B 引导她将理科知识融入生活，通过生活中的常识操作加深理解

C 讲解题目要耐心，尽量尝试多种途径，比如画出图表、幻灯片展示

D 课外给她开开小灶，让她多花些时间在理科课程的学习上

扫码下载“湛庐阅读”App，搜索“男孩女孩学习大不同”，获取答案。

# 了解大脑差异，打造完美课堂

欢迎阅读《男孩女孩学习大不同》的 10 周年纪念版。希望你能仔细研读本书提供的方式方法，善加利用，将你的家庭、学校乃至社区的学习环境创建得更好，帮助孩子走向成功的明天，并培养他们对学习的终身热爱。

自本书第一版出版至今，10 年间的变化沧海桑田。本书书名所宣扬的宗旨，即男孩与女孩的学习方式大不相同，如今已被广为接纳，越来越多的研究反复证明了男孩和女孩的大脑确实存在着许多不同之处。古里安研究所是首批把性别科学研究大规模应用于儿童教育的机构之一，我们对此深以为荣。当初设立这一机构的目的便是指导教育工作者及学生家长如何把以脑科学研究为依据的性别差异理论运用到孩子的日常学习与生活中去，以帮助他们在学校及家中更好地成长、学习和进步。

如今，10 年过去了，世界各地的不同学校都在研习男孩女孩的不同学习方式，并根据每个孩子的不同需求改进他们的学习环境。那些接受过我们培训的人，不但帮助男孩女孩更深入地了解了他们自身，也使他们更深入地了解了自己的学习能力。而古里安研究所也从本书第一版中所描述的实验性尝试跨上了新的高度，

10 年来针对来自 2 000 多所学校的 5 万多名教师进行了培训。除了我们，还有不少其他机构及人士也推出了各种培训，帮助人们了解男孩女孩的不同学习方式。在大家的共同努力下，这样的培训目前已扩展到了世界各地。

在 10 ～ 20 年前，也就是我以本书的主题为课题进行研究时，人们几乎还看不到整个社会对以下两个方面的关注：（1）学校中由男生引起的问题；（2）男生和女生的学习方式有什么不同。当然，那些因男孩子们制造的一桩桩惨痛的校园枪击事件而引起的关注除外。好在本书第一版出版之后的这 10 年间，整个社会对男生的问题越来越关注，关于大脑性别差异的科学报道更是层出不穷。性别研究引发的社会变革已经使得男生和女生的问题都得到了相应的关注。当前社会文化中滋生出了一种新型性别对话，如今，广大教育工作者带着心中的紧迫感，以一流、实用的科学新知识，既帮助了男孩也帮助了女孩，这实在令人欣慰。

## 我们是什么人，我们做什么事

作为本书作者，我想在此向你介绍一下书中提供的信息该如何利用。另外，在感谢本书第一版协助者的同时，也把本次 10 周年纪念版的协助者凯茜・史蒂文斯（Kathy Stevens）介绍给大家。

本书第一版的协助者帕特里夏・亨利（Patricia Henley）曾是一位学区主管，当时她来找我商谈有关“古里安研究所试运行项目”的事宜，因为我们需要借助她管辖下的密苏里州教育研究中心的安全学校来落实这一项目。此后不久，特里・特鲁曼（Terry Trueman）也加入了我们，他是一位专精于青少年问题的心理治疗师，也是青少年成长小说、普林茨荣誉奖（Prinz Honor Award）获奖作品《停留在中性》（*Stuck in Neutral*）的作者。

帕特里夏组建了一个研究小组，目的是通过学校里切实有效的实践，将我提出的以脑科学研究为依据的儿童成长理论推向大众，这一理论最初发表在我的作品《男孩的思维方式大不同》里，而且，我们也希望能借此更深入地了解大脑性别差异理论在儿童的现实生活及在校学习中能产生多大的实际意义。

通过本书描述的研究方法与实施策略，你会看到当时的试运行相当成功，不但验证了指导理论的正确，即男孩女孩的学习方式大不相同，其原因既有先天因素也有后天因素，同时也验证了其实践理论的可行性，即一旦教师通过培训理解了大脑的性别差异，便能改进教学方式，提高学生成绩，缩小男女生分数的差距，对学生的处罚也相应减少。

本书第一版于 2001 年问世，广受欢迎。最关键的是，书中的理论得到了广泛的应用。教师和家长纷纷组建研读小组，学校提出进行专业提升的试点培训的要求，学区更是开始考虑进行系统性的改革，而全美各地的教育工作者和家长亦是不断地推陈出新。这一理论被成功地证明具有实用性，而这又推动了本书的理论概念及实践方法向更大范围传播。我非常感谢帕特里夏·亨利，感谢她所在的密苏里大学堪萨斯分校的同事和职员们，感谢特里·特鲁曼，感谢他们以敏锐的头脑为这一理论的传播创造了初始的动力。

本书出版后不久，我又遇到了凯茜·史蒂文斯。凯茜是一位教育家，在此之前的 20 年间，她一直在教育界工作，同时也在数家非营利机构任职，负责设计、落实并指导诸多针对幼儿早期教育、青少年及成人改造、多元化发展、幼年及成年女性身心发展等问题的教育培训项目。她还是两个男孩的母亲，而这两个男孩都是学校里的“问题学生”，尤其是她的小儿子，格外无法适应传统方式的课堂学习。

凯茜实在是一位满腔热忱的教育家，她非常愿意帮助学校和家庭创建既适合男孩也适合女孩的良好环境，因而开始了与我的合作。在她的帮助下，我们组建了新的古里安研究所。作为研究所的执行董事，目前凯茜既负责指导教育工作者的专业化提升，也负责家长的培训辅导，她设立的培训中心不但遍及美国，甚至扩展到了海外。在凯茜的领导下，古里安研究所培训机构目前已有 70 多位获得认证的培训师，在美国、加拿大、卡塔尔、韩国、澳大利亚、法国以及中国上海等国家和城市进行指导培训，帮助各地的学校、青少年组织乃至个体家庭系统性地落实各种教育革新措施。用凯茜的话来说：“我们的工作丝毫不会增加学校及家庭的工作量，只是给他们提供了一种全新的、效率最佳的方法，帮助他们去做那些已经在做的、非常重要的事。”

我和凯茜一起加入了由副董事凯莉·金（Kelley King）及所有职员和培训师共同参与的这项推广工作。新的古里安研究所把男孩女孩学习方式大不同这一理论推向了更为广阔的新领域，不但扩展到了更多的学区与学校，还扩展到了出版界，推出了更多作品。我与凯茜合作出版了《男孩的学习方式大不同》，与凯茜和凯莉合作出版了《男孩与女孩的不同教养策略》（*Strategies for Teaching Boys and Girls*），还与凯茜以及古里安研究所的一位主任培训师佩姬·丹尼尔斯（Peggy Daniels）合作出版了《单性别课堂的成功之道》（*Successful Single-Sex Classrooms*）。

所有这些作品的出版目的均在于为教育这块大型拼图添加一块块新的“拼板”，而这些新拼板都是我们在培训、咨询和专业提升等各项工作中不断发掘出来的革新措施。从这些作品及这本《男孩女孩学习大不同》中，你能读到不少来自家长、教师、校长及其他不同行业人士的逸闻趣事和实施策略。你会很清晰地感觉到，为了教育事业，我们携手走在同一条路上。

## 10 周年纪念版有哪些新内容

在这本 10 周年纪念版中，你不但会读到在本书第一版中讲述过的首度试运行的精彩案例，还能读到不少教育拼图中的新拼板。我和凯茜在这一版中增添了以下内容。

- 一份全新的教师研读指导。
- 一份全新的家长研读指导。
- 新的成功案例，质量高、数量大。案例均来自密苏里州首度试运行项目之后，与我们合作的学校与学区，在下面的段落及本书其他章节里都能看到这些成果。
- 针对脑科学研究的最新发现，主要集中于本书第 1 章及第 2 章。
- 最新参考资料与注释，包括新书、新的研究发现及调研数据。
- 以最新科学验证及实践所得出的新结论为依据，对第一版做出的修改。

在你阅读本书时，不妨根据自身学习和实践的需要，随时进入你需要的各个章节进行阅读和指导。在这些不同的章节中，你可能会注意到，有些教师、校长及专业人员已经离开了他们当初实践的岗位或学校，甚至已经离世。不论这些人如今在何处，只要他们当时的革新措施得到了后来者的验证，也就是在过去 10 年间的实践中得到了其他学校和专业人员的印证，我们便仍然把他们的那些革新措施保留在本版中。

本书第一版出版之后的这些年间，我们又得知了男孩女孩在大脑结构及功能上的上百处不同，这些都会影响他们的学习方式与行为模式。我们还得知，染色体标记同样会影响到男孩与女孩的不同，这些遗传物质不但在子宫里、在小宝宝出生之前就开始对不同性别胎儿的大脑组织产生不同的影响，更在孩子出生之后的童年期、青春期这 20 年甚至更久的时间里，对他们的脑区激活产生不同影响。也就是说，不论是遗传基因还是脑区激活，对男孩与女孩的学习方式都至关重要，丝毫不逊于教养模式及社会文化对他们的影响。虽然我们对大脑的科学认知在过去这 10 年间又有了新的增长，但是，本书第一版中所记载的 20 世纪 80 及 90 年代所获得的性别科学研究成果，显然经受住了这 10 年间世界各地教师和家长在实践中的推敲与验证。

正因如此，我们当初的工作成果在本版中继续发光发亮。不过，我们也加入了新的科学发现、成功案例及创新方法。不论是原封未动的内容还是新增的内容，我们都尽量避免重复在其他著作中已提及的工作成就。因此，在你翻阅这本书的时候，还请记得有一部分“拼板”不在这里，如有需要，可以查阅我们其他的一些作品。

## 密苏里州试运行项目之后的成功故事

我们所有的作品，包括本书的第一版以及这本 10 周年纪念版，都诞生于一个个成功案例，来自那些建成了适合男女生不同需要的、被我们称为“完美课堂”的一所所学校。在密苏里州试运行项目中取得的成功，包括学生学习水平的提升、考试成绩的提高以及管教处罚的减少。在这一版里，你还会看到一些类似的故事。试运行成功之后，越来越多其他的学区和学校也获得了成功。随着美国整个教育系统的不断进步，新的成功案例源源不断从全美各地涌现出来，正因如此，本版中提及的一些学校已经出现了人事及课程编制上的改革。科罗拉多州博尔德市的道格拉斯小学就是其中一例。

2004 年 8 月，道格拉斯小学的老师们在评审年终成绩时，注意到了男女生在英文阅读及写作上的成绩差异。在校长凯莉 · 金的带领下，教师们设立了一个减少男女生成绩差异的新目标，决定推行顺应男女生大脑不同特点、已经验证且成效显著的新教学策略。校长和教师们都研读了本书的第一版，并接受了针对男女生不同特点因材施教的专业培训。

一年之后，道格拉斯小学成功缩小了男女生在语文成绩上的差距，而且还看到了他们在其他学科上的进步，甚至包括特殊教育[①]领域的进步。《新闻周刊》以封面故事重点报道了道格拉斯小学男生问题的消减，电视栏目《今日秀》( *Today Show* ) 也对此做了报道。道格拉斯小学从此成为一个具有震撼力的典范，以它的成功向博尔德市的学生与家庭，乃至世界各地不同的社区、学校和家庭展示了针对男女生不同特点因材施教的巨大力量。

明尼苏达州在学区层面上也获得了成功，明尼阿波利斯市伊代纳学区决定围绕男女生不同的学习方式接受新的专业培训，为此，他们将我们的书作为指导教材之一，并与古里安研究所签订了合约，由研究所派人帮助他们进行专业培训。在随后的 3 年里，他们以学生学习质量的提高和进步人数的增长充分显示了伊代纳学区所有公立学校取得的卓越成就。

在过去 10 年间，单性别课堂的创新举措也在实践中结出了鼓舞人心的硕果。在本书第一版里，我们讲述了密苏里州首度试运行项目中实施过的单性别课堂教学，尤其是在中学的实践经历。从那以后，这一创新举措逐渐扩展开来。到了 2008 年，小布什政府针对美国《教育法修正案》第九条 ( *Title IX* ) 做出修改，给予公立学校更多尝试单性别课堂教学的自由空间。这 10 年来，在全美乃至世界范围内，男女生在语文成绩上的差距越来越大，越来越多的学校为此开始考虑针对阅读和写作课程，采取单性别课堂教学的模式。同样，为了帮助女生提高数学、

① 指针对有学习困难的孩子进行的教育，既包括有身体缺陷、智力障碍的孩子，也包括有自闭或多动等行为障碍的孩子。——译者注

科学、电脑技术等课程的成绩，不论是私立学校还是公立学校，也都开设了越来越多的女生课堂。

这些科目的男女生成绩差距在一些城市的学区变得愈加严峻。2007年，亚特兰大市的公立学校找到凯茜，请求我们派出团队为他们的两所新学校进行专业提升强化培训，分别是科雷塔·斯科特·金女子领袖学校以及工商科技男子学校。这两所学校均从六年级开始开设单性别班级，并计划按每年增加一个新年级的进度扩展，直到涵盖全部六到十二年级。两所学校的所有教职员和家长都参与了为期三年的研读与专业训练。凯茜带领我们的团队观察他们的课堂，为他们做师资培训，提供一对一的教师辅导，制定适合男生和女生的特定教学方案，做家长的工作，等等，把这两所学校分别打造成了适合不同性别特质的女校和男校。

我们很欣慰地告诉大家，不论上述女校还是男校，学生的学业成绩都在第二年就达到了“充分满足年度进步指标”①的水平，而且这两所学校如今均是古里安研究所的样板学校。在本书的不同章节里，我们还将介绍其他一些学校的成功案例。

## 在科学与实践的结合中前进

我们成功了，这是关键。尤其是在这10年，整个社会都在努力以更合理的课程安排与规划提高学校的教育水平，因而现在我们敢说出在10年前本书第一版出版时尚不敢说的话，而且显得格外有意义：当初为期两年的密苏里州试运行项目不但是成功的，而且已经得到了世界各地学校的验证。

你在阅读本书时，也许是一名研究生，也许是一位打算考取教师资格证的准教师，也许正在某个培训机构接受如何做教师、如何做家长的培训。根据你接受过的训练，你应该已经学到要以这样的前提假设来看待每一个孩子，即每个人都是独立的个体。这种教导的确很好，我们之所以能成为好教师、好家长，很大程度上都归功于这一指导思想。但是，这其中还少了一个很关键的要素，而且我们执教越久，这一要素就越是缺乏得厉害：我们不但不知道女孩或男孩具体需要什

① 指从2001年起在全美范围推行的公立学校评审标准。——译者注

么，甚至不知道他们会有不同的需要。而男性与女性之间的不同特点，却是构成我们每个人、每个孩子的根本要素。可惜这一根本要素已经很久没有得到关注了。

正因如此，帮助家长及教育工作者了解男孩和女孩，并进一步帮助家长和教师们学习切实可行的执教策略、系统地改进育儿及教学方法，已经成为当今社会对话中的一个重要部分。尽管男孩和女孩的大脑有很多相同之处，却也有很多不同之处，尤其是在学习方面的需求有很大不同。把这些知识添加到家长与教师的培训中去，对创建更加卓有成效的教育体系来说，是一个至关重要的环节。

归根结底，我和我的团队希望你在阅读本书时，能以这一重要角度为切入点。你为男孩和女孩付出的辛劳须在科学与实践的两相结合中进行，我们希望你能从本书中找到支持与印证。由此，你所做的一切，不但是在帮助每一个不同的男孩和女孩，同时也是在拓展文明社会的对话，尤其是针对这类主题的对话："什么样的学校是一所好学校？""怎么科学地推进教育？""该怎么授课才会更有成效？""学生到底需要什么？"在你思考并实践本书中任何一位教师的创新举措时，实际上都是在响应一种更为宏大的人性召唤，而这一人性恰是我们每一位教师、每一位家长心中固有的天性：帮助孩子，使他们成长为能够为家庭、社区及整个文明社会做出贡献的人，成长为出色的男性及女性。

BOYS AND GIRLS LEARN DIFFERENTLY

目 录

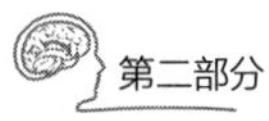

第二部分

# 如何创建男孩女孩都能受益的完美课堂

每一位老师所不断追寻的既能教好男孩也能教好女孩的方法策略，都在完美课堂里。

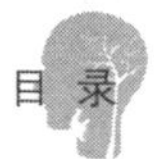

# BOYS AND GIRLS LEARN DIFFERENTLY

第一部分

## 不同的大脑决定不同的学习方式

一直以来，大脑决定着我们的学习方式，但是教育工作者却对此所知甚少，也很少关注……好在，大脑现在很快就能弄懂它自身了！

**——罗伯特·塞尔韦斯特**（Robert Sylwester）
《脑神经元之礼赞》（*A Celebration of Neurons*）

男人与女人，均为同一物种“人类”的一员，在这一点上他们是平等的。但是，若因此便说他们的天资、能力和行为倾向也都应该一样，那么，这个社会便等于是建立在了生物学和科学的谎言之上。

**——安妮·莫伊尔**（Anne Moir）、**戴维·杰塞尔**（David Jessel）
《脑内乾坤》（*Brain Sex*）

# 01 BOYS AND GIRLS LEARN DIFFERENTLY

## 男孩女孩的大脑天生不同

男孩与女孩并不相同，这是事实。可我当年初任教职之时，人们却已经开始坚称男女并无不同。对此我一直保持沉默，但是，我自己生养过 3 个孩子，更教导过数百名学生，根本就不相信这样的说法。如今我欣慰地看到，人们终于重新开始谈论男孩与女孩的不同了。

**——南希 · 林恩**

拥有近 40 年教龄的老教师

在 38 年的执教生涯中，南希 · 林恩曾教过所有年级的学生。我们初次相识时，她是一个“退休”了的义工。“我已经退休，可是在学校里比以前更忙了！”她是一个瘦削又矮小的 69 岁老教师，孩子们都称呼她“林恩女士”。尽管体格瘦小，可是她坚持要求学生对她恭恭敬敬，而她在学生中也显得高雅而自信。

本章的开篇语，就是她在一次教师培训会上说过的话。“我还没到老得学不动的时候。”她对我们说。南希是那次培训中的领军人物之一，她还给我们讲述了几个令人难忘的故事。

她讲到一个怎么都坐不住的男孩。为了能让他不再坐立不安、不断惹祸，她便交代给他一些任务，让他跑跑腿。

她还讲到一个四年级的孩子，那孩子几乎让她无计可施。他太好动粗了，而且脾气火爆。有一天，她班上的孩子们在操场上发现了一只死掉的松鼠，这个男孩俯下身去捧起那只小松鼠，默默地看了它好一会儿，神情相当温柔，这是他很少有的神态。于是南希走过去跟他聊了聊，并让他负责主持了小松鼠的葬礼。

“他从此完全变了个样，”南希回忆说，“他很替小松鼠难过。我觉得那件事情使他对生命有了更深的理解，也让他因此变成了一个更善良的孩子。他其实只是需要弄明白身边的世界到底是怎么一回事，需要看清楚他一向的粗鲁行径会给周围带来什么样的影响。我的角色不仅是负责教他学习语文和数学，还要帮助他从内心里成长为一个好人。”

南希还讲述了一个七年级的女孩，她父亲在那年暑假去世了。这孩子一向很聪明，可成绩忽然一落千丈，用南希的话来说：“她一下子退缩到了自己的世界里，对什么事都漠然视之，任凭成绩往下滑。”于是南希放学后亲自送她回家，希望能借此与这孩子亲近起来。后来，南希果然成了这家人的好朋友，不但帮助女孩重新恢复了好成绩，更帮助她走出了心中的哀伤。南希的做法全靠直觉，用我们今天的话来说，她提升了孩子的自尊，确保她不会从此沉沦。她说：“有时候，女孩子特别脆弱，需要格外呵护，一种对女孩的特别呵护。”

这类故事由南希这样一位阅历丰富的老教师说出来，一下子就打开了培训课上其他人的话匣子。一些老师和家长原本并不愿意公开谈论男孩女孩之间的不同，但是在南希的带动下，他们打消了顾虑。

**BOYS AND GIRLS LEARN DIFFERENTLY 男孩女孩教育箴言**

“我教了20年的书，如果说这些年里我学到了什么，那就是，虽然男孩和女孩在很多方面都一样，但他们的的确确是不同的人。每年我都会改变一些自己的教学方式，以顺应这一事实。”一位老师说。

一位有4个孩子的家长说道：“男孩和女孩太不一样了，他们打从娘胎一出来就不一样。我有两个儿子和两个女儿，刚开始我还以为男孩女孩都一个样，可他们真是不同。”

许多像他们这样的老师与家长都曾见证过教育理论的种种变迁。对他们来说，与南希·林恩这样的教师交谈是一件很愉快的事，这其中有几个原因。一则在他们的心底里和脑海里，都承载着社会文化的历史及发展的推动力，这些提醒着我们，教育一向都对人们展示着它极其丰富而广泛的可能性。再则，南希还给那次培训带来了新的启迪，她让我们领悟到，**教育者不应该只把自己局限在如何教好书上。**

我开办讲座和培训已有数十年，每次我都会向在座的老师们提出这样两个问题：“你们当年接受教师培训时，有多少人学习过学生大脑的实际发育状况？又有多少人关注过男孩与女孩大脑的不同运作模式、不同发育进程？”

通常来说，针对第一个问题，大约有 10% ～ 20% 的人会举起手来；而针对第二个问题，则往往只有一两个人举手。随着培训课程的推进，参与者们都会逐渐认同这样一个事实：在过去数十年的漫长岁月中，人们对儿童大脑发育及男女大脑发育中的关键不同的生理学研究，实在是太片面、太不完整了，有些领域甚至根本就是空白。这种片面的师资培训给教育文化带来了深刻的负面影响。我们还没有掌握该掌握的本领就走进了课堂，把男孩和女孩一起送进了尚不健全的教育系统，却并不知晓男女生究竟有何不同、又该如何应对。

本章将给大家呈现脑科学的最新研究发现，以及男女大脑的相同与不同之处。你一边往下看，可能会一边自言自语：“哦，我好像知道这个。”不过也一定有很多地方会令你感到意外。等再坐下来细想时，当你认真观察学生时，便会注意到不少与本章的观点和事实相吻合的地方，这时，也许你又会说：“啊，难怪他们会那样做。”又或者是：“现在我知道该怎么把课上得更好了。”

## 大脑的性别差异并不是非此即彼

在研读本章内容时，希望你能边学边记录下你每天的观察，做个自我调研。请坚持一个月，记下在你教导孩子时注意到的性别差异，不论是在课堂上、家里还是外面，比如说：“今天吉米做了……”“希瑟今天说……”如果你能坚持记录下去，就会发现很多记录都能印证本章中有关大脑研究的大部分发现，而且这些印证还将进一步启发你该如何根据男孩女孩大脑的不同来因材施教。

与此同时，你可能也会从孩子们身上看到不少与本章讲述不相吻合的行为表现。**男女大脑发育的差异并不是非此即彼的两个极端，而是一个宽泛的范畴**。在你接触到的孩子中，不少人的大脑发育会偏向女性大脑范畴，还有不少人会偏向男性大脑范畴。一般来说，女孩偏向女性大脑范畴，男孩偏向男性大脑范畴，不过，你肯定也能注意到，有些孩子似乎有着“双向发展”的大脑，他们的大脑中，属于男性及女性特色的区域几乎均衡发育。从某种程度上可以说，他们是男性文化与女性文化之间的桥梁，因为他们的大脑发育呈现“双性化”（bi-gender）。

因此，本章讲述的内容既不可生搬硬套，也不可用来限制男女生的言行。毕竟，每个孩子都是独立的个体。你不妨这么看：在我们已经认同的每个人都是独立个体这一基础之上，这些新知识将为你已有的智慧添砖加瓦。

也请记住，男女大脑的不同并不是某种性别更优秀或是更低劣的证据。有些事情男孩可能比女孩做得更好，还有些事情则是女孩比男孩做得更好，这些是由男孩女孩大脑的不同发育特征天生设定好的，可是，这并不意味着从社会地位或道德层次上，某种性别就天生高人一等。不幸的是，当 100 多年前人们首次发现男性大脑几乎比女性大脑大了 10% 时，某些脑科学家便宣称：“你瞧，这证明了我们一向的看法，男人比女人更聪明。”正是由于前人对事实的这种诠释，导致如今人人都不太敢谈论：因大脑发育的不同，男生和女生的学习方式也有所不同。

但是，我们诚恳地希望本章内容能有助于你消除顾虑，大胆探索男女大脑的不同所蕴含的与生俱来的智慧。卡米拉·本博（Camilla Benbow）是艾奥瓦大学的一位研究学者，她曾对上百万名在校学童做过调研，想要确认人们针对男女大脑有别的早期发现究竟有多大的真实性。结果她发现，在学习及生活上，男孩和女孩的行为及心态都有着明显的不同。她试图通过研究社会生活中男女的不同经历及重要的历史文化事件来解释这种差异的原因。

许多像本博这样的学者从 20 多年前就开始进行这类研究了，那时，从社会角度出发研究男女之间的差异是可以被人接纳的。但是，本博的研究却以这样的结论收尾："我努力了整整 15 年，希望能从环境因素方面找到原因，但最终却一无所获。我只得放弃。"

BOYS AND GIRLS LEARN DIFFERENTLY 男孩女孩教育箴言

男女的这种不同根植于大脑之中，尽管社会文化的确扮演了重要角色，但绝不是人们愿意相信的那样，能起决定作用。

其他研究学者中，值得一提的还有加州大学洛杉矶分校的劳里·艾伦（Laurie Allen），他发现了男女大脑在结构上存在明显差异。还有其他一些学者，例如宾夕法尼亚大学的鲁宾·古尔（Ruben Gur），他用正电子发射断层扫描（PET）发现了男女大脑在功能上的不同。他们的研究也得到了世界各国其他学者的印证。从全球范围来看，目前较为完整地描述大脑性别差异的最佳文献资料，当数安妮·莫伊尔和戴维·杰塞尔的著作《脑内乾坤》。

最终，所有关心这一领域的人都必将发现，教育者一旦真正了解到男女生大脑的不同，通往更高水平教育的一扇扇门就会被打开。请跟我们一起来推开几扇门进去看看，你会发现，只要每位教师都能接纳男女大脑天生不同这一事实，明白我们需要更多地了解男生和女生的大脑在学习方式上有哪些不同，那么，真正男女平等的教育就能得以实现。

## 大脑究竟如何运作

大脑到底是如何运作的呢？我们对此问题的回答与 20 年前相比，已经丰富太多了，可是，距离彻底的解答仍然十分遥远。你也许知道，要想充分解释我们的星球是如何运行的，以及太阳系乃至整个宇宙是如何运行的，就已经够吃力了，可若要论及大脑，那复杂程度、迷人程度乃至神秘程度更是有过之而无不及。因此，本书固然会用文字和图表向你讲解大脑如何运作，不过，我们只能挑出最需要的那一小部分来讲解。根据本书的写作目的，我们会尽量多地涵盖男女大脑的不同之处。

根据科学研究，成年人的大脑里大约有 1 000 亿个神经元，而神经胶质细胞的数量比这还要庞大。一个成年人大脑的重量在 1 ～ 1.6 千克，由致密物质组成，分为 3 个主要层次：顶部的大脑皮层、中间的边缘系统及底部与脊髓相连的脑干。站在历史的角度来看，从 200 多万年之前开始，人类的大脑首先从底部开始逐渐向上进化发展，边缘系统的上部和大脑皮层的 4 个脑叶，要比边缘系统的下部及脑干部位的形成晚得多。

大体上来说，大脑的这 3 个层次各自承担着不同的功能，尽管大脑在运作时，各功能区域在不断地相互响应。**脑干是做出“战还是逃”这一反应的大本营**。一旦遇到危难，我们常会不自觉地做出或战或逃的本能反应，这一信号就是由脑干发出的。脑干是人类大脑最原始的部位，也是生死存亡之际的关键反应部位。

**边缘系统是加工情绪反应的地方**。感官刺激通过我们的眼睛、耳朵、皮肤及其他感觉器官送入大脑时，我们会体验到一种情绪反应。感官与情绪上的即时反应相当程度上都发自大脑中部的这块边缘系统区域。尽管有些比较激烈的反应会来自脑干，但其他反应则通常来自边缘系统，尤其来自其中的杏仁核。杏仁核位于边缘系统的最底部，脑干上面一点点。

**位于大脑最顶端的 4 个脑叶是我们进行理性思考的地方**。每个脑叶负责处理不同的感官刺激。大脑顶层的一部分皮层，比如说前额叶皮层，负责处理我们在道德上及其他方面的大多数决定。大脑分成左右两个半球，左半球主要处理言语技能，比如读、说、写等；右半球主要处理空间技能，比如度量大小轻重、感知前后左右，你如果要搭建积木，靠的就是它。

假如我们正在教孩子读一篇有点难度的故事，或是做算术题，那么此时我们实际上是在与孩子的大脑顶层对话。不过，孩子的情绪也常会掺杂进来，尤其是当他们对某本书或课堂内容有情绪反应的时候。从这个角度来说，大脑皮层和边缘系统是同时运作的。

我们来举两个带有情绪反应的例子。一个是情绪较强烈的："我真是同情赫斯特·普林。"还有一个情绪表达不算太明显的："我做不来这道题，太难了。"不论是哪种情形，来自边缘系统的情绪反应都有可能阻碍甚至关闭大脑顶层思考区域的运作，这就要看当时情绪的反应程度有多强烈了。用神经科学的行话来讲，当一个孩子认为自己不会做某道题时，他真有可能"心想事成"：因为在自尊受到伤害的关键时刻，他脑部的血液会冲向边缘系统并在里面打转儿，而不再向顶层的思考中心流淌。

BOYS AND GIRLS LEARN DIFFERENTLY 男孩女孩教育箴言

当我们要求一个孩子"先想想再去做"的时候，实际上是在要求孩子"先让你的血液赶紧从边缘系统和脑干里流出去，赶紧流到头顶的脑叶里去，然后你才能采取行动"。

我们也许永远都无法彻底了解大脑的运作机制、功能及潜力，也不打算利用这本书来弄懂这一切。我们的目的只是告诉大家科学家已然了解到的知识：大脑是如何学习的，男孩大脑与女孩大脑的运作方式都有哪些重大区别。凭着这些新获得的知识一点一点去努力尝试，我们就一定能更好地帮助男孩女孩了解自己的不同，为各自的天然强项喝彩，并帮助他们取长补短，让孩子们活得更有自信，更能充分地展现自己。

## 男孩女孩的大脑有哪些不同

第 1 章最后的表 1-1 为你列出了男孩女孩大脑中的一些相同与不同之处。男女大脑之间的不同，可分作几个类别进行表述。这里只收录了其中一部分，虽然还有很多不同之处可以列出来，不过我们只选择了对学习策略来说最为关键的部分，而且表中列出的各类对比，都只强调了最重要的关键点。

### | 大脑的发育过程及结构上的不同

一般来说，女孩的大脑在大多数功能的发育进程上都会比男孩快一些。我们且以髓鞘的形成为例，大脑在发育到成年之前的最后几步时，其中一步是一束神经纤维像藤蔓盘绕上树一样，围绕着大脑中其他神经纤维凝成的轴索反复盘旋，最终像镀膜一样将其完全包裹住。

这层“镀膜”就叫髓鞘，它能使电脉冲沿着神经的传输更快捷、更高效。10 岁的孩子比刚会走路的宝宝发育得更为成熟，而成年人肯定又比 10 岁孩子发育得更为成熟，这在很大程度上就取决于髓鞘。髓鞘在大脑中不断发育，一直要到人的整个身体发育完善才会完全成熟：对女性来说，要长到 20 岁出头；对男性来说则需要更长时间，差不多要到 30 岁。

这个例子讲的是未成年期的最后阶段，男女在成熟度上的差异。不过，在幼儿成长的最初阶段也一样存在这种差异。举例来说，女孩掌握说话这一复杂能力的时间比男孩要早大约一年。正因如此，幼儿园小女孩的识字进度比同龄的小男孩要快得多，词汇量也大得多，而且对语法的把握也要好很多。总的来说，女性大脑的发育要比男性更快。大脑在婴儿期的发育一般先从右脑的功能显现出来，然后慢慢向左脑进发。一般来说，大脑的发育向左半球进发的时间，女孩比男孩更早。

关于男女大脑结构上的不同，也许我们最为熟悉的当属胼胝体，也就是连接左右脑半球的那束神经纤维。女性的胼胝体往往比男性的要大一些，这意味着女性左右脑之间有更多的神经元连接，使得她们左右脑之间的相互交流更为频繁。女孩的前额叶和枕叶均比男孩发育得更完善，发育速度也更快。前额叶的功能是调节情绪，因此它有助于大脑做出高端决策；而枕叶的功能主要是接收并处理感官信息。

女孩会比男孩接收到更多的感官信息。平均来说，她们的听觉与嗅觉都更加灵敏，指尖和皮肤的触觉也更为敏感。女孩还比男孩更容易克制冲动行为。她们通常更容易克制自己不去做那些很可能会惹麻烦或者不道德的事情，特别是在男孩和女孩都还没有接受过道德教育或冲动克制训练的情况下。换句话说，与男孩相比，女孩天生就不爱惹是生非，而男孩天生就倾向于带有攻击性。

BOYS AND GIRLS LEARN DIFFERENTLY 男孩女孩教育箴言

女孩的语言能力发展得更早一些，因此小女孩主要依靠语言表达来与人沟通交流，而小男孩则主要依靠非言语的方式来与人交流，因此他们不太能像小女孩那样，遇事能快速地用语言表达感受、做出应答。

这对当前的教育文化有巨大影响，因为我们太过于依赖讲述、对话和遣词造句。我们已经被训练得太擅长于听人说话、太不擅长于观察人不说话时的肢体提示，这导致了我们与男孩的交流常常相当困难。

男孩右脑中的一些区域往往会发育得更好一些，这使得他们的空间感知能力更强，比如度量大小、机械设计、观测地形以及看懂地图等。最近，宾夕法尼亚州立大学的林恩·利本（Lynn S. Liben）重新统计了 1999 年“美国地理大赛”上男女参赛者的人数。这次地理知识大赛由亚历克斯·特里贝克（Alex Trebeck）主持，吸引了 500 万参与者，而最终进入决赛的选手当中，男性的数量是女性的 45 倍。

与许多研究学者一样，利本及她的合作伙伴在统计报告中总结说，尽管男女之间的差别在一定程度上可以用文化差异来解释，但上述巨大差异却源于男性大脑中更为强悍的空间认知能力。“男女之间真的存在着生理上的不同，”她说，“作为一名女性，我觉得这句话不得不说。”

## 大脑中化学物质的不同

大脑中大多数化学物质的含量，男性与女性都相当不同。比如 5-羟色胺，人们常常称之为“舒心素”，它是一种神经递质，男性的含量偏低，这使得男生更容易冲动，也更容易坐立不安。后叶加压素和催产素的差异也相当大，比如，当看到小孩子哭泣时，大脑会受此刺激而产生催产素，这时，女性的催产素水平要比男性高得多。催产素只是更容易在女性大脑中因一定的刺激而不断产生的化学物质之一，这使得女性能对他人的疼痛和需求当即表达出同情之意。

## | 大脑激素分泌的不同

尽管所有人类的激素在女性和男性的大脑里都是共同存在的，但哪些激素占支配地位却是男女有别。在女性大脑中占主导地位的是雌激素和孕酮，男性则是睾酮。这些男女性激素的功效呈对比性，比如说，孕酮是女性成长激素，也是情感联结激素；而睾酮则是男性成长激素，也是男性性欲激素和好斗激素。

女孩有可能先跟你套交情再问你问题，男孩却有可能先向你耀武扬威然后问你问题。在一群小伙伴中，女孩也许会通过平等结盟的方式来维系朋友间的交情，而男孩往往会通过争当霸主或恃强凌弱的方式来确立自己的人际关系。

大脑激素对人类行为的控制程度远比我们愿意承认的要厉害得多。尽管针对睾酮与代谢综合征、经前综合征的研究文献浩如烟海，人们仍然对激素带来的男女差异装聋作哑。但大脑与激素之间的相互作用对男性与女性的情绪影响是实实在在的。从青春期前期，也就是大约 10 岁开始，小男孩每天可能会受到多达 7 ～ 10 次睾酮“峰值”或“激增”的冲击。在这样的“峰值”与“峰值”期间上下波动的激素分泌，能使得小男孩的情绪状况反复在好斗激进和沉默畏缩之间起伏跌宕。

女性的雌激素和孕酮的分泌量也会随着激素周期的循环而上升下降，这同样会使她们的情绪状况来回摇摆。毫无疑问，这样的激素影响不但会导致学生在课堂上情绪波动，也会影响他们的学习成绩。

BOYS AND GIRLS LEARN DIFFERENTLY 男孩女孩教育箴言

女生在雌激素水平高涨期间，不论参加大考还是小考，得分通常会比雌激素低潮期要高一些。同样，男生在睾酮水平高涨期间，如果遇到数学这类离不开空间思维的考试，一样会成绩大涨，但如果遇到语文类的考试，则反而会下降。

男孩女孩大脑中的激素分泌量，每个人之间也会有相当大的个体差异。有些男孩显然是睾酮分泌量偏高的人，可能格外好勇斗狠，或是雄心勃勃，喜欢争当霸主，可能肌肉也相当健壮，甚至会是这几项的综合体。可有些男孩则相反，睾酮分泌量显然偏低，他们通常更为敏感，而且不论外表还是做派都要温和许多。到了成年期，有些男性的睾酮分泌量甚至能比女性高出 20 倍，也有的男性只比女性高出 5 ～ 6 倍。

女性激素的分泌量不消说也同样因人而异，而且既可能受每个月激素周期的影响，也可能受其他环境因素的影响，比如听到小孩子哭泣、看到别人遭罪、自己怀上身孕甚至是参加竞赛等。如果男性和女性同场竞赛，那他们的睾酮分泌量都会增加，不过男性分泌量的基准线显然要高得多，这使得男性在竞赛中的拼搏劲头往往比女性更为高涨。

## 大脑功能上的不同

大脑如何支配自身的脑细胞和脑血流，男女之间也有着相当明显的不同。男孩多用右脑，女孩多用左脑；男孩多用脑部中层的边缘系统及下层的脑干，也就是负责“战还是逃”的指挥中心来处理情绪信息，可女孩却多用能进行复杂思考的大脑顶层区域来处理情绪信息。宾夕法尼亚大学的鲁宾·古尔用正电子发射断层扫描、磁共振成像（MRI）及其他大脑成像设备让人们看到，女性的大脑在不动脑筋的时候，和男性大脑在动脑筋时一样繁忙。古尔说：“在大脑空闲的时候，女性大脑显然比男性大脑有更多活动。”男女大脑的这种差异在对信息的处理上各有优点，不过，由于女性大脑从来不曾真正空闲，因此，这种哪怕闲极无聊时也一样不停运转的大脑，有可能给她们带来学习上的优势。

通常来说，**在遇到事情时，女孩的反应与处理方式要比男孩复杂得多**。男孩在大脑接收到信息时，往往倾向于“以完成任务为要”。因为男性大脑中的很多地方都不像女性大脑那样始终处于活跃状态，一旦有信息需要处理，他们的大脑就会比女性大脑更容易混乱，所以便会决定只处理最重要的、必须完成的任务，于是很多信息都因为没有受到大脑的关注而被忽略掉了。这么做的好处是直奔目标而去，可坏处是，一旦“既定方针”不奏效甚至失败，男性大脑通常缺乏“随机应变”的选择余地。

BOYS AND GIRLS
LEARN DIFFERENTLY 男孩女孩教育箴言

女性大脑有两方面的功能比男性强，一个是记忆存储量，一个是感官信息摄入量。而男性大脑也有两方面的功能比女性强，一个是空间任务的处理，一个是抽象推理能力。

男性大脑给了男孩处理空间关系的优势，比如摆弄物件、理解定理，女性大脑则让女孩能够更快地回应更大数量的感官信息，并优先将这些信息与人际关系和交流沟通相联系。文化上的因素固然在一定程度上强化了这样的男女差异，但这种差异本身却主要源自内部，源自男女大脑不同的功能特质。

有些教师还通过多年的教学经验发现，若好好控制自己的音量，有可能带来不错的课堂效果。**因为女性比男性在听觉上更为敏锐，有时候对男生讲话需要加大音量。**这一有趣的事实使得这样的做法有了坚实的依据：**尽量让男生坐在教室前部，或者重新布置教室以便让每个学生都能容易看到并听到老师的讲授。**

另一个有意思的差异常见于音乐教学，尤其是合唱。能唱准音而不跑调的女生是男生的 6 倍。男生和女生看东西也不一样，女生在光线调暗了的房间里能看得更清楚，男生则相反，在明亮的光线下能看得比女生更清楚。因此，老师需要从生理学的角度出发来考虑如何调整学生的座位远近，以确保学生能看清楚视觉教具上的内容。

男生和女生的不同不仅限于视力和听力上的差别。女性对疼痛的反应更为快速、强烈，尽管她们对长久痛苦的忍耐力比男性更强。甚至有很明显的证据表明，男性和女性在味觉上的反应也不一样。一般来说，女性对苦味更为敏感，而且偏好甜度更高的食物；与此相反，男性更偏好咸味的食物。此外，女性的鼻子和味蕾也比男性更敏感。有意思的是，刚好在女性排卵期之前，男性对女性的嗅觉也会变得极为灵敏。另外，女性在经期这一重要时段里，她们的生理机能会使得她们对男性的生理机能更加敏感。

人们还注意到了男性和女性在记忆力上的差别。女性大脑能储存更多的信息，尤其是跟她们当时的情绪感受及周遭人际关系相关的信息，哪怕这些输入的信息看上去毫无规律可言；男性大脑则更容易记住按一定的条理或是逻辑关系组织过的信息，也更容易记住他们格外在乎的东西，比如与体育运动相关的琐碎小事。

虽然女孩在感官信息摄入量和记忆存储量这两方面更胜一筹，不过男孩却在空间技能上更胜一筹。华盛顿州斯波坎市巴尔博亚小学的老师杰夫针对这一点为我们讲述过一个具体事例。他给学生看一幅画在方格衬底上的人物简笔画，让大家照着这幅画在三维格子里复制出来。结果，几乎所有的男生都做到了，可却有不少女生画不出来，而且，男生完成任务的速度也比能画出来的女生更快。

## 大脑情绪加工上的不同

也许人们对男女大脑的差异了解最为不足的地方，在情绪加工方面。教育工作者可能对此不以为然，因为接受过的培训让他们认为这对学生的学习无关紧要。可实际上，大脑研究告诉我们，这一点相当重要。

**BOYS AND GIRLS LEARN DIFFERENTLY 男孩女孩教育箴言**

女性大脑能通过更多的感官摄入并处理更多的情绪信息，而且能处理得更加彻底，并能更迅速地将其转换成语言。而面对同样的情绪信息量，男性大脑却可能要花好几个小时才能处理掉。

情绪加工正是使得男生在接受并处理学习信息时容易出现漏洞的原因。男性大脑的情绪加工能力偏低，这使得他们比我们通常想象的还要感情脆弱。

举例来说，一大清早在家中经历了家庭危机的兄妹俩，到学校后，哥哥脑中的皮质醇含量依旧持高不下，因为他把那次家庭危机给他造成的情绪压力积压在了脑中，没能处理掉，这天上午估计他什么都没学进去。可妹妹却有可能很快处理掉情绪压力，甚至已经把最痛苦的感受用语言倾诉了出来，因此，同样是那个上午，妹妹却能学得很好。从这一点来说，**男性才真的是情感上相当脆弱的人，他不能像女性那样引导自己的大脑迅速处理好情绪，并将其转换成语言，而他的这种情感脆弱却有可能导致他当天的学习能力大打折扣。**

不论是男孩还是女孩，情绪上都需要给予同等的了解和保护。因此，即便有研究报告指出男孩的感情比女孩脆弱，也并非意味着我们就能对女孩的需要置若罔闻，把关注从女孩身上挪到男孩身上去。这样的报告只是给了我们一个理解男性的新角度。男性并非我们想象得那般坚强，女性在情感方面往往比男性更坚强，尽管看上去并非如此，因为她们会用泪水和倾诉不加遮掩地表达痛苦，可男孩却不会那么做。

与此同时，我们也都本能地知道，女孩在遇事时，常会觉得别人是有意针对她个人，从这个角度来说，她们也的确是感情脆弱的人。女性大脑能比男性处理更多的情绪信息，因而男性感情脆弱的原因在于他们的大脑皮层较少参与情绪信息的处理；而女性感情脆弱的原因却在于她们大脑中参与处理情绪信息的区域太多了，以致整个大脑都要被情绪信息淹没了。

还有一个与情绪加工有关的大脑性别差异，可能是最令人感兴趣甚至令人震惊的一点。现代大脑监测技术，比如正电子发射断层扫描，还有磁共振成像，已经能让我们初步看到，当满载感情色彩的感官信息涌入大脑的边缘系统时，更多情况下，女性大脑中的运作会迅速把信息向上传输，送进大脑顶层那 4 个用于思考的脑叶里去；而男性大脑中的运作则相反，会将信息迅速向下传输，送进边缘系统的下端，即杏仁核，以及更下面的脑干部位。这使得女性处理痛苦的途径更偏向于通过倾诉来获取他人的帮助，因为她们脑中的活跃部位向上移动到了可以通过语言表达及理性分析来处理危机的区域；反之，男性则容易整个人变得好斗激进或是沉默畏缩，即“战还是逃”。

于是，男孩的这种“好斗激进或沉默畏缩”的反应，使得他们大脑中的“知识学习回路”因此而“短路”了：他的情绪处理耗时过长，且缺少理性思考，更何况他大脑中处理情绪危机的神经元这时没有多少处于大脑顶层用于学习的区域，换句话说，他的心神已经被禁锢在大脑的下半部了。

不过请大家注意一点：很多人的大脑活动并不符合上述描述。许多女孩在遭遇家庭危机或在学校遭人羞辱后也会大脑停机、怒不可遏；反之，许多男孩在危机当中以及危机过后却能学得更好，因为他们直接关闭了大脑中的情绪处理“开关”，只顾专心学习。每个人的大脑运作都会有诸多差异，再加上每个人的个性差异，这些都有可能超越一般性的大脑性别差异而显现出不同的结果。

不过，即便存在例外，关注孩子如何处理情绪危机或者情绪爆发，仍然是很重要的事。如果注意到男孩或女孩显然不是在用大脑上部而是在用大脑下部处理情感信息，即并非用语言或者其他理性的方式来疏导情绪，而是变得粗鲁暴躁，或者沉默畏缩，我们就需要帮助他转用大脑上部来处理问题。

本书第二部分将给大家提供一些新的方式方法来引导孩子这么去做。由于很多孩子哪怕处于情绪压力和痛苦之中也仍能坚持学习，因此，这些新的引导方式主要是针对那些没法坚持学习的孩子。那些没法学得进去的孩子，有些是因为他们的大脑缺乏最基本的快速疏导情绪的技能，还有些是因为学校和课堂并没有为他们提供合适的途径来帮助他们以更合理的方式疏导自己的情绪。如今，已经有不少学校在这种情况下会采取跟孩子交谈之外的其他措施了，因为人的情感并非全都跟“使用词句”有关。我们稍后会更详尽地探讨这一点。

前面提到的一些男女大脑上的不同仅是“冰山一角”，我们还收集了更多差异细节，在第 1 章最后的表 1-2 呈现给大家。

## 大脑性别差异从何而来

从理论上来解释为什么男性大脑和女性大脑之间存在那么多的差异，是大脑研究中颇为耐人寻味的地方。如今，因为有了磁共振成像和正电子发射断层扫描技术，我们已经确凿无疑地看到并且证明，男性与女性的大脑的确存在不同，包括组织结构、血流量及神经传递等。但是，为什么呢？虽然科学技术已经把这种区别摆在了我们面前，让我们看到了事实，可原因究竟在哪里呢？

原因可以从两方面进行探讨：一个涉及人类与大自然的历史，另一个涉及胎儿期及青春期时的激素分泌状况。

## 男女大脑不同的进化简史

进化生物学家认为，人类的大脑之所以依性别的不同而不同，是因为在进化过程中，男女必须按照性别各自承担不同的责任。不过，从进化的角度来看，大约 400 万年前，确实因某种至今未知的因素，开启了人类的发端，而人类大脑的逐渐进化，则从大约 200 万年前开始。随着大脑的进化，其重要组成部分如杏仁核、左右脑、脑干、边缘系统等，均从某种程度上按男女性别的不同而有了不同的进化结果。

这种按性别的不同而进行的不同进化，对人类这一物种能存活下来至关重要。直到距今大约 1 万年以前，也就是地球上的诸多地域开始进入农耕阶段之前，人类一直以打猎和采集为生。男性承担着打猎、守护家园及打仗的责任，其中打猎需要宽敞的空间，而打仗则需要好勇斗狠的劲头；女性承担着采集根茎等植物类食物的责任，以及养育幼儿的大部分责任，这需要感官灵敏及语言交流。男性的职责使得他们要修建大型建筑、组建庞大团队；而女性的职责则需要她们承担更多的内务：以两人或三人组成的小型团队管理好家园内的一切。女性在这种亲密的小组间以语言方式相互交流，而男性在他们的大型队伍中则以行为来带动大家。

在数百万年的时光中，人类的大脑进化出了顺应这种生存环境的结构。女性必须比男性更善于语言交流，男性则必须对空间更加熟悉、更擅长肢体攻击。女性需要想办法达成小组中的共识，男性则需要以比拼实力的方式来确定在队伍中的地位。女性需要善用听觉、视觉等各种感官，记住各种各样的事情，以便细致周详地照顾好孩子，为他们提供大脑发育所需的各种微妙养分；男性则始终需要恪守一个目标，即为孩子们提供成长的环境，并保护好这个环境。

因此，不论是大脑结构还是大脑激素，也就是大脑行为的催化剂，最终都变得因性别的不同而不同，到今天也仍然如此。这种不同甚至从胎儿期就开始了，比如，男性胎儿往往更加活跃，他们在子宫里就频繁地踢妈妈的肚子。

越是在需要男女有更大差异才能得以生存的环境中，其社会化进程就越会进一步强化这种差异。因此，在某些小型部落中，由于对生存环境中的生活资源竞争并不激烈，所有成员都一起劳作，与外族的战争也很少，这样的社会文化自然使得他们的男女差异不至于那么突出。相反，在更大的族群或人口众多的社会环境中，对生活资源的竞争非常激烈，家庭及互助小组之间越来越相互独立，与周边民族之间的矛盾冲突不但剧烈而且持续不断，那么，这样的社会文化就会使得男女之间的差异愈加突出。

很有意思的是，100 万年以前的人类，男女激素的水平并不像今天这般差异明显。我们之所以能了解到这一点，是因为睾酮和人类体格，也就是肌肉与骨骼的构建直接相关，而古化石告诉我们，那时男性与女性的骨骼大小更为接近，并不像现在这般相差甚远。

有些进化生物学家认为，激素因性别而异的决定因素在于人口的增加。人口密度越大，人们对睾酮的需求也就越大。比如在当今社会，男性必须增加自己的睾酮，因为他们不得不为了获取资源而不断竞争，除此之外别无选择。女性则有相对宽泛的选择余地，在养育儿女的过程中，她既可以选择跟随一个群体，比如大的家族体系，也可以选择跟随一个“靠山”，如很有竞争力的男性，而不必直接面对越来越激烈的竞争，因此，她们不需要增加自己的睾酮来提升自身的竞争力。当然，女性也可以通过加剧竞争来增加自己的睾酮，实际上，那些睾酮偏高的女性已经在这么做了。她们还可以通过注射睾酮或服用雄性激素类固醇来达到这一目的。最近几年，还真有女性尝试使用睾酮，她们也的确变得更为独立，在社会生活中更具野心，也更敢于打拼。

既然不论男性还是女性，大脑中的睾酮含量在如今都比过去有所增长，那么看来人口密度论也是有道理的。越是人口众多，大脑及大脑中的激素也就越需要为更多的竞争做好准备。这些竞争不但包括人与人之间的竞争，还包括民族与民族之间、人类与其他物种之间的竞争。而这种准备，既包括与睾酮相关的好斗和攻击性，也包括与雌激素及孕酮相关的群体抱团及团体共识。因此，让那些坚持认为男性和女性已经“阴阳同化”了的社会理论家认清这一点，是非常重要的。

BOYS AND GIRLS
LEARN DIFFERENTLY 男孩女孩教育箴言

今天的男生和女生确实变得越来越“同化”了，男孩正学着更好地运用语言来表达自己的感受，女孩正学着在体育及工作团队中更具竞争力，可另一方面，他们也确实变得越来越“异化”。

如今，越来越多的男性天生就有更多的睾酮，比如说，我们有了越来越高的篮球运动员，越来越大块头的体育明星，越来越擅长空间思维的工程师和建筑师；也有越来越多的女性天生就有更多的雌激素与孕酮，比如说，我们有了越来越善于言辞表达的女性，还有那些在加深与伴侣的亲密关系及改善家庭关系中大展才华的女性。基于脑科学的研究及进化论的观点，我们必须同时认同男女之间的两种倾向：同化及异化。要解决学生在学校中的各种问题，那不仅要帮助男女生“阴阳同化”，也要帮助他们“阴阳相异”才行。

## 激素在胎儿期及青春期所起的作用

造成男女大脑不同的历史性原因，往前也许能追溯到靠打猎及采集为生的社会结构，往后能追踪到当今社会中的高人口密度。不过，还有一个造成大脑差异的物质上的原因，那就是男性激素与女性激素对大脑发育的影响。

在刚受孕时，所有胎儿都没有任何差别。在孕期第一阶段的头 3 个月里，母亲的卵巢会送出一波一波的睾酮，如果遇到胚胎中的 Y 染色体，便会与之相互作用，胎儿因此就变成了男性。其中一波睾酮会促使外生殖器下移，变成阴茎和睾丸，之后的数波睾酮则会在胎儿大脑中布好男性的大脑回路，使其具备男性大脑功能。由此，性激素使胎儿的大脑从根本上变成了男性的结构。

到了青春期，一波又一波的睾酮、雌激素、孕酮、催产素及其他激素形成了类似于胎儿期的第二次激素改造运动，使得孩子的大脑朝着各自性别的不同方向更进一步发育。举例来说，不论男生还是女生，青春期中睾酮的一波波冲击会使得杏仁核增大。杏仁核位于边缘系统中，负责产生愤怒与恐惧的情绪。这一变化解释了青春期的男孩女孩为何都变得比以前更加好斗和激进，而且在男孩身上尤其突出，这也使得他们误入歧途的危险变得相当高。还有，青春期时激增的雌激素会导致海马骤然变大，而大脑的这一部位是专门负责记忆的，一个增大了的海马意味着增强了的记忆力。女孩大脑中的海马这时会变得比男孩更大，这就从一定程度上解释了为何女性在某些方面的记忆力比男性好，比如她们更容易记住数不清的社会关系中，不同人的姓名与容貌。

青春期时，雌激素和睾酮就像拨动脑神经开关的触手，接通了在胎儿期因母亲的激素分泌而预设好的大脑回路。这些开关一旦被打开，便改变了青少年的性冲动，同时也改变了他们的诸多行为和心态，比如让他们变得易怒、好斗、情绪波动大等。

研究学者们还进一步发现，胎儿期一些异常的激素变化也会影响到大脑的发育，只不过要等孩子成长到一定年龄之后才会显现出来。比如说，睾酮会塑造大脑中一个负责处理空间信息的中心，而一些针对女孩先天性肾上腺增生症（CAH）的研究发现，这种在胎儿期形成的、使肾上腺产生过量类似于睾酮的雄激素的症状，会永久性地改变大脑的功能。南伊利诺伊大学医学院的心理学家谢里·贝伦鲍姆（Sheri Berenbaum）发现，在青春期时呈现出先天性肾上腺增生症的女孩，不但比家中姐妹更好斗激进，而且空间思维能力也更好，比如，她们可以在脑海里转动一个物体，或是在脑海里把凌乱的拼件拼成完整图形。这些女孩也比家中姐妹更向往将来成为“工程师和飞行员”。

男性和女性的大脑到底为什么会不同呢？我们现在能给出的最佳答案是这样的：数百万年的人类进化史在小男孩与小女孩的大脑神经系统里留下了基因传承，随着孩子的大脑及激素的发育，这一历史会逐渐被再现。尽管会有一些例外，但总的来说，**小女孩与小男孩的大脑内部“布线”很不相同，这种差异会深深地影响男孩和女孩的行为方式、生活方式以及学习方式。**

本章借助“X光透视”帮助大家了解了人类的大脑、激素及发育过程，并借此了解了男孩大脑和女孩大脑有哪些不同。接下来我们将更进一步观察这些天生的不同会如何导致孩子们学习过程的不同。

## 大脑差异倾向

| 小学一至三年级 男性 | 小学一至三年级 女性 |
| --- | --- |
| 要花更长时间才能始阅读 | 更早开始阅读,阅读水平也更高 |
| 明亮的光线下，部视觉功能更强 | 在调暗的光线下看得更清楚 |
| | 听力更好 |
| 试题型若是需要用勾出正确答案，成会更出色 | 考试题型若是需要听人把问题读出来,成绩会更出色 |
| 丘脑的作用是使激水平保持均衡 | 下丘脑的作用是使激素水平上下波动。 |
| 学能力更强 | 语言能力更强 |
| 擅长三维空间的推 | 更擅长语法、词汇的应用 |
| 女孩更需要规矩的束 | 不那么需要规矩的约束 |
| 5%的男孩过于好动 | 只有5%的女孩过于好动 |
| 容易将情绪与讲道分开 | 不太容易将情绪与讲道理分开 |

| 小学四至六年级 男性 | 小学四至六年级 女性 |
| --- | --- |
| 从10岁开始,激素水平渐渐上升 | 比男孩更早开始受激素水平变化的影响 |
| 心思主要放在行动和探索上，对东西感兴趣 | 心思主要放在人际关系上，对与人沟通感兴趣 |
| 比以前更倾向于靠好勇斗狠解决问题 | 不太会靠拳头去解决问题 |
| 更善于解读地图、辨识方向 | 小肌肉运动技能更强,因此更善于完成精细任务 |
| 下棋水平更高 | 学外语的水平更高 |
| 可能需要阅读补习指导 | 唱歌时不太会跑调 |
| 解答数学题时不太需要讲解 | 解答数学题时可能需要辅以语言讲解 |
| 看电视时频频换台 | 看电视时喜欢盯着一个节目看很久 |

| 男性 |
| --- |
| 睾酮使身体的肌例高达40%，而比例仅为15% |
| 毫无疑问，睾酮发攻击性行为的分泌物 |
| 在课堂上滔滔时，往往是想得家的关注 |
| 男生留级的可能女生高出 50% |
| 雄性激素的分泌能否胜任传统男职责直接相关 |
| 被人以武力欺负能性大一些 |

为什么男孩好动女孩好静?

为什么男孩理科好女孩文科好?

知道男孩女孩不同的大脑结构，会对他们产生什么不同影响吗?

扫码下载“湛庐阅读”App，搜索“男孩女孩学习大不同”，查看直观脑图。

湛庐CHEERS 特别制作

# 男女大脑的

| | 大脑皮层 | 胼胝体 | 多巴胺 | 雌激素 | 额叶 | 下丘脑 | 海马 |
|---|---|---|---|---|---|---|---|
| 力指脑中个部合身办调 | 大脑皮层里的神经元能增进更高的智力功能和记忆功能，也负责诠释感觉冲动 | 负责连接左右两个脑半球 | 一种能刺激男性和女性大脑中动机中枢和愉悦中枢的神经递质。是大脑控制人的身体动作及大脑内部信息传递的关键 | 一组女性性激素，能引发动情期、促进第二性征发育，塑造女性大脑 | 辅助说话、思考及情绪变动，生成熟练动作的神经元 | 控制身体的自动过程，如心跳、呼吸、体温；控制男女间的性差异 | 将信息由忆转化为永久记忆转换器；义信息的保留至关 |
| 往 | 女性大脑中该区域神经元之间的连接往往更多，血流量也更大 | 女性大脑中的胼胝体往往更为密实，使得左右脑之间的神经元连接更多 | 男性大脑和女性大脑激发多巴胺的方式不一样 | 女性大脑中的雌激素含量比男性高出很多 | 女性的额叶往往成熟得更早，血流量也更大 | 女性和男性下丘脑细胞的结构与排列明显不同：男性的更密实，女性则相反 | 女性的海更大一些，信息传输更大、速度 |
| 髓更合，体递使克 | 女性大脑加工信息的速度更快，使得女孩能比男孩更快地消化课堂内容、更容易顺应课堂间的内容转换、更擅长同时处理多件事情 | 女性大脑往往能更多、更快地处理左右脑之间以及语言中枢和情绪中枢之间的信息交流 | 如果多巴胺太少，我们的动作可能会有些力不从心，如果多巴胺太多，则可能导致一些控制不住的、下意识的动作，比如反复敲打桌面、抖腿等 | 使得女性的攻击性和竞争性更小，也较难拥有自信 | 可能使得女性更擅长言语交流，也使她们不太会贸然行事 | 男性往往有更强大、更持久的性冲动 | 女性的记量更大，使能一次性中提取出信息更多 |

# 不同之处

| 马 | 边缘系统 | 延髓 | 灰质和白质 | 枕叶 | 催产素 | 顶叶 | 皮 |
|---|---|---|---|---|---|---|---|
| 工作记长时或的关键对有意学习及重要 | 包含了一系列脑组织结构，如杏仁核和海马，对男孩和女孩如何学习、如何展现学习水平起着关键作用 | 既是脊髓的延续部分，也是大脑位置最低的部位，里面包含有控制呼吸和血液循环的神经中枢 | 脑组织由灰质和白质构成。灰质由神经细胞的细胞体组成；白质由神经细胞主体延伸出来的长丝构成，相当于神经元网络的“电话线”，负责输送在神经元之间传递信息的电子信号 | 感知并诠释视觉图像 | 往往被称为“照料与结盟”激素，与获得社会认同和建立情感联结相关，能促成并维系与他人之间良好的人际关系 | 感知并诠释各种身体感觉，比如触觉、压强、疼痛和温度 | 通常被激素，及人对虑的反人的血含量增降低人的 |
| 马往往神经元的数量更快 | 女性在不用脑时，这里也仍然活跃不止。女性大脑的边缘系统和语言加工区域之间的神经元连接也更多一些 | 男性的脑干功能往往更强，这也意味着他们脑干与脊髓之间有更强的连接；不用大脑的时候，男性的延髓也仍然保持活跃 | 男性往往有更多的灰质，女性往往有更多的白质 | 男性和女性的枕叶对光的敏感度有明显不同 | 女性大脑里的含量比男性高得多，作用尤其明显 | 女性的顶叶能处理更大量的感官信息；男性的大脑则更容易“走神” | 在压力之和女性的含量都会过，一旦除，男性含量会低下来，会在“压陷得更久 |
| 忆存储得她们从大脑的记忆 | 在面对精神压力以及情绪冲击时，女性比男性更容易用语言表达出来。在完成写作文等书面作业时，女性也更善于使用带有感情色彩的文字 | 男婴猝死综合征偏多的原因也许就跟延髓与脑干之间的连接有关，还可能使得男性更加好斗 | 女性大脑能更迅速地把信息从大脑的某个功能区域传递到另一个区域，因此女性更善于同时处理多件事情；男性则更善于通过具体操作和执行具体任务学习新知识 | 女性在光线暗时更容易看清；男性在光线明亮时更容易看清 | 婴儿一出生，母亲便觉得和孩子之间感情深厚，这很可能与催产素有关。在努力与他人建立和保持良好关系的过程中，女孩往往从生理上更倾向于主动讨好父母、老师和同伴 | 女性往往在触觉方面比男性更为敏感 | 皮质醇会让人乎所以偏高则心绝望及品咂低皮质咖啡因重不足皮质醇含 |

# 男孩女孩成长中的

| 学步期 | | 幼儿园阶段 | |
|---|---|---|---|
| 男 性 | 女 性 | 男 性 | 女 性 |
| 说第一个字的时<br>小女孩晚 | ● 比小男孩更早且更多地积累起词汇量 | ● 左右脑之间的交流比较少，更偏重于单向的信息传输，更聚焦于一件事 | ● 喜欢参与各种活动，显示出她左右脑的交流更多一些 |
| 半时，他的话<br>能让人听明白 | ● 3岁大时，她的话99%能让人听明白 | ● 在操场上玩耍时，占据的空间比小女孩要大一些 | ● 喜欢很多小朋友聚集在很小的空间里，挤在一起玩耍 |
| 有本事站立，便<br>显现出探索世界<br>兴趣 | ● 哪怕已经学会了站立，也不会像小男孩那般喜欢到处闲逛 | ● 在操场上玩耍时，独自东跑西颠的玩法比较多 | ● 在操场上做的游戏大多是和其他小朋友一起玩儿，玩法也更为安静，活动量较小 |
| 就已经显现出<br>肌肉了 | ● 3岁时，脂肪组织看上去仍然比肌肉更多 | ● 在操场上喜欢玩得更野、更疯一些，喜欢具有竞争性和侵略性的活动 | |
| 有能力同时做几 | ● 同时做多件事情的能力更强 | ● 搭积木时，喜欢垒得很高，常常高到倒塌下来 | ● 搭积木时，喜欢搭成不高但是摊得更开的形状 |
| 听力更好 | ● 左右耳的听力一样好 | | |
| 记忆更好 | ● 视觉记忆更好 | ● 不理睬新加入的小伙伴，要等到新伙伴表现出他的价值才予以接纳 | ● 能更加热情地接纳新加入的伙伴 |
| 会漠视别人的<br>哪怕是父母 | ● 不太会漠视别人的声音，尤其是熟悉的人 | | |
| 不由自主的动 | | ● 他编的故事充满刺激和行动，不在乎受害者的感受 | ● 她编的故事充满人与人之间的互动，尤其关心受害者的感受 |
| | | ● 游戏中会有身体碰撞、在地上打滚等动作，活跃行为一个接一个 | ● 游戏中会轮流玩，大多数时候都是间接性的竞争 |
| | | ● 主要对具体的事物感兴趣 | ● 主要对人以及人与人之间的关系感兴趣 |
| | | ● 跟妈妈道别只需要花大约30秒 | ● 跟妈妈道别需要花大约90秒 |
| | | ● 将布娃娃当作打仗的武器、战争的道具 | ● 用布娃娃玩“过家家”，模仿日常生活 |
| | | ● 说话时的错误多一些 | ● 说话时较少出错；更善于鉴别不同的声音 |
| | | ● 交朋友时找小男孩 | ● 交朋友时找小女孩 |
| | | ● 通过肢体动作来表达感情 | ● 通过语言来表达感情 |
| | | ● 对社交及人际关系不太敏感 | ● 对社交及人际关系更加敏感 |
| | | ● 注意力持续时间较短，同理心较少 | ● 注意力持续时间更长，同理心更重 |

表1-2

| 胎儿期 | | 婴儿期 | | |
|---|---|---|---|---|
| **男 性** | **女 性** | **男 性** | **女 性** | |
| ● 发育出睾酮<br>● 受孕之后的最初6周，男女有相同的大脑结构<br>● “设置”男性大脑对雌性激素的抗体<br>● 胎儿更为活跃、好动<br>● 男性大脑皮层发育较为缓慢<br>● 从受孕第6周开始，男性性别特征开始出现，胎儿大脑结构发生变化<br>● 在受孕第6周，大量的雄性激素永久性地改变了胎儿的大脑结构<br>● 与女性相比，大脑活跃区域更狭小<br>● 适应性偏弱<br>● 内向化偏少<br>● 更主要在脑干部位，即原始脑发生“空转”<br>● 大脑主体比女性偏大10%<br>● 胼胝体偏小 | ● 发育出雌激素<br>● 受孕之后的最初6周，男女有相同的大脑结构<br>● “设置”女性大脑对雄性激素的抗体<br>● 胎儿更为安静<br>● 女性大脑皮层发育较为迅速<br>● 普通的无差别大脑结构开始呈现出女性特征<br>● 由于缺乏睾酮的影响，胎儿的大脑结构保持了女性特征<br>● 大脑活跃区域不像男性那般狭小<br>● 适应性更强<br>● 外向化偏少<br>● 更主要在扣带回部位，即边缘系统发生“空转”<br>● 大脑主体比男性偏小10%<br>● 胼胝体偏大 | ● 喜欢机械类、建筑类的玩具<br>● 守着一件东西玩的时间偏短，但活跃次数更多<br>● 盯着妈妈看的时间，只有女婴的一半长。<br>● 肢体活跃程度比女婴更高<br>● 一星期大时，不能从周围的声音中分辨出另一个宝宝的哭声<br>● 4个月大时，不能从照片上认出熟悉的人<br>● 对咸味食物敏感<br>● 对皮肤上的感觉不那么敏感<br>● 更容易生气<br>● 更善于聚焦及深度视觉<br>● 对色谱中的蓝色端色彩更为敏感<br>● 对通过感官输入的信息不太敏感<br>● 左眼为主眼<br>● 对声响很大的噪音不那么在意<br>● 对温柔的哄劝声和歌声不太感兴趣<br>● 不太容易辨识他人情绪的微妙变化<br>● 死亡率比女婴高25% | ● 喜欢柔软的、惹人怜爱的玩具<br>● 守着一件东西玩的时间更长，但活跃次数少一些<br>● 玩耍时更无忧无虑<br>● 一星期大时，能从周围的声音中分辨出另一个宝宝的哭声<br>● 4个月大时，能从照片上认出熟悉的人<br>● 对苦味食物敏感，喜好甜食<br>● 对皮肤上的感觉更敏感一些<br>● 更容易伤心<br>● 更善于周边视觉<br>● 对色谱中的红色端色彩更为敏感<br>● 对通过感官输入的信息更为敏感<br>● 左右眼的视觉能力均等<br>● 不太能受得了声响很大的噪音<br>● 更喜欢听温柔的哄劝声和歌声<br>● 更容易分辨出他人情绪的微妙变化<br>● 阅读能力是男婴的3倍；喜欢听人读书，听力比男婴更好 | ● 开口<br>间比<br>● 4岁<br>99%<br>● 一旦<br>立即<br>的浓<br>● 3岁<br>更多<br>● 不太<br>件事<br>● 右耳<br>● 听觉<br>● 更可<br>声音，<br>● 肢体<br>作更 |

| 质醇 | 孕酮 | 5-羟色胺 | 睾酮 | 丘脑 | 后叶加压素 | 韦尼克区 |
|---|---|---|---|---|---|---|
| 称为应激因为它涉玉力和焦应。能使玉及血糖高，同时的免疫力 | 黄体类固醇激素，在子宫准备接受受精卵时十分活跃 | 一种被称为“舒心素”的神经递质，能左右人的情绪好坏以及焦虑程度，发生冲突时可帮助人冷静、放松下来 | 男性性激素，也是好斗激素。男孩在母体里之所以能形成男性的体格和男性的大脑，靠的就是这种激素 | 负责调节情绪及监控身体安全，处理涌进大脑的感官信息，让我们知道身体外部都发生着什么事情 | 垂体后叶分泌的激素，通过收紧小动脉来增加血压 | 连接语言和思想，增强词语理解能力 |
| 之下，男性的皮质醇会增加，不压力源解的皮质醇更快地降而女性则压力”之中 | 女性大脑里的孕酮含量比男性高得多，作用尤其明显 | 科学研究表明，男性大脑中的5-羟色胺水平比女性高出52%，但是功效似乎没有女性的高 | 男性大脑里的分泌量要高得多，作用也大得多。当男性“赢了”的时候，分泌量会增加，“输了”的时候则会减少；而女性的睾酮分泌量则基本保持均衡，面对输赢不会轻易上下波动 | 女性的信息加工速度要更快一些，尤其是在月经周期中的特定时段内 | 与人体保水、血压及记忆相关联，也与保持跟性伴侣之间的关系相关联 | 女性的这一区域往往比男性活跃得多 |
| 含量偏低高兴得忘，而含量会令人满，大笑以幽默会降醇含量；和睡眠严则会增加含量 | 女性的大脑更不容易受伤，或许就是因为雌激素和孕酮的循环水平更高所起到的保护作用 | 如果5-羟色胺水平偏低，再加上雌激素的上下波动,有些女性会因此陷入抑郁 | 使男性更具攻击性，竞争性更强，往往也更偏于自信、独立。课堂上的适度竞争有利于激励男生的上进心，对一些女性也有用 | 月经期的不同时段中，女性的丘脑会更加活跃，也更容易造成压力 | 后叶加压素可能是诱发男性之间好勇斗狠的因素之一 | 提高女性的言语交流能力 |

表1-1

| 大脑部位 | 杏仁核 | 弓状束 | 基底神经节 | 脑干 | 布罗卡区 | 小脑 |
|---|---|---|---|---|---|---|
| 功 用 | 边缘系统的一部分，负责加工情绪，尤其是愤怒与恐惧 | 中枢神经系统中的一束弓形的神经纤维 | 在需要的时候控制身体动作的先后顺序，比如走路 | 大脑与脊髓的连接部位，负责发出最原始的本能指令，比如“战还是逃” | 负责言语的运动区域，处理语法结构及词语生成 | 这里是“行挥部”，是大很重要的一位，负责整体的感知、以及肢体控 |
| 相同与不同 | 男性的杏仁核往往偏大一些 | 女性的弓状束往往发育更早，因此她们能更早具备说话能力 | 有需要时，男性的基底神经节往往能更快运作起来 | 不用大脑的时候，男性的这块区域也仍然活跃 | 女性的布罗卡区往往更为活跃 | 男性的小脑偏大一点 |
| 对人的影响 | 可能导致男性更加好斗 | 女孩常常比男孩能更早地说出整句话来 | 面对外界环境的刺激，男孩的反应一般更快 | 当遭到威胁、遇到情绪冲击时，男性更倾向于做出肢体反应 | 女孩的言语交际能力往往比男孩更强 | 男性系统的液含量比女高，与此相配男性大脑和之间的信息更为迅速，得他们更难制冲动 |

| | 初中阶段 | 高中阶段 | |
|---|---|---|---|
| | 女 性 | 男 性 | 女 性 |
| 肉比<br>脂肪 | ● 雌激素使身体中的肌肉比例占23%，而脂肪比例是 25% | ● 关注的事情主要与自己将来希望从事的事业相关 | ● 关注的事情更多的是放在如何加深私人情感上 |
| 是诱<br>大脑 | ● 雌激素会激发大脑内的更多活动，自月经初潮起，分泌量不断增高 | ● 关注自己的肌肉与身材，希望自己看上去能吸引异性，害怕自己显得羸弱 | ● 关注自己的苗条体态，希望自己看上去能吸引异性，害怕自己显得肥胖 |
| | | ● 交朋友的条件在于对方的身体是否健壮、是否擅长体育运动 | ● 交朋友的条件在于对方是否被大家接受、是否漂亮 |
| | | ● 陷入犯罪活动的可能性更高 | ● 陷入犯罪活动的可能性更低 |
| 不绝<br>到大 | ● 在课堂上保持安静时，往往内心笃定 | ● 69%的男生认为“打架”是解决冲突的最好办法 | ● 69%的女生认为“解决冲突的最好办法是转身走开，或是好好把事情说明白” |
| 性比 | ● 女生留级的可能性比男生低50% | ● 在群体中的地位相对固定 | ● 在群体中的地位不断变化 |
| | | ● 追求权力 | ● 追求生活环境的舒适 |
| 量与<br>性的 | ● 雌性激素的分泌量与能否胜任传统女性的职责直接相关 | ● 青春期过后，学习成绩大有进步 | ● 雌激素分泌量比常规值偏高，给学习成绩带来一定的负面影响 |
| 的可 | ● 遭到性侵犯的可能性大一些 | ● 14～16岁期间，智商水平的提升非常惊人 | ● 智商水平在初中时保持不变，甚至下跌，但在高中时会重新上升 |
| | ● 下丘脑使脑内激素水平按照28天的循环上下波动 | ● 染色体排布呈XXY，即多出一条女性染色体的男生,在空间推理能力上会略逊一筹 | ● 雄性激素分泌量偏高的女生，在空间推理能力上比其他女生略胜一筹 |
| | | ● 同龄人中恃强凌弱的风气仍盛 | ● 恃强凌弱的事情很少见 |
| | | ● 爱好体育的男生在性欲方面比其他同龄男生略强 | ● 爱好体育的女生在性欲方面比其他同龄女生更弱 |
| | | ● 如果加入高中体育校队，考入大学的成绩有可能比其他同学更高，同时喝过酒、尝过兴奋剂的可能性也更高 | ● 如果参加校园活动，早孕的可能性更低 |
| | | ● 若有自杀的想法，成功率更高一些 | ● 若有自杀的想法，成功率更低一些 |
| | | ● 在大学预修电脑技术这门课上，大约有 85% 的学生是男生 | ● 在大学预修电脑技术这门课上，大约有15%的学生是女生 |
| | | ● 高中及大学的毕业成绩比女生低 | ● 最近几年，女生在高中及大学毕业的成绩都超过了男生 |
| | | ● 患临床抑郁症的可能性比女生低 | ● 50%的女生在高中毕业之后5年内曾有过患临床抑郁症的经历 |
| | | ● 作文考试时受生理周期影响的程度比女生低 | ● 如果在月经期参加作文考试，成绩下降程度甚至高达14% |
| | | | ● 语文成绩及与人沟通的能力均超越男生 |

# 教师研读指导

A Guide for Teachers

这份指导将帮你更深入地理解书中的理论，并帮你更有效地实践书中的创新举措。在美国，通过试行本书中的理论和方法而收到良好成效的学校和教师遍及各地。这份指导不但能使老师们的日常教学发生根本性的改变，也能令他们以一种全新的视角来看待课堂里的男生和女生。

## 我们开始吧！
Let's Go !

新学年开学之后的第一个月，请先阅读前言部分及第1章，读完这部分就可以开始组织教师研读活动了。小组研读活动每次不要超过一个小时。每个小组成员都应预先阅读指定章节，并负责为每一次研读活动做好准备工作。

每一章的研读指导中，我们都推荐了一些活动供大家参考，建议每次研读活动至少完成其中一项。有些练习可能需要多花些时间和精力，有些则可能相对简单一些，很快就能完成，这时大家不妨再进行另一项活动。

# 第1章
# 男孩女孩的大脑天生不同

## 研读议题

一起回顾第一章后，请大家各自说说班上的男生和女生表现出来的不同特点。比如：某个男生上课时大脑进入了“空转”状态，这时他在注意力方面会有哪些行为表现？对此你能做些什么来帮助他？

## 研读活动一

参考表1-1，列举出你认为男孩大脑和女孩大脑对学习新知识至关重要的相同之处与不同之处。可以一个人完成，也可以3～4个人结成小组一起讨论。然后，把每个人或每一组列出来的相同之处与不同之处汇总到一起，做成维恩图，相互比照。最后，把大家收集起来的答案再汇总成一个巨大的维恩集合图，并在今后的研读活动中供大家回顾与参考。

## 研读活动二

用漫画或者卡通人物画描述5-羟色胺、后叶加压素以及催产素对男生和女生的影响。可以自己单独制作，也可以3～4名小组成员一起合作。

## 研读活动三

写一份3段文字的短文，分别讲述上述3种激素在胎儿期和青春期给孩子带来的不同影响。然后小组成员互相交换各自的短文，阅读并讨论。

# 第2章

# 大脑差异给男孩女孩带来的不同影响

## 研读议题

男孩和女孩的哪些不同的学习方式反映出了大脑的性别差异？你打算在课堂上施行哪些措施，以切实帮助班上的男生和女生都能真正学到东西？

## 研读活动一

针对男生和女生不同的学习方式，列出相应术语。把这些术语及其定义分别写在不同的卡片上，再将卡片顺序打乱，模仿孩子们玩“钓鱼”纸牌游戏的方式，用这些卡片来学习。谁能找到最多与手中的术语卡或定义卡相配对的卡片、手里剩下的卡片最少，谁就赢了。

## 研读活动二

用霍华德·加德纳定义的“7种不同智能”和男生女生在大脑层面上的10种不同学习方式做一个矩阵表。

用方格纸，最上端从左到右逐条列出“7种不同智能”，然后在左侧从上到下逐一列出男生女生的10种不同学习方式。把你们认为两相关联的条目在矩阵表的交汇点上画一个叉。

加德纳的“7种不同智能”中，有好几种都和不同的学习方式相关联，值得好好讨论并把它们找出来。

# 第3章

# 创建完美的学前教育课堂

## 研读议题

紧密的情感联结和坚实的依恋，对确保男孩女孩从学习生涯的最初就能学好至关重要。假如学生感到缺乏紧密的情感联结和坚实的依恋，会对他们的学习带来什么样的影响？在学校里和课堂上，你能做些什么来改善学生的处境，以提高他们学好功课的可能呢？

## 研读活动一

给小组中的每位成员分派角色任务，演练下列在本章中讲述过的场景及活动。

1.海上寻宝游戏。
2.《昨天深夜》这首歌。
3.阿卜杜勒在积木区。
4.汤米的茶点时间。
5.汉娜和杰雷尔的争执。
6.加深师生感情的惯常做法。

如果大家愿意，每个场景都可以演练一遍。

## 研读活动二

以本章中“植物和阳光”的寓言为主题，写一首小诗。

## 研读活动三

讨论除了给孩子服用精神药物之外，还能采取哪些措施来帮助有行为障碍的学生。把大家的想法逐一写下来，并把你自己的经历和体验也加进去。

# 第4章

# 创建完美的小学课堂

## 研读议题

讨论并逐一列出能让课堂上的男生和女生都沉浸到学习中的好办法。比如说，教室里的座位要怎么排，才最有利于小男生专心学习？座位的不同排法对小男生能否认真学习有什么不同影响？然后把对象换成女生，再考虑同样的问题。

## 研读活动一

给学区主管写一封信，支持给予学生户外活动的时间。

## 研读活动二

选一名小组成员扮演本章提及的卡萝尔，按照她的说法和做法演练一下如何加固师生间的情感联结、如何从脑科学的角度出发提升学生的学习能力。

## 研读活动三

以本章中珍妮和她的3个学生贾迈勒、蒂雷尔、约瑟夫的故事为蓝本，编写一段音乐剧或小品，然后选4名小组成员各自扮演一个角色，要做到生动活泼。

## 研读活动四

编写一本指导手册，以推广本章中苏珊·科尔根的“金斑蝴蝶”活动。

# 第5章

# 创建完美的初中课堂

## 研读议题

青春期时的少男少女不论是身体上还是情绪上，都会经历巨大的变动，甚至连最好的学生都可能在这样的巨变下出现问题。学校该做些什么来最大限度地降低男女生在学习和行为上出问题的可能呢？

A Guide for Teachers and Parents

## 研读活动一

将小组成员分成两组，一组人扮演接受采访的老师或校务职员，另一组人扮演电视台或者广播电台的记者，采访主题是你们中学今年开始推行的单性别课堂或男女分组的教学制。每个人都从另一组里挑选一个搭档，进行一对一采访。

## 研读活动二

找6种不同颜色的帽子，分别代表6个针对是否统一校服讨论的不同侧面。将小组成员分成6组，每一组选戴一种颜色的帽子，然后分别就自己所代表的侧面进行宣讲。

**1.白帽子组=数据**

调研统计数据是怎样的？实施全校统一校服制度需要付出多大代价？

**2.黄帽子组 = 正面影响**

这一倡议的正面影响有哪些？能带来什么正面效果？

**3.黑帽子组 = 审慎**

这一倡议有什么负面影响？

**4.绿帽子组 = 成长**

这样做的结果能让我们学到什么？能获得哪些改进和成长？

**5.蓝帽子组 = 落实**

需要向有关各方提交哪些论据信息，又该如何跟大家分享这些信息？

**6.红帽子组 = 情绪**

有关各方会对这一措施有什么样的情绪反应？谁会对此感到不满？

## 研读活动三

为什么学校要硬性要求所有学生全部参加体育活动？在给定的时间内，尽可能多地列出你们能想到的所有正面效果。

# 第6章

# 创建完美的高中课堂

## 研读议题

家长和老师应该做些什么，才能继续给予升入了高中、正值青春旺盛期的大孩子以正面而得体的引导和监督，帮助他们培养责任感与独立性?

## 研读活动一

先把参加研读活动的教师编成一个个4人小组，把本章内容或学习材料分成均等的4份，让小组中的每一个人分担其中一份，要求每个人都反复阅读自己承担的那部分学习内容，吃透自己所负责的那一部分，成为专家。

然后，将不同小组中研读同一部分的“专家”聚在一起学习，即研读第一部分的小组成员聚在一起学习，研读第二部分的小组成员聚在一起学习，以此类推，大家共同讨论、计划并准备如何向自己所属的4人小组讲授自己所承担的那部分内容。

之后各小组再重新集合，每个人轮流讲授各自承担的那部分内容，最后组织全体成员，一起回顾并讨论第6章的内容。

## 研读活动二

做一个“巡回调查”，让小组成员在屋里自由走动，就下列问题向其他组员提问。

1.在研读活动中，你学到了什么？请说出3个你记得的主题。
2.通过研读，你有些什么感悟？又从他人身上观察到了什么？
3.你打算怎样把所学知识应用到你对学生的教育和辅助上？

在规定的时间里尽量多“采访”几个人，将采访结果抄录到规定的大挂图上，大标题为“巡回调查”，标题下再分成3大栏目，每一栏的小标题分别是：所学、所悟、应用。小标题下面写入大家的答案。

# 家长研读指导

## A Guide for Parents

这份指导将帮你更深入地理解书中的理论，并帮你更有效地实践书中的创新举措。在美国，通过试行本书中的理论和方法而收到良好成效的家长遍及各地。这份指导不但能带领家长们把家中环境改善得更适于孩子成长，也能带领他们以一种全新的视角来看待孩子每天上学的学校。

## 我们开始吧！

Let's Go！

建议让每名小组成员预先阅读书中指定章节，每个人都要为每一次研读活动做好准备。小组研读的进度可以根据大家在讨论中涉及的问题以及在实践中获得的体会灵活掌握。在研读过程中，你或其他同伴也许会觉得某个章节特别能引起共鸣，或者特别希望能多讨论讨论，可以根据各自孩子的年龄、在校成绩的好坏、亲子间的特别问题等重点讨论某些年龄段的某些章节。也可以根据自己的需要跳过某些内容，或重点讨论某些特殊问题。

接下来，每一章我们都推荐了一些研读活动供各位参考，建议参加研读活动的家长每次至少落实其中一项。有些练习可能需要多花些时间和精力，有些则可能相对简单一些，很快就能完成，这时你们不妨再进行另一项活动。这些做法既符合孩子大脑的自然天性，也符合男孩女孩在学习和成长中的自然规律。

# 第1章

# 男孩女孩的大脑天生不同

## 研读议题

读过第一章后，请大家各自说说自己孩子身上表现出来的男孩特点或女孩特点。比如：当你儿子的大脑进入“空转”状态时，他在注意力方面会表现出哪些行为？对此你能做些什么来帮助他？

## 研读活动一

参考表1-1，列举出你认为男孩大脑和女孩大脑对学习新知识至关重要的相同之处与不同之处。可以一个人完成，也可以两人一组搭档完成。然后，把每个人或每一组列出来的相同之处与不同之处汇总到一起相互比照。可以用一张大挂图来收集大家列出的条目，看看每组条目上都列出了哪些内容，大家都关注了哪些特别的地方。

## 研读活动二

每个人都翻阅一下自己的家庭相册，看看能否辨认出照片上的孩子所表现出的行为是否受到了5-羟色胺、后叶加压素或是催产素的影响。比如，某张照片上你的孩子正在拥抱奶奶或爷爷，就表明这时孩子大脑里的催产素，也就是促进情感联结的激素，正在起作用。

## 研读活动三

制作一份清单，逐一列出每种激素的不同作用，以及这些激素在胎儿期和青春期给孩子带来的不同影响。在小组研读时展示你收集的资料，然后大家一起讨论。

# 第2章

# 大脑差异给男孩女孩带来的不同影响

## 研读议题

男孩和女孩的哪些不同的学习方式反映出了大脑的性别差异？你打算在家中施行哪些措施，以切实帮助自己的孩子能按恰当的模式真正沉浸到学习中去？

## 研读活动一

针对男孩女孩不同的学习方式，列出相应术语。把这些术语及其定义分别写在不同的卡片上，再将卡片顺序打乱，然后模仿孩子们玩“钓鱼”纸牌游戏的方式，用这些卡片来学习。谁能找到最多与手中的术语卡或定义卡相配对的卡片、手里剩下的卡片最少，谁就赢了。

## 研读活动二

仔细阅读本章中“令男孩得益，对女孩却不利”以及“令女孩得益，对男孩却不利”这两节，把大家分成两组，分别讨论其中一节，并针对书中内容一起动脑找出家长能帮孩子把不利因素降到最低限度的具体做法。然后两组交换，分享各自的讨论结果，同时思考两个问题。

1.大家提出的做法是否合理?
2.若要落实你提出的建议，需要得到什么样的支持以及哪些人的支持?

在这次研读活动结束后、下次研读活动开始前，你一定要切实施行至少一项你们一起讨论出来的合理做法。

# 第3章

# 创建完美的学前教育课堂

## 研读议题

与孩子建立紧密的亲子关系，让孩子感受到坚实的依恋，对确保孩子在未来人生中的成功至关重要。假如孩子缺乏紧密的亲情联结和坚实的依恋，会对男孩和女孩早期的学习带来什么样的影响呢？作为家长，你该做些什么，才能在最大程度上确保孩子在学校里好好学习呢？

## 研读活动一

拿一张纸，画出关爱你家孩子的亲友圈，包括所有跟他建立起了情感联结、能让他感到信赖的人。仔细想想，这其中的每一个人都给予了孩子哪些关爱？孩子从每一份情感联结中获得最多的是什么？然后筹备一个亲友圈的聚会，让尽可能多的圈中人参与进来，大家一起给孩子举办一个庆典。在庆典中，说说你对孩子的希望和期待，也让所有亲友都说说他们对孩子的希望和期待，还要根据孩子的成熟度，让他向每一个关爱他的人做出回应。这个庆典可以一年举办一次，让孩子记住自己成长中的每一个脚步和里程碑。

## 研读活动二

在研读活动开始前，先找孩子的老师做一次交谈，了解老师在学校里和课堂上都以哪些日常做法来促进师生感情，让学生感受到师生间紧密的情感联结。如果你认为需要的话，还可以以本章中的例子为蓝本，向孩子的老师提出一些好建议。

## 研读活动三

讨论有关“勇狠滋养”那一节的内容，向小组同伴说说你在家里看到过哪些孩子的具体行为体现。说说当你看到孩子的这些好斗激进的行为时心里有什么感受？读过这一节后，如果再遇到孩子跟小朋友打打闹闹，你该做何反应？又会怎样看待孩子和父亲之间打打闹闹的行为呢？

# 第4章

# 创建完美的小学课堂

## 研读议题

这一章的重点在于学校的教育环境。你对孩子就读学校的具体运作有多熟悉？花费过多少时间到学校帮忙？你觉得他们欢迎你去做义工吗？你认为学校在平衡学生对功课学习、体育活动及情绪安稳这三方面的需要上做得好吗？

## 研读活动一

回顾“小学阶段电脑及其他媒体的运用”这一节内容，并讨论以下问题。

1.你家上小学的孩子每天花多少时间在电脑及其他电子媒体上?
2.在孩子玩电脑游戏、手机及其他电子设备方面，你有没有设立相应的规矩?孩子们遵守得好不好?

## 研读活动二

思考本章讲述的户外活动对孩子的重要性。每名小组成员都回顾一下在刚刚过去的一周里，你家孩子每天有多少户外活动时间，并逐一写下来。如果你注意到在天气允许的情况下，孩子并没能每天都得到一定的户外活动时间，那么在接下来的一周里，你要事先做好计划安排，确保孩子每天都能有一定的户外活动时间。最后，小组成员相互分享各自的计划安排。

## 研读活动三

你所在的研读小组里，有多少单亲家庭?如果没有，那么想想孩子的同学中有谁是单亲家庭的孩子。如果这样的家庭需要为孩子找个心灵导师，那在你们的社区里有哪些组织机构能够提供帮助?列出一份你能找得出的机构名单，然后分派给小组成员，让大家分头收集相关联络信息，最后交流一下你们获得的信息资料，并提供给学校。

# 第5章

# 创建完美的初中课堂

## 研读议题

青春期时的少男少女不论是身体上还是情绪上，都会经历巨大的变动，甚至连最好的学生都可能在这样的巨变下出现问题。作为中学生的家长，你该做些什么来最大限度地降低孩子在学习和行为上出问题的可能呢？

## 研读活动一

将小组成员分成两组，一组人扮演接受采访的孩子家长，另一组人扮演电视台或者广播电台的记者，采访主题是家长认为孩子今年上中学后面临的最大问题是什么。每个人都从另一组人里挑选一个搭档，进行一对一采访。

## 研读活动二

找一块白板或者一张大挂图，写下两个讨论问题。

1. 养育自家的青涩少年时，作为父母，最让你感到快乐的地方是什么?
2. 养育自家的青涩少年时，让你感到最为棘手的挑战又是什么?

讨论这两个问题时，还请关注这么一个问题：男孩父母和女孩父母的答案都有哪些不同?

## 研读活动三

孩子所在的学校该不该硬性要求所有学生都参加体育活动?请在讨论时间内列出尽可能多的正面理由。

# 第6章

# 创建完美的高中课堂

## 研读议题

孩子上高中了，家长和老师应该做些什么，才能给予他们正面而得体的引导和监督，帮助他们培养责任感与独立性?

## 研读活动一

做一个“巡回调查”，让小组成员在屋里自由走动，就下列问题向其他组员提问。

1.在研读活动中，你学到了什么？请说出3个你记得的主题。
2.通过研读，你有些什么感悟？又从他人身上观察到了什么？
3.你打算怎样把所学知识应用到你对孩子的教育和辅助上？

在规定的时间里尽量多“采访”几个人，同时记录下对方的回答，然后将所有组员获取的答案全部写到一张大挂图上，大标题为“巡回调查”，标题下再分成3大栏目，每一栏的小标题分别是：所学、所悟、应用。小标题下面写入大家的答案。

## 研读活动二

在一张大纸上画一个大圆圈、一个大方框和一个大三角，大到能写进你要写的东西。从以下3个角度回顾自己的研读经过，之后所有小组成员相互分享各自的感悟。

1.在圆圈里写入研读活动中一直在你脑海中反复盘旋的事。
2.在方框里写入研读活动中发现的与你的价值观完全吻合的事。
3.在三角里写入研读活动中学到的且再也不会忘记的3件事。

我们希望，不论是独自进行还是和其他家长朋友一起，通过研读本书能令你获得一些启发，给你带来益处。

# 02 BOYS AND GIRLS LEARN DIFFERENTLY

## 大脑差异给男孩女孩带来的不同影响

改变孩子的观念是一回事，改变我自己的观念是另一回事。有一次我在给孩子们上课时，用一个电脑程序讲述了在成长发育过程中，男孩女孩的大脑都有哪些不同。我不知道这能达到什么效果，不过我觉得学生们至少会惊奇于男孩和女孩的大脑有那么多不同。结果孩子们很不以为然地回敬我："这有什么稀奇！"看来这些不同并没有让每天都生活于其中的孩子们感到惊奇。感到惊奇的反倒是我自己。这是多么丢脸啊！孩子们知道得比我更多。

**——罗斯·奥尔德里奇**

中学老师

一位名叫多丽丝的中学教师讲过这么一个笑话："有个男人在他老婆不在场的时候做了一个决定，那这是不是也算犯了错误？"还有一名男老师讲了另外一个笑话："百科大全一套 40 卷，1 000 美元一套，这是最好的促销价格。可是，我都已经结婚了，老婆什么都知道，哪还需要这些书啊。"

那是在一次学区培训上，培训重点是男生和女生在思维方式和说话方式上如何不同。我提议在开始之前，大家先花上几分钟时间讲几个关于男人和女人不同之处的笑话，结果这些笑话大大增进了彼此间的了解。以此为切入点，我们一起探讨了男孩女孩的差异：他们如何陷于尴尬、如何感受情绪，以及如何面对自己在学习上的弱点。

你一定不难想象培训中的这个小插曲给大家带来了多少欢乐。我们花时间听大家讲与性别差异有关的笑话，不仅是为了笑个痛快，也是为了让参加培训的老师们能轻松地进入学习，同时更充分地了解性别所造成的学习方式、情绪感受等方面的不同。正如男生和女生所讲的笑话一定不一样、男人和女人开玩笑的方式一定不一样，男性与女性的不同也给他们的学习方式带来了诸多微妙的影响。有时，这些微妙的差异无足轻重，比如两个人讲同一个笑话时语调上的不同，可有时，这些差异却相当重要。

## 学习方式上的差异

过去 20 年间，脑科学研究者们发现，世界各地的男孩女孩身上都存在以下 10 个方面的学习方式差异。预计在今后几年里，世界各地的学校都将注意到这些差别，并最终据此对课堂教学做出相应改进。

### 演绎推理与归纳推理

男孩通常会采用演绎推理的方式来总结概念，他们常常从一个总原则或是辅助原则开始往下推理，并将其运用到具体事例中。而且，他们做演绎推理的速度也比女孩更快。因此，在选择题快速应答这类考试上，比如美国学术能力评估测试（SAT），平均来说男生的成绩要比女生好。这类考试需要快速做出演绎推理，一个人越擅长这一能力，就越能取得好成绩。

与此相对的是，女孩通常会采用归纳推理的方式来思考，从基础概念往上一层一层地添加。她们往往从具体事例开始做归纳，因此，以实物或实例进行教学效果更好，尤其是在口头表达和写作上。对于“请你举一个例子”这样的要求，女孩往往比男孩处理得更得心应手，这在概念学习的初始阶段尤其明显。女生比男生更喜欢从某个具体事例出发，归纳出总的原则来。

### 抽象推理与具象推理

如果不用看到或摸到具体的东西而做抽象计算，男孩一般比女孩做得好。比如上数学课时，写在黑板上的算术题，男生往往比女生算得更快。但如果教学时使用了教具，需要学生动手操作，拿掉黑板，从数字与符号的抽象世界里走出来，进入实体世界，比如用一串串的数珠进行计算，那么，女孩的脑筋就转得比男孩快了。

男性喜欢针对抽象概念、哲学命题、道德原则等进行抽象性的辩论。当然必须重申，这只是基本原则，生活中总会有很多例外。不过大体上来说，男性对抽象世界的探索，包括做抽象设计的偏好，要比女性强烈得多。建筑师和工程师这两种职业，都十分依赖于抽象的空间设计原则，因此也是更吸引男性大脑的行业，这类工作甚至能追溯到如何设计猎杀陷阱、如何修建最早的大型建筑等。假如看到一位很擅长工业设计的女性，那就能猜到她是一位拥有“双性化”大脑的女性，她的空间思维能力甚至超越了很多男性。

## 语言的运用

在那次培训的玩笑时间里，有一位女老师这么说道：“我先生已经有 3 个月没说过话了。倒不是因为跟我生气，他只是不想打断我说话！”这一点上的男女差异实在是每个人都心知肚明，以至于成了开玩笑的好素材。平均来说，女性的确比男性话多。**在学习的时候，女孩常常一边嘀嘀咕咕一边学习，而男孩则往往一言不发地忙活**。甚至在观察学生小组活动的时候也能注意到，小组学习期间，女生比男生更喜欢说话。我们还发现，男生小组中说话的人更少，通常只有一两个领头的或是想要博取关注的男生在那里说话，而且一说就是一大串；可是女生小组却与此相反，大家几乎都会说话，而且说话的长短也都差不多。

**女孩喜欢用日常用语把事情详细地描述出来，男孩则觉得使用术语及编码语言更有意思**。正如几年前一位大脑研究者对我说的那样：“女性对创造并使用那些让人深感困惑的法律术语实在没有多少兴趣。假如当年缔造西方律法的律师和法官们是女性，那法律术语会比现在容易理解得多。”

不论是聊体育、聊法律还是聊打仗，男孩总是喜欢发明一些代码，作为社交小团体中只有他们自己明白的暗语。

## 逻辑与证据

总的来说，**女孩比男孩更善于聆听，能吸收更多的词语，在对话中和课堂**

**上也能抓住更多的细节**。这让女孩能从容地跟随对话时那复杂的意识流，因此她们不太会以强势的态度或逻辑规则来控制对话的走向。

男孩却总是会漏听不少东西，也常常要求老师或者对方拿出明确的证据来说明论点。而女孩似乎更喜欢指点性的漫谈，而不是逻辑性的推导。

## 陷入无聊的可能性

**男孩比女孩更容易感到无聊，需要拿出更多的兴趣点来稳住他们的注意力**。在上课听讲或其他各种学习场合下，女孩都更善于克制心中的无聊感。这一点对男孩女孩的学习具有深刻的影响。一个孩子一旦感觉到无聊，那他不但可能会因此放弃继续学习的努力，还有可能做出打扰其他人上课的事情，结果导致自己被贴上“调皮捣蛋”的标签。

## 对空间的需要

**男孩在学习时往往需要更多的“地盘”，越小的孩子越是如此**。如果小男孩和小女孩共用一张桌子，到后来很可能是小男孩“霸占”了小女孩的许多地方，而且不太会有反过来的情形。男孩需要使用更多的地方来学习，而这种天生的倾向还会影响到他与人交往时的心理状态。如果老师不知道这一点，那他很可能会不自觉地认为这是小男生不讲礼貌、不懂规矩、不听要求的表现。可实际上，他只不过是在按照大脑对空间的天生需求来学习而已。

## 对肢体活动的需要

总的来说，**女孩在学习时不那么需要动来动去，可男孩却恰恰相反，一是大脑需要借此“提神”，二是需要借此来控制及释放“动能”**。尤其是在狭小的空间里学习时，动来动去实在是男孩的天性，这令他们看上去坐立不安，可究其原因，很可能是他们连接大脑与身体的脊髓液流量偏高、新陈代谢更快造成的。

许多老师都注意到，如果课堂上有一两个男生总是不停地动来动去，那么交给他们一些小差事可能会是解决问题的好办法，比如让他们帮老师发作业、削铅笔等。不论任何年级，上课时给孩子们一点伸展肢体的时间，哪怕是60秒钟的课间活动，都是好办法。还有不少老师发现，允许小男生在上课的时候手上拿个不会弄出声音的东西，比如压力球，一边上课一边把玩，也是不错的办法。因为这时，他的手已经在“动来动去”，大脑已经有了“提神的东西”，这会让他觉得自在许多，而旁人也不会受到干扰。

## 对人际关系的敏感度

小组合作式学习虽然是一种对所有孩子都很有好处的学习方式，不过女生往往从一开始就能很快适应。她们能一边学习一边很快参与到带有某种互动规则的小组活动中，在这一点上，她们比男生做得好。男生更多地会一心扑在自己的事情上，而不太能同时注意到周围其他同伴的感受。

“社群排位”就是孩子们在各自的社交小团体中所处的地位，这对男孩来说无疑是很重要的事，那些排在底层的男孩往往是“问题学生”。这种地位的确立，靠的可以是体格大小、是否善言、个人性格、能力及其他社会的和个人的因素。在从小到大的校园生活中，孩子们常会在某个阶段、某种环境中占据高位，又在另一阶段、另一种环境下屈居低位。有些孩子似乎很容易在较大的群体中被推向高位，比如最有人气的“校花”或是“舞会王子”；还有些孩子似乎很容易在较小的群体中占据高位，比如象棋队的队长，或是一群电脑迷中最受欢迎的小高手。几乎所有孩子都会在各种各样的社群排位中进进出出。

BOYS AND GIRLS LEARN DIFFERENTLY 男孩女孩教育箴言

在纷繁的校园生活中，与男生相比，女生中那些不太受人追捧、不常被老师点名回答问题、看上去默默无闻的学生，并不一定就是学习不好的孩子；可如果换成是男生不受人关注，也不努力表现自己，则往往会是“陷落”的孩子。

这样的研究如今刚刚开始，估计再过些年就能有更多的证据了。即便如此，也已经足够对现有的性别理论提出质疑了。

现有的性别理论认为，女孩应该很苦恼，因为她们常常无人问津；相反，男孩在课堂上不断惹是生非引人关注，反而活得风生水起。但实际上，在社群排位里屈居低位的孩子中，女生的成绩比男生更好。很显然，女生在学校的成绩好坏，并不那么依赖于她们在同学当中的地位高低。

也许，男孩脆弱的“自我”是真实存在的，尽管我们不可能用显微镜“看到”这样的“自我”。但是，我们可以看见皮质醇，即应激激素分泌水平的高低。

最近几年的脑科学研究认为，社群排位对男生的学习有很大影响，因为地位的高低对男生应激激素的分泌影响很大。越是觉得自己没出息的男生，应激激素分泌水平就越高。从生理学角度来说，在社群排位中位居前列的男生，应激激素的分泌水平通常偏低，而屈居低位的男生则偏高。为什么这一点非常重要呢？因为过多的皮质醇会迫使大脑把精力主要放在处理痛苦的情绪压力上，而不是放在知识的学习上。我们常常看到那些受到羞辱、不招人喜欢、羸弱怯懦、交不到朋友的男孩变成“问题学生”，而皮质醇的分泌也许就是导致他们“出问题”的元凶。

## 象征符号的运用

**越是到了高年级，男生就越是喜欢符号、图解、图表等。**他们比女生更喜欢这种符号代码的应用，**而女生则更喜欢文字描述。**当然，男生和女生都喜欢看图，不过男生在学习的时候更依赖它们，这主要是因为图像刺激的是右脑，而男性的右脑通常更发达。语文课上，老师们会发现男生更善于揣摩作者的象征手法和想象模式，而女生更喜欢思考对文中角色的情感描述。

## 小组学习的作用

不论男生还是女生，小组学习和团队合作都是有助于学习的好办法。男生组成的团队往往相当讲究“组织结构”，而女生的团队通常“结构松散”。男生花在团队管理上的时间比女生要少很多，他们会很快选好“领导干部”，然后迅速投入到工作之中，直奔目标而去。

在后面的第 3 ～ 6 章里，我们将讲述老师们在课堂上应如何针对上述这些学习能力上的性别差异动脑筋取长补短，让男生和女生的不同学习方式都能大放光彩。其实每个人都能凭直觉感受到不同孩子的不同学习特点，只是对此并无清晰的认识。如今，学习了新的脑科学知识，我们就能有意识地关注这些不同并做出调整，从而帮助孩子更好地发挥他们各自的特点。当然也请牢记，我们所讲的只是一个大致的趋势，而不是铁律。每个孩子都是独立的个体，有些个人因素，比如孩子的性格，对学习方式的影响可能会超过大脑性别差异的影响。

尽管总有例外，但是男孩女孩在课堂上、家庭里的表现，大多数都能符合我们所讲的这些大致趋向，恰如他们大多数也都符合下面要讲的“智力”上的男女差异一样。

## 智力能力上的差异

也许你参加过霍华德·加德纳（Howard Gardner）[①] 的培训课，听过他讲述的 7 种不同的智力能力。后来他又加上了一条，变成了 8 种，详细内容请见加德纳的著作《多元智能》(*Multiple Intelligences*)。针对孩子们在学习中用到的不同智能，加德纳做出了很有价值的研究，托马斯·阿姆斯特朗（Thomas Armstrong）等许多学者后来也加入了这一研究行列。

我们先举出 5 种不同智能的例子，以便接下来更好地探讨男生女生在学习时是如何利用他们的。之所以选择这 5 种，是因为大脑性别差异在这 5 种智能上体现得最为明显。

### I 时间与顺序

按照加德纳的总分类，关于时间与顺序可分作 3 种不同的智力能力，每一种都要求具有迅速及时地处理、沟通时序信息的能力。这些能力要求大脑能同时回忆从前、联系当下并预计未来的走向。

① 美国著名心理学和教育学大师、多元智能理论之父霍华德·加德纳在著作《智能的结构》和《多元智能新视野》中对多元智能理论进行了详细阐述。这两本书的中文简体字版已由湛庐文化策划、浙江人民出版社出版。——编者注

**语言智能。**大多数人的语言能力很明显依赖于左脑的功能。在教学过程中，不论是对老师还是对学生来说，毫无疑问语言都是一项非常重要的工具。语言能力不可与说话能力等同起来，尽管这两者的确非常接近。对学习中的学生来说，不必出声的自言自语与同他人进行语言沟通，是同等重要的。

**音乐智能。**对大多数人来说，大脑中处理音乐的部位都在右脑。有意思的是，处理韵律节奏的部位却常常在左脑。这会不会就是音乐对学习很有帮助的原因所在呢？音乐对课堂学习的诸多方面都有很大的影响，从记忆到情感表达，从专心致志到提升自尊自信……这其中都有音乐的功劳。欣赏音乐是一项全脑活动，能让左右脑同时动起来。

俄勒冈大学的研究学者罗伯特·塞尔韦斯特对此从历史的角度做出了分析："如果音乐是人类语言的前身，那么，当复杂的语言开始主导我们的左脑功能时，大脑的大部分音乐功能很可能就此转移到了右脑。训练有素的音乐家在聆听音乐时，左脑功能也常被调动起来，这有可能是因为他在分析那段音乐。"

**逻辑－数学智能。**一旦我们要处理数学和逻辑信息，大脑中就有大面积的功能部位需要运作起来，包括左右脑和前额叶。哪怕是思考相对简单的数学或逻辑问题，大脑也要调动起千军万马来，因此许多孩子都觉得数学很难，长大一些后还会觉得逻辑很难，就毫不奇怪了。

## | 空间与位置

空间与位置的智力能力又可分作两种，分别负责辅助大脑理解空间特性及处理空间位置信息。塞尔韦斯特写道："这一类智能使我们在所处的生活环境中行动自如。"有一个描述某种能力缺陷症状的词叫"迷糊"，虽然这个词在大多数场合下有点侮辱人，但它很可能是描述空间智能低下的一个相当准确的词汇[①]。

**空间智能。**指通过触觉与视觉的感知，准确判断所处环境中物体的形状、形态、大小、软硬等的能力。工程师和建筑师这两种职业就是善用空间智能改

① "空间"的英文是 space，"迷糊"的英文是 spacey，指头脑混乱。——译者注

造所处环境的好例子。一般来说，负责空间智能的区域位于右脑。

**身体－动觉智能。**那个坐在教室最后一排左边第三张椅子上、没法让自己不乱动的小家伙，若是把他放到足球场上，很可能是个身体－动觉能力相当好的控球高手。

学者们在追踪孩子大脑中的身体－动觉智能时，发现了大脑中多种功能的相互作用。首先，基底神经节会发挥作用，它位于左脑和右脑的底部，负责协调感知和运动系统的运作。与此同时，杏仁核也会起作用，它位于大脑的边缘系统，能针对身体的行动触发人的情绪。

还有运动皮层，也就是左右脑中与左右内耳相连接的部位，各自负责协调左右两侧身体的肢体动作。再就是小脑，位于后脑勺下那块鼓包的位置，负责协调和微调身体的一些自主动作，以确保一整套动作能够顺利完成，比如完成一整套燕式跳水动作。

那个小动作不断的小家伙，也许没本事整合好大脑各部位，让自己安安静静地坐在椅子里，不过，他很可能有本事整合好大脑各部位以指挥身体做出大动作，比如踢足球。

在我们观察孩子不同的智能时，男孩女孩的差别也就显现了出来。有趣的是，假如某种智能在女生中呈明显优势，那么，其部分原因竟是男生在这方面的示弱，反过来也是如此。这种示弱并非有意而为，只不过是大脑天性喜欢彰显强项，藏匿弱项。当大脑在某一种智能上好好发展时，例如语言智能，那另一方面的智能发展可能就无法赶上，例如身体－动觉智能，因为大脑已经倾向于彰显前者了。但是，只要能够得到适当的刺激，大脑中的各种智能都可以发展得很好。

男孩和女孩都显现出了很强的音乐才能，而且，只要给予音乐方面的刺激，尤其是在小的时候，他们这方面的才能也都会显现出进一步的增长。尽管“莫扎特效应”颇具争议，但支持这一说法的人声称，给婴儿播放复杂的古典音乐能促进他们左右两个脑半球的发育，而这反过来又有助于弥补孩子左右脑在发育中可能存在的滞后。给婴儿播放音乐的实际效果也许被倡导者和媒体夸大了不少，但是，单从有助于全脑发育这个角度来说，这一说法并不虚假。

男生在逻辑－数学智能上往往具有优势，也比女生更依赖于这方面的能力。不过最近 20 年来，人们为提高女生在这类学科上的成绩而付出的努力终于结出了硕果，女生在数学方面的进步成绩斐然。大脑结构的不同使得男女生在物理学习上的差距依然明显，对抽象思维要求极高的物理课程仍然由男生称霸，不过最近的研究显示，除物理之外，几乎其他所有需要用到数学原理的课程，女生都逐渐赶了上来。那么将来，男生是否能继续在逻辑思维上占据优势，而女生则继续在感情直觉上占据优势？答案仍然是肯定的，这方面很难有大的变动。

若说到空间与位置方面的智能，男生的大脑在这方面可比女生要活跃得多，这既有有利的一面也有不利的一面。有利的一面是，在学习时，男生更活跃，身体也动个不停，因此能自我触发更多的空间能力，从而促进他们右脑的发育。不利的一面是，学习时，有些男生需要的地盘太大，这一点在前面讲到过，尤其是刚上学的那几年，小男生尚未学会在上课时克制自己不随意乱动，便更是如此。结果，他们总是因为这一男性特质而惹祸，老师们也不得不总是让不停折腾的小男生安静下来。当然，这么做也的确是必要的。

**BOYS AND GIRLS LEARN DIFFERENTLY 男孩女孩教育箴言**

上课时让女生也能像男生那样多动一动，有助于刺激她们大脑皮层的发育，提升她们的空间智能；同理，上课时帮助男生安静下来好好读书，也有助于刺激他们的左脑发育，提升他们语言智能的发展。

我们希望，对男女生不同学习方式及智能长处的了解，能帮助你从一个新的角度来看待学校及家庭课堂里的孩子，接受男生和女生本就是不一样的学习者这一现实。本书的第二部分会为你展示一些将这些不同因素考虑在内的创意教学方式。不过在学习这些革新举措之前，要先花点时间来看看，都有哪些阻碍男孩女孩成长的事情。也就是说，你会看到一些坏消息。我们不希望这些坏消息让你陷入失望，而是希望它能给你带来启发和激励。其中一部分内容是关于女孩在学校中的困境，可能你早已从过去这些年的新闻报道中有所耳闻；不过还有一部分内容，尤其是关于男孩在学校中的困境，可能是你从未认真思考过的。

## 学校环境下的男孩女孩

20 世纪 90 年代，媒体上出现了大量关于学校中性别偏见的统计数据。哪怕到了最近，大多数这类统计和支持这种看法的传闻都认为，当下教育文化中的性别偏见主要导致了对女生的伤害。不过，从 1999 年开始出现了一批新的研究报告及统计数据，得出了完全相反的结论：性别偏见给男生造成的伤害更大。这其中最为有力的研究报告或许当属克里斯蒂娜·萨默斯（Christina Hoff Sommers）的著作《对抗男孩的战争》（*The War Against Boys*），这本书从男女性别差异的角度出发，深刻地剖析了学校里男女生的现状。此外，我和凯茜合著的《男孩的学习方式大不同》一书也值得一看。

其实，不少人早已凭着自己为人父母、为人师的直觉，觉察到了学校里的男孩在某些方面活得并不容易，而现在更有了充足的事实来加以证明。我们并不是要因此把对女孩的关注全部转移到男孩身上，而只是以诚实的眼光，看清“学习不好的学生”中，最大的族群其实是男生。

在你梳理并分析你所在学校中针对男女生的偏见时，希望以下这些资料能对你有启发和帮助。当下的学校体制不论是对男生还是对女生，都存在有利的一面和不利的一面。我们认为，很多不利因素是由于我们对男女生大脑的天生差异缺乏了解造成的。对这一领域探索得越深，就越能清楚地看到，在学校里，因性别原因对男孩产生的偏见实在不比对女孩的少。

### 令男孩得益，对女孩却不利

下面列出的内容，一般来说是在学校中能令男孩得益的地方，而这些却往往会成为对女孩不利的地方。

- **体育运动**。在美国的大多数学校中，社区资助和体育基金大多都用在了男运动员身上。举例来说，根据美国大学妇女联合会（AAUW）的报告，

2005—2006 学年高中运动员中，女生的比例只占 41%。

- **课堂纪律**。在课堂上，男生声音更响亮，行动更积极，也更容易弄出些吸引老师注意力的动静来，结果女生得到老师关注的机会就更少了。
- **特定学科**。根据美国教育部的统计，男生在数学、科学等学科上的成绩平均要比女生高出 2～4 分，这样的男性优势主要体现在微积分、化学、物理等学科的高级课程上。
- **统考成绩**。在 SAT 及其他大学入学考试中，男生的总成绩比女生略高一些，尽管在 SAT 新添加的作文这一项上，女生的得分要比男生高出一大截。
- **心理疾患**。男生似乎与许多只属于女生的心理疾患不沾边，比如说，青少年中患进食障碍的几乎全是女孩，患抑郁症的大多也是女孩。意欲自杀的青少年中，女孩的数量是男孩的 4 倍。
- **年少怀孕**。假如两个青少年发生性关系并导致怀孕，那么因此事而辍学的往往是女孩。而令少女怀孕的少男中，有 90% 会弃自己的女友和孩子于不顾。因少男少女在成熟度上的差距而造成的恶果，往往都由女孩来承担。另一个例子是，虽然都是初晓人事的青少年，但女孩常会遭到男孩的调笑。
- **性虐待**。遭到老师、家长、教练、同学、校工等性虐待的受害者中，女孩所占比例更高。
- **文化上的性别偏见**。在一些学校体系中，传统的男性关系网依旧存在，这些传统文化教导男生，他们天生更受老天爷的眷顾、比女生更占优势，尤其是在毕业后找工作时，传统的男性关系网总能使他们优先得益。

这样的性别偏见总会使女性在工作中处于不利地位。而在课堂上，由于男生霸占了课堂讨论，女生几乎悄无声息。不仅如此，语文课上所学的文学作品当中，主人公也往往是男性英雄人物，以女性为主人公的作品偏少。

## 令女孩得益，对男孩却不利

下面列出的内容，一般来说是令女孩得益的地方，可这也往往会成为对男孩不利的地方。

- **课外活动**。学生会里的主要成员都是女生，课外俱乐部、学校联谊会等的领导人通常也以女生居多。

- **学业表现**。在初中和高中，选修高难度课程的学生里，女生所占比例比男生更大；女生也往往比男生在各门科目上都学得更用功。在很多学校里，女生大约有 60% 以上的成绩是 A，而男生却有 60% 以上的成绩落在 D 或者 F 上。[①]高中各学年评分中，名列前 5% 的优秀学生中有 63% 是女生。
- **特定学科**。联邦教育部的历年统计数据显示，在阅读与写作能力上，女生比男生超前约 1.5 个学年。从低年级到高年级，女生全都在读写方面领先，不止局限于高年级。联邦教育部对此的统计追踪从 1981 年就开始了。
- **教育追求**。在如今美国的大学生中，女性占 57%。考虑到高等教育一向都是未来收入稳定的关键指标，这一统计数据未免令人替男生感到担忧。联邦教育部发现，平均来说，八年级和十二年级的女生接受更高教育的愿望都比男生更强烈，而一项非政府调研又证实了这一发现：3/4 的高中女生“相信毕业之后会有更多工作机会”，而认同这句话的男生只占 2/3。
- **学习障碍及行为障碍**。女生患各种学习障碍、精神障碍、行为障碍的可能性比男生要小。举例来说，患学习障碍的孩子当中，男生占 2/3；患行为障碍的孩子当中，男生占 90%；而这类病患中的重症者，几乎全部都是男孩。确诊患有注意缺陷多动障碍（ADHD）和注意缺陷障碍（ADD）的孩子当中，女生只占 20%；染上毒瘾和酒瘾的人当中，女生只占 30%；另外，大脑功能障碍患者中，男生占 80%，其他类似病患中，男生占 70%。自杀的孩子当中，男孩是女孩的 4 倍。
- **纪律问题**。触犯纪律及辍学的学生当中，女生的数量比男生少。学校中的纪律问题 90% 是男生惹出来的，因此，由于不成熟行为而遭到学校处罚、开除或被迫辍学的孩子当中，男生所占比例比女生要高得多。
- **暴力问题**。在校园暴力事件中，女生相对来说被保护得比男生更好一些。一方面，我们希望校园暴力、欺凌弱小的事件能更少一点；另一方面，我们也必须看到，男生更可能是校园暴力的受害者，数量是女生的 3 倍。针对女生的校园暴力，则以性骚扰为多。
- **文化上的偏见**。不论是学校体制还是上课形式，都更适合女生的大脑发育特点，因此对男生相对不利。还有，教育者以女老师为主，而且她们

① A 相当于 90 分以上，D 相当于 60 分出头，F 相当于 59 分以下。——译者注

通常没有学习过男性大脑发育特征及其长短处的知识。在这样的教育体系中，不论是课间运动、心理辅导还是规则教育，相对于男生的需求来说，都比较欠缺。

## I 利用脑科学研究帮助男孩女孩取长补短

在这些研讨中你会发现，大多数情况下我们都避免在教育改革中使用“性别偏见”这样的词语，而用男孩女孩的“优势劣势”“长项短板”来替代。之所以这么做，是因为我们相信在学校里，大多数孩子所遭受的并不是偏见，而是教育者对先天性别差异基本理解的缺乏。偏见意味着有意偏向某一群体，而学校实际上非常注意避免性别偏见，特别是避免对女性的歧视。换句话说，学校的老师们并没有对学生抱持偏见，人们也不应该指责他们对学生抱持偏见，他们只是尚未获得足够的资讯、尚未了解如何因材施教才是对男生女生均有最佳效果的“完美教学法”。

为帮助大家更深刻地从脑科学的角度出发来看待这一问题，我们一起探讨一下上述各项男女不同优势在大脑层面上的原因。既然大家已经了解了男女之间的差异既有先天因素也有后天因素，我们当然不会把脑科学研究所发现的原因当作唯一解释。社会文化也在其中起到了重要作用，这两者相辅相成，共同对孩子产生影响。不过，我们先从大脑开始。

**体育运动与课外活动。**男孩比女孩更喜欢参加体育运动，女孩比男孩更喜欢参加俱乐部、学生会等活动，其主要原因可以被看作性别偏见的产物，也可以被看作先天生成的结果。这两个因素显然都起着重要作用，不过我们的研究却证明，男孩女孩在这一点上的差异，原因可追溯到男女大脑的天生不同。

BOYS AND GIRLS LEARN DIFFERENTLY 男孩女孩教育箴言

女孩多喜欢与人互动的社交活动，因为这能给她们带来更多发挥语言长处的机会；而男孩喜欢的社交活动往往是那种不需要说多少话，却能体现空间能力及勇猛精神的活动。

我们固然应该鼓励女孩多参加体育运动，但也不应期待最终学校里所有的体育运动全都有女生参加，这不论从脑科学还是激素分泌的角度来讲，都不现实。许多女孩不喜欢体育团队运动，也不应该强迫她们参加，毫无疑问，有不少男孩其实也这样。

反过来同样，男孩当然需要我们花大力气帮助，以引导他们参加体育运动之外的社交活动。平均来说，美国的高中男生参与互动型社交活动的可能性比女生要低，但是，女生之所以那么钟爱俱乐部活动，是因为在那种环境下能提高她们的语言表达能力，而男生永远都不可能对此生出同等程度的热爱。

**学业表现。**总的来说，女孩学习更刻苦，成绩更好，上课时更安静；男孩更爱东游西逛，成绩没女生好，上课时也更吵闹。这其实也符合男女各自的天性：男孩好动，女孩好静；男孩成熟偏晚，女孩心思细密；男生在课堂上进取心强，竞争攀比，而女生看起来没这么激进。尤其是当孩子们逐渐成熟，进入青春期之后，激素的影响使得男女生在课堂上的表现相差更远，更多的男生想要称雄称霸，更多的女生则追求内秀含蓄。加上女性保持专注的时间天生就比男性长，因此上课时，女生不像男生那样需要频繁的课堂互动或话题转换，也就不需要像男生那般以强势发号施令或其他方式来吸引大家的关注。

虽然在上课时尽量让男生安静些、给予女生更多关注是非常必要的，但是，理想的课堂并不应该追求男生女生在大声发言、勇敢举手、课堂主导等诸多方面都能势均力敌。清楚了解每一个学生的特点，懂得男生女生的天性，帮助他们找到最符合各自大脑运作模式的行为方式，才是更明智的做法。但是，把越来越多的孩子，主要是男孩诊断为 ADHD 或者 ADD 患者，甚至在 3 岁时就给他们注射利他林，就绝对算不得明智的做法。

**特定学科。**女生在阅读和写作方面占优势，男生在数学和科学方面占优势，从神经科学的角度来观察就会发现，男女大脑结构的不同是导致上述现象发生的直接原因。尽管我们已经去掉了在数学和科学这类科目上对女性的偏见，而且如今选修数学和科学的学生中，女生的人数已经超过了男生，但是，在物理学等理科类的高级课程中，男生的成绩仍然超过女生。究其原因，既有社会偏见的因素，也有男性大脑本身更擅长空间思维的因素。

不止如此。对大脑系统的了解也让我们明白了为何女生不像男生那般喜欢物理，男生不像女生那般喜欢读写。即便把可能的例外都考虑进去，比如数学头脑出众的女性，以及像海明威那样擅长笔墨的男性，但大脑系统仍然从总体上使得不同性别的人具备了不同的优势。换个角度来说，面对男生在读写方面远远落后于女生这一严峻现实，美国各级教育部门都应为此做出努力，如同大力倡导女孩学习数学和科学一样，把迅速提高男孩在读写方面的成绩放在首位。如果继续忽视男生在读写能力上的落后，只怕还会继续耽误一代又一代的男孩。

**统考成绩。**虽然现在男女生在 SAT 及其他统考中的成绩已经几乎持平了，但是男生仍然比女生成绩略高。根据大脑结构及现今考试所采用的多项选择题模式，男女生考分之间的差距肯定会一直存在，因为习惯于演绎思维且喜欢冒险的大脑在这类考题中略占优势。男性大脑比女性大脑更善于储存单句信息，哪怕是些冷知识。在诸如《谁想成为百万富翁？》（*Who Wants to Be a Millionaire?*）这样的电视游戏节目上，男性因为大脑结构的特点通常比女性得分高出很多。男性大脑在面对多选题这样一连串的选择时，因为视觉上的优势，往往能更快地扫视，更不用说他们还擅长面对一连串的选择做出快速且敢于冒险的演绎判断。而女性大脑是归纳式思维，且常常需要大量信息才能做出判断。这自然使得女性在需要短时间内做出快速甚至冒险的决定时处于不利地位。

女性倡导者们从两个方面促进了女生成绩的提高，一个是帮助她们提高对自己的信心，另一个是说服考题设计者开发大量论文式考题，让女性大脑也能有机会发挥优势，即语言及写作能力。

**精神障碍、学习障碍、行为障碍。**男生和女生容易罹患的各种障碍相当不同，这主要跟大脑的激素分泌及神经结构有关。前面已经提及，最新的脑科学研究让我们看到，男女大脑各有脆弱之处。

尽管进食障碍的促发因素常常来自身体外部，比如文化意象以及社会压力等，但从病理角度来说，病因主要跟大脑激素的分泌及化学物质的多少有关。由于男性没有月经周期，因而脑中的雌激素和孕酮从来不占优势，也不会有5-羟色胺周期的微妙失衡，因此，**他们患上进食障碍的可能性比女性要小很多**。

**女性则较少罹患各种注意缺陷障碍**。因为女性大脑通常能比男性更有效地产生 5-羟色胺，因此不太容易患上多动障碍。女性大脑中的某些注意中枢，比如扣带回，通常比男性更为活跃，负责不断处理大脑中不同区域间信息交流的大脑白质也是如此。

男性大脑的活跃区域趋向于分隔，在大脑灰质这个小范围区域内呈局域性活跃，扣带回的活跃度也比女性低，而且还须和其他多种易导致学习障碍的病因作斗争。因此，从某个角度来说，女性大脑是更好的学习大脑，能更大范围地运用大脑皮层中更多的学习功能。如果女性大脑某区域中的某项功能运行不畅，其他区域中的其他功能就会自动加以补偿。可由于男性大脑在学习时区域分隔的特性，某区域中的某项功能若运行不畅，便会影响那个区域中正在进行的某种特定内容的学习。在美国学校中的特殊教育、选择性教育、新法教育等[①]课堂里，之所以大部分学生都是男生，原因就在于此。

此外，还有许多男生被误诊为 ADHD、ADD 以及学习障碍，这是因为我们不懂得男孩的大脑结构，不曾设计出能有效帮助男生应对天生好动、大脑区域分隔、左脑不够发达的课堂，也就是能符合他们不同于女生学习方式的课堂。在第 3 ～ 6 章里，我们将一起来探讨能弥补这种文化缺陷的新举措。

女孩患抑郁症的人多一些，男孩染上酒瘾和毒瘾的人多一些。这同样与男女大脑的不同结构、激素分泌，以及 5-羟色胺等化学物质的含量不同相关。可是，在大脑研究中发现，也许学校的原因更加重要。如今学校在帮助男孩和女孩抵挡显性抑郁症以及酒瘾、毒瘾等隐性抑郁症的侵害上做得还很不够，不足以成为孩子们需要的社区纽带和依靠。

**成熟、纪律、行为**。男女生在成熟度上的差距，尤其是在他们人生第二个

① 都是针对各种学习障碍学生的特殊辅导。——译者注

10 年里出现的差距，是大脑差异所造成的男女行为上的最大差距。按照社会文化被贴上“不良”标签的许多行为，根源都在于此。女性的性激素成熟偏早，这导致女孩会较早生出对异性长久性的情感依恋，可男性的性激素成熟偏晚，便导致处于相同年龄段的男孩对异性只有尝试性的短暂好感。面对同样是在缺乏长者指导下产生的生理冲动，青少年爸爸以及刚刚 20 出头的年轻爸爸遗弃怀孕女友的比率很高，而许多少女妈妈却想要把孩子生下来养大。由于缺乏足够的指导和家庭依靠，她们往往又会寻求新的依恋。再加上来自文化及同龄人的压力，使少年人过早地涉入性生活，这都给男孩女孩造成了诸多极具挑战性的困扰。

由于男性大脑不及女性成熟，偏偏又更具冲动性，使得男孩在学校里和课堂上都远比女生更能惹祸。由于男性的性激素如洪水般汹涌，尤其是在多种激素同时狂轰滥炸的年龄段里，许多男生须在长者的权威掌控下才能成长得更好，换言之，在他们学会自我约束之前，更需要一种关系紧密的权威式管制。

BOYS AND GIRLS LEARN DIFFERENTLY 男孩女孩教育箴言

适合女生的课堂秩序较为宽松，纪律要求不必十分严格，老师也不必太讲究绝对权威，对学生可以更加友善；可是，这样的课堂却不太适合男生，尤其是在初中及高中的初期阶段。

男女大脑在成熟度上的差距很可能是当代校园生活中最为严重的“不良现象”。脑科学的研究为我们提供了许多金钥匙，可用来帮助并保护男孩女孩更好地迈向各自的成熟。具体内容将在第 3 ～ 6 章详细介绍。

**暴力行为。**根据统计，美国校园中男生和女生的暴力行为，与世界上其他国家相比都偏高。美国文化可能是这个世界上最为暴力的文化，除了那些仍在经受战火的地域之外，再也找不出还有哪个国家的男性比美国男性对待自己的同胞更为暴力的了。按人均计算，美国监禁的年轻人比任何其他没有战争的国家都要多。

美国人生活在一种暴力文化中，这一点已经被各阶层人士广为认同。学校也许是社区环境中最为安全的地方，但即便是在校园里，学生们也一样不得不痛苦地面对男性暴力。女性暴力以及恶心行为虽然也在增多，不过男性暴力的统计数据一直比女性更高。男孩受睾酮的驱动，加之男性大脑好冲动、喜攻击的天性，使得他们倾向于以动粗的方式来发泄压力，性侵犯和武力施暴的情况都比女生严重得多，这样的倾向会一直延续到成年之后。尽管根据统计数据显示，对儿童施暴的人当中，最多的是母亲，但母亲也是把大部分时间都花在孩子身上的人，因此这样的统计数据并不准确。除此之外，其他统计数据都显示男性比女性更暴力。

导致男性暴力、强奸、施虐的激素及神经上的原因也许永远都无法改变，但是社会文化必须改变。在第 3 ～ 6 章，我们将看到学校和老师为削减男性暴力、保护学生安全正在做着什么样的努力。必须明白，尽管性暴力的受害者以女孩居多，可男孩往往会是武力施暴的受害者；也必须认清，男生施暴的对象更多的是男生而非女生。

男性的大脑及激素正通过男孩的暴力行为向我们大声哭喊，他们需要不同于现行制度的学校及课堂文化，**他们需要一种师生关系更亲密、班级人数更少、对男生的孤立更少、纪律更加严明、老师更有权威、更关注男生学习方式的新文化**。根据美国司法部的报告，一名男性将来是否会变成罪犯，甚至从他小学一年级的行为就能做出预测；对不同地区未来所需监狱床位的预估，甚至能通过小学三年级孩子的阅读水平做出判断。大多数后来进监狱的男孩从小在学校就表现得很差劲，而这又成为他们认为自己可耻又无能的关键因素，最终可能导致他们以索赔心理转而对他人发狠。

帕特里夏·亨利不但负责了密苏里州教育研究中心安全学校的教程设计，还将这一教程推向了世界。在她的努力下，越来越多的学校开始致力于创建符合大脑科研论据的新教程，放弃了过去的“感性训练”模式。那些旧的培训模式曾经起到过很好的作用，只是它无法帮助青少年了解自己的头脑和心理都发生着什么。我们将在后面几个章节中看到，这些新教程，比如说“反霸凌”，鼓励学生了解自己在宣泄愤怒、悲哀、伤痛时身体内部的运作机制，收效显著。孩子们在不知不觉中变成了自己的脑神经专家，学会了管理自己的大脑激素和生理机制。

上面讲述的男女生在校园生活中的优势与劣势，只是如今脑科学研究成果的一小部分而已。而以这些成果为依据对性别偏见做出的分析，使我们不得不归纳出这么一个结论：**在学校里，不论是男生还是女生，都被性别劣势拖了后腿，而最糟糕的性别劣势又落在了男生头上。**

毫无疑问，这样的结论和长期以来针对女性的格外关注相背离。过去几十年里，为了扭转社会对女性的偏见，美国上下付出了许多努力，尤其是在提升女孩的数学和科学成绩、体育活动参与程度乃至自卑心理的纠正方面。数十年来，卡罗尔·吉利根（Carol Gilligan）、戴维·萨德克（David Sadker）和迈拉·萨德克（Myra Sadker）夫妇以及美国大学妇女联合会等一直坚称，女孩才是学校中性别偏见的受害者，是弱势群体，而不是男孩。可是，为何我们得出的结论却与之相反呢？

主要原因有两个：其一在于研究的方式，包括潜在的假设偏差，以及生理研究依据的缺乏；其二在于女性倡导者在主观上希望通过“证明”在少儿教育界也存在类似偏见，来对抗成年人职场中针对女性的偏见。

## 基于政治假设的性别差异研究

性别偏见研究的先驱吉利根，以及萨德克夫妇和美国大学妇女联合会主要从社会学角度出发，花了20年的时间研究学校的课堂。他们的研究基于这样一个前提假设：在这个父权社会里，女性和儿童都遭受歧视。他们的研究始于20世纪60及70年代，那时的社会环境针对女性和儿童这两大群体的确抱有很大的偏见。因而吉利根等人能发现这样的偏见并不意外。然而，时间在推移，社会环境已改变，他们却依然在寻找着已不存在的偏见。

在涉及教育领域时，他们发现的最主要的“客观偏见”在于SAT考试成绩以及数学和科学的学科成绩。非常感谢他们的这一发现，因为近20年来，在SAT、数学和科学成绩方面，男生和女生的差距几乎已经拉平。可不幸的是，他们在其他方面的发现却并不是这么明确，需要做专门的“解释”。比如说，他们看见男生在课堂上频频获得老师的点名发言机会，便认为这是女性在父权社会中遭受歧视的总体表现之一，可是，他们却不曾深入地看清这背后的两个事实。

- 男生在课堂上得到的更多的是惩罚性而非鼓励性的关注。
- 尽管女生不经常被点名，可她们的成绩依然高过男生。

“被老师点名发言”不见得就是孩子学得好或不好的标志，可他们却把这当成了主要指标。我们都知道，假如一名男生获得点名发言的机会而另一名女生没得到，那对这名女生的影响有可能是负面的。因为女权主义研究者对此的关注，我们如今都对如何更有效地协调好课堂上男女生的活跃程度很是敏感。不过，如果认为只点男生的名而不点女生的名便是对女孩的打击、对男孩的嘉奖，那这样的假设也未免太夸大了些。之所以会有这样的夸大，可能是因为那些研究者的研究目标是“自尊心”，一种既无定形亦无准确定义的教育概念。如果研究者没有把脑科学或是自然科学的依据同时考虑进去，那他们得出的结论就可能是臆造出来的“社会学结论”，而这样的结论，至多也只能是一个不完善的结论。

针对自尊心的研究，比如美国大学妇女联合会在1992年发表的调查报告《学校是如何欺压女孩的》(*How Schools Shortchange Girls*)，就充满了这种不完善、不准确的结论。这份报告基于一份男女生对校园生活感受的问卷调查分析而成。女生往往愿意倾诉自己在学校环境中的负面感受和体验，而美国大学妇女联合会的研究者却把这诠释为在学校中存在女性偏见的证据，并当作结论报道了出来。可是，他们却没有向读者说明这样两个要点。

- 总的来说，男生不太愿意讲述自己的任何体验。
- 男生尤其不愿意吐露他们经受的痛苦和遭遇的困境，相反，他们想让自己显得强悍。

在向人倾诉这一点上，女孩既有语言能力上的优势，也有文化传统上的优势。

BOYS AND GIRLS
LEARN DIFFERENTLY 男孩女孩教育箴言

尽管男孩女孩都会有掩盖自己情绪的时候，可是，当你提出某个问题让他们直接表露出心中感受时，男孩闭口不言的占多数，女孩直率表达的占多数，如果话题涉及痛苦体验，就更是如此。

假如美国大学妇女联合会的人当初能透过脑科学的透镜来细看他们的研究论据，必能得出男生比女生的状况还要糟糕的正确结论，因为在他们的报告中，女生所遭遇的困境和偏见本就只比男生略微糟糕那么一点点。考虑到男孩天生比女孩更倾向于沉默和自我保留，这本身就已经是一个很明显的线索了。男生哪怕能稍微像女生那般更愿意公开表达对学校的感受，我们就会知道，他们实际上是多么痛苦了。

真实的统计数据与一些女性倡导者得出的结论之间之所以会有这么大的差距，或许还有一个更为微妙的原因，那就是在就业市场的许多领域里，女性长期以来所遭受的性别歧视。我们曾采访过一位在 20 世纪 80 及 90 年代参与研究教育界中性别偏见的女性倡导者，她说："当时我们的想法是，既然在职场里存在针对女性的偏见，那么，在向职场输送新人的教育领域里，也一定存在着针对女生的偏见。于是我们受命到学校里寻找女孩遭受不公的证据，我们以为自己真的找到了。如今有些人已经觉得当初的看法其实站不住脚，尤其是像我这样生了儿子的女性，因为我们亲眼看见了自己的儿子在学校里活得多么不容易。"

这位女性倡导者的早期贡献，以及萨德克夫妇、吉利根、美国大学妇女联合会等其他各方的努力，后来的确取得了巨大成果：正如职场中女性的处境得到了改善一样，学校中女生的处境也得到了改善。但是需要重申，如果那时就以脑科学为依据来做这些研究，社会就有可能更快地了解学校里男女生状况的真相。我们会看到女孩和男孩的真正困难在哪里，看到美国教育部从 1981 年就开始追踪的统计数据所显示出来的问题，即学习成绩落后的男生比女生更多。如果有任何人想要更详细地了解这方面的信息，可以参看 1998 年由美国国家妇女研究委员会发表的《女孩报告书》(*The Girls Report*)，以及朱迪丝·克莱因菲尔德(Judith Kleinfeld)的研究报告《学校欺压女孩的神话》(*The Myth That Schools Shortchange Girls*)和《美国男孩的现状》(*The State of Boyhood in America*)，这些都是值得一读的重要资料。

有一点必须明白，校园环境与职场环境完全不同，并非是男性占主导地位，实际情况恰恰相反，女性在学校里占主导地位。比如说，小学教师中几乎 90% 是女性；幼儿园及学前班里，男性工作人员仅占 2%。说到底，尽管职场中的确是男性占优势而女性遭冷落，但这并不等于在学校里也一样。更准确地说，由于学习方式和教学模式均是女性大脑在主导，使得许多男孩无法被顾及。虽说女性主导的教育环境不一定会导致许多男孩成绩落后，但是，如果不好好对教师进行培训，让他们了解男孩的生理机制及男性文化，结果可能就会如此。

也许我们现在应该提出一种全新的、以脑科学为依据的前提假设：在当今社会，人人都知道男孩和女孩之所以会遭遇这样那样的困境，很大程度上是因为他们的大脑系统在学习上各有优势和劣势。若回到 20 甚至 30 年前，这样的假设必定很难被大家接受，因为那时学校里针对女性的偏见太明目张胆了。但是现在，我们必须让自己从以前的观念中走出来，不要再站在政治正确的前提下，而是站在内在大脑机制的层面上，由内而外地看清当前的真实状况。

## 创建完美课堂

接下来的 4 章将逐一陈述能构成我们称为“完美课堂”的元素。在这样的课堂里，我们会尽最大努力去顺应每个孩子各自的天性。这几章将按照时间顺序分作 4 个部分，分别讲述在幼儿园及学前班、小学、初中、高中 4 个阶段的教学创新。所有材料均来自世界各地学校的课堂，其中一部分还出自当初我们在密苏里州 6 个学区进行的试运行项目。其中既包括了针对完美课堂及完美学校的理论性建议，也包括了按完美课堂理念授课的实际案例。

密苏里大学堪萨斯分校的迈克尔·古里安研究所在 1997 年与密苏里州的 6 个学区签订了合约，为他们培训管理人员、教师及工作人员，传授我们在前两章中讲述的大脑知识，并指导他们将这些知识应用于新的教学模式中。在接下来的章节中，我们将通过讲故事、说案例的形式，把这次培训的成果及老师们在课堂上的实践分享给大家。

很自豪地告诉各位，经过仅仅 6 个月的实践，我们的培训就显现出了非凡的价值。举例来说，堪萨斯市希克曼米尔斯学区的纪律协调员迈克尔·布思（Michael Boothe）在他的报告中写道："希克曼米尔斯学区在纪律方面取得了显著进步，需转呈校长处理的学生罚单数量大幅减少。与 1998—1999 学年度第一学期的统计数据相比，1999—2000 学年度第一学期里，打架事件的发生率降低了 35%，食堂捣乱事件的发生率降低了 25%。我们探究了导致如此变化的原因，发现唯一的重要不同就是参加了古里安研究所的培训。"

圣约瑟夫学区的主管丹·科尔根（Dan Colgan）写道："我们学区的爱迪生小学被古里安研究所选为本学区的实验小学。他们彻底改变了爱迪生小学的日常做法，结果上课时学生的捣乱行为减少了，学到的知识增加了。"

许多学校在吸收脑科学知识的同时，从行政管理到课堂教学都系统性地施行了积极向上、细心体贴且已经被证实有效的革新举措。古里安研究所以脑科学知识为依据的培训仅是教职员工接受的各种提升培训的一种，因而我们不会将功劳全部据为己有。当然，我们很高兴地看到新理论和新实践真的起到了作用。

希望你在继续往下读的过程中能自己创造出无尽的新方法，在你工作的学校中创建自己的完美课堂。对于大多数教师来说，最难教的学生往往是男孩，所以，后面几章中将近 70% 的内容都是有关帮助男孩的建议及实际案例。研究中发现，老师们之所以那么渴望想找到帮助男孩的好办法，不仅是因为男孩常常学习跟不上、行为成问题甚至毕不了业，让老师感到不知所措，还因为过去大约 15 年来针对女孩问题的研究在教育体系里已经很有成效，教育工作者们早就得到了这方面的各种培训。

尽管如此，完美课堂仍将成为我们为男孩女孩提供的最为安全和包容的学习环境。在这样的课堂里，需要经受挑战的反而是任课教师：面对同行们的不断创新，每位老师都需要认真思索该如何改进自己的课堂，改进自己的学校。这种改进不但包括课堂及学校结构与功能上的革新，还包括引导男孩女孩在出现问题时该怎么处理情绪、怎么在课堂上妥善利用自身的各种感官优势及身体活动，甚至包括指导家长更好地帮助孩子学习。

与许多最为有效的教育技巧一样，这些创新方法有不少仅适用于单一性别，当然，还有更多男孩女孩都能适用的创新举措。这些就是脚下的基石，支持我们努力向前。作为教育工作者，老师也好，父母也罢，无论我们以什么方式与孩子相处，尽管每个人都各不相同，但都是为了一个共同的目标，那就是创建男孩女孩都能受益的完美课堂。

BOYS AND GIRLS LEARN DIFFERENTLY

第二部分

# 如何创建男孩女孩都能受益的完美课堂

我的钱存在哪家银行，我住什么样的房子，我开什么车……一百年之后，这些早已无关紧要。但是，因为我曾是某个孩子生命中的重要角色，也许这个世界在一百年之后真的会很不一样。

——凯西·戴维斯
教师

## 作者题注

接下来的 4 章将从实用的角度出发，讲述如何将脑科学研究成果应用到课堂教学及学校体系中去。很多案例都是任课老师在创建他们自己的完美课堂时所采用的具体措施。这些人当中，有不少是密苏里州的老师，接受过古里安研究所的培训和指导。还有许多来自美国各地其他老师的证词。其中既有公立学校的案例，也有私立学校的案例。

我们在提及某位老师的姓名时，还会引用其笔记，密苏里州接受过培训的老师按照要求须每天做笔记，把他们将脑科学知识应用到日常教学中的事例记录下来。这些笔记大都原样照搬，只有少数为了适应段落结构而略加修改。

还有些案例中的老师要么不愿被提及姓名，要么在他们提交实践报告时没有写上姓名。有些老师的名字在后面的章节中会反复提及，因为他们的笔记或有独到之处，或有实用价值，或有详细描述，作为对这个项目的支持，这些被选定的老师按照我们的要求，一再“升级”他们的方案。

我们收集自全美各地的证词中，有些标出了人名，有些没有，还有些证词被放在了一系列相似案例的综合评论中。

这几章都是围绕特定栏目按固定结构编排的，如果你对某些特定内容感兴趣，比如数学的创新教学，可以直接跳到每一章数学教学那个栏目去。

从 20 世纪 90 年代中期开始，古里安研究所的团队就致力于从各种教育模式中探寻不同的教学技巧。我们奔走于全美乃至世界各地，收集各所学校的各种教学活动与实践资料，以及教师们的个人经验，这些内容既有来自世界各地的学术研究，也有应用于不同学校和课堂的个人实用方法及策略。接下来的 4 章所呈现给大家的内容都是优中选优的，是每一位老师不断追寻的既能教好男孩也能教好女孩、可用于完美课堂的方法和策略。在有些章中你还会看到“教学体制上的革新”这一节，里面列出的是一些尚未广泛实践、但很有希望获得良好成效的创新建议。

我们知道这本书不可能涵盖方方面面，也知道除了我们收录进来的创新举措之外，还有许多方法没能收录进来。我们只能写下有幸看到和体验到的，疏漏之处，还请谅解。我们尽量避免把时间花在政策以及众所周知的教学举措上，尽量把独特而有效的新举措呈献给你，希望能听到你这么说：“嚯！这正好对我有用！”

在编写这部分章节时，我们也知道有很多男孩女孩其实能适应几乎任何一种学习环境。完美课堂作为一种辅助手段，对于适应力强的孩子来说，肯定能从中获益，但我们的最终目的是希望这样的理想课堂也能使那些需要花费额外力气才能适应的孩子从中获益，既满足他们的一般需求，也满足他们作为男孩或女孩的特殊需求。在选编教学案例时，我们既注重选择那些能直接满足男孩大脑和女孩大脑特殊需求的创新方法，也注重选择能给男孩和女孩的生活带来正面影响的创新方法。尽管这本书的书名是《男孩女孩学习大不同》，尽管当今脑科学知识的精华让我们了解到男女大脑中的诸多不同，但我们也知道，完美课堂不但要满足男孩和女孩在学习上的不同需求，也要满足这些孩子的共同需求。

我们由衷地希望这本书能推动大家不断地去实践。希望你在享受阅读的同时，也能把书中的诸多建议切实应用到具体的教学工作之中，在教育已经变得越来越复杂的当今世界，帮助你身边的孩子，提高他们求学生活的质量。

# 03 BOYS AND GIRLS LEARN DIFFERENTLY

## 创建完美的学前教育课堂

学前教育与学龄教育一样，都是孩子成长过程中的重要阶段。最初几年的教育，为未来所有的教育做好了铺垫。

——玛利亚·蒙台梭利

一天早上，一位幼儿园老师站在门口迎候她的学生。依照惯例，她握了握特莎的手，这个 4 岁的小女孩对她说道："宾厄姆女士，我今天早晨起床后没有发脾气。"宾厄姆女士看向了特莎的妈妈，妈妈笑着说道："她爸爸今天早上想了些办法，她心情不错。"特莎最后抱了抱妈妈，走进教室，脱下"室外鞋"放进自己的储物格里，再换上她的"室内鞋"，然后走向教室里的一张小桌子，有几个小朋友在那里涂色。

现在，宾厄姆女士又在和一个叫兰迪的小男孩握手。他比特莎要大上一岁，眼睛里还留着未干的泪水，使劲地抱住妈妈。兰迪的爸爸妈妈最近正式分居了，连续一个月来，兰迪总是显得很紧张，也很痛苦，尤其在他每天早上跟妈妈道别的时候。宾厄姆女士跟兰迪妈妈一起陪着他说话，让他放宽心，最后，他总算是按照刚刚特莎的那套程序进入了教室。

跟在兰迪后面进来的，是这个班上唯一的一对双胞胎女孩，萨拉和安妮。这对 4 岁的小女孩正在跟爸爸道别，爸爸穿着迷彩裤，衬衣上绣着“美国空军”的字样。安妮一边跟宾厄姆女士握手，一边对她说：“我爸爸要走了，可是我们会好好学习，等他回来。”宾厄姆女士回应道：“我打赌你们一定会想念爸爸的。”萨拉说道：“会很想！”然后两个孩子又转身抱住了爸爸。终于，两个小女孩和爸爸松开了他们抱在一起的手，道别仪式完成。在跟宾厄姆女士握过手之后，这对小姐妹也去换好了她们的室内鞋。

幼儿园的最初半小时就这么过去了，老师、家长和孩子在门口会合。**每个孩子所属的家庭世界，是帮助他们顺利过渡到学校世界的重要环节，家与学校不是从这里割裂开来，而是在这里彼此重叠。**拥抱转换成握手，握手转换成换鞋，在这样的过程中，孩子心中的踌躇放下了，学校世界醒转过来，带着孩子们玩耍时的声响、味道、气息、喧闹，进入了每天的学习。在学习的过程中，规规矩矩和胡闹折腾、自由自在和担当责任交织在一起，这就是每位老师都想要把握好的学前教育课堂。

直到不久前，人们都还普遍认为孩子“上学”主要是指小学、初中和高中。而在最近 10 年间，针对大脑和性别的研究拓宽了我们的视野，让我们看到除了这 3 个教育环节之外，还有一个关键环节：幼儿园和学前班。对于 2 ～ 5 岁成长中的幼儿来说，什么是不可或缺的，什么是非常有用的，这在教育文化中争论得相当厉害。因为我们的研究目标是帮助教师、家长和社区创建完美课堂，因此，这里我们以脑科学的研究成果为依据，精挑细选了一些最能代表学前教育创新方面的关键做法和想法。

## 情感联结与依恋关系是学前教育的重要基础

最新的脑科学研究再次揭示了一个我们的祖先似乎凭直觉就能明白的重要概念：**幼小的孩子能从他们最为依恋的人身上学到最多的东西。**

BOYS AND GIRLS LEARN DIFFERENTLY 男孩女孩教育箴言

一个孩子如果能满心信赖地依恋一个照料他的重要长者，无论是爸爸妈妈、爷爷奶奶还是老师，那么，这位长者能教给他的东西会比别人更多，他发挥出来的学习能力也会更好。哪怕孩子已经长大，这种幼时因满心信赖而获得的学习能力也能完整无缺地保持很久。

大脑需要这种情感联结与依恋感，否则难以充分地成长与学习。我们可以把大脑想象成一株向阳生长的植物，它固然可以在背阴处长大，但肯定不比在充足阳光下长得好。如果这株“大脑植物”必须朝着能感受到阳光的方向生长，它便会长得斜向一边；如果一直找不到阳光，它就会长不动、长不开，即便开花也是发育不良的花。若想让它充分按照先天的禀赋生长，就必须把它放到阳光下才行。

到底是只有阳光才能让这株植物长好，还是这株植物只肯在充足的阳光下好好生长？这种哲学问题，单凭一门神经科学恐怕永远都解答不出来。不过，神经科学毕竟能让我们知道，假如没有了“太阳”，也就是感情依恋，孩子的大脑就不能好好发育。比如说，孤儿院里长大的孩子比起在正常家庭长大的孩子来说，行为上和心理上都有更多的问题，学习成绩也赶不上后者。孤儿院里可能也有很多“阳光”，但怎么也比不上自己的原生家庭。

在人类先祖的族群里，婴幼儿由一群比现代社会要简单得多的养育者来抚养。一般来说，这群养育者有孩子的“第一妈妈”，即亲生母亲，和“第二妈妈”，包括姨母、姑母、祖母及其他育儿女性；还有“第一爸爸”，即亲生父亲，和“第二爸爸”，包括叔父、舅父、祖父以及父系社会或母系社会中的其他男性。从婴幼儿阶段开始，女性亲人就是孩子的主要养育人，负责养育他们直到长大。男性亲人也会在孩子年幼时常常出现，通常来说，如果其他男人必须远行去打仗或者劳作，至少会留下一个成年男性守护妇幼；但随着孩子渐渐长大，男性就需要花越来越多的时间来教导孩子动手劳作，并教会他如何在成人的等级世界中站住脚。爸爸通常忙于保护女孩子、激励男孩子，而妈妈则要毫无保留地把一切都教给孩子，我们猜想，妈妈中的“多面手”可能比爸爸要多，不过这一点不太能确定。可以确定的是，孩子们都在这样一个亲情关系紧密的圈子里长大成人。

可是，今天的孩子却往往依恋亲人之外的人，不论是生活上还是心灵上。托儿所、幼儿园、学前班代替了祖母；和母亲一起，甚至是代替母亲照顾孩子的人有可能是保姆或其他专职保育员。而在父系方面，除了亲生父亲之外就没有谁来代替“第二爸爸”的角色了，甚至连“第一爸爸”的角色可能都无人担当。这种情感联结的缺失所造成的后果，在孩子的成长过程中处处可见。任何一位幼儿园及学前班的老师都知道，最难教的孩子就是那些家里有问题的孩子，比如说家中亲情淡漠、父母关系紧张乃至濒临破裂。这种家庭出来的孩子大都处于巨大的情绪压力即依恋危机之下，他们往往在学习上相当吃力，有些甚至会严重到脑功能障碍的程度。要想帮助孩子，让大脑这个学习机器充分发挥作用，首先要帮他们处理好情绪压力这一问题。

## 如何处理孩子的情绪压力

密苏里州圣约瑟夫学区的家庭教育参与协调员苏珊·科尔根（Susan Colgan）向我们讲述了几个幼儿园老师提供的故事。

> 克利里跟老师说，她和家里的几个兄弟姐妹现在由“阿姨”照看，因为她的妈妈进了监狱。她问老师：“你去监狱的时候，谁帮你照顾你家的小孩儿呢？”
>
> 德斯蒂妮的爸爸离开了她们全家，独自搬去了其他州。后来曾回来过几天。在最初的 3 个月里，德斯蒂妮每天都大便失禁，而且没完没了地念叨爸爸。爸爸走后，她明显变得很情绪化，还总是反复问老师：“妈妈还要等多久才来接我？”
>
> 今天，安德鲁在课堂上说自己没有爸爸。基林觉得这实在不可思议，问道：“你是说你没有爸爸？”安德鲁当即朝基林挥舞双拳，狠狠威胁道：“你敢再说一遍！”
>
> 凯斯和玛丽在玩过家家。凯斯拿着一把塑料刀追玛丽，玛丽的回击是抓过一个行李箱，一边把衣服什么的往里塞，一边喊叫：“我走！我带着孩子一

起走！”然后她抱着满怀的东西冲出游戏区，扔下目瞪口呆的凯斯。她肯定是在家里看到过这一幕。她有个家暴的爸爸，她的妈妈刚刚跟爸爸分了手。

苏珊和她的同行们经常遇到这种处于巨大情绪压力下的孩子。在这个年龄段，孩子的压力往往来自对失去依恋的恐惧。按神经科学的解释，这时大脑里的情形大致是这样的：应激激素皮质醇因恐惧而上升，并在大脑内肆虐，导致一部分脑神经活跃度降低，比如位于大脑顶部的学习中枢；而另一部分脑神经活跃度增加，包括脑干及边缘系统的下半部，也就是恼怒或者畏缩的发源地，使得“战还是逃”的指令增加。因此，与依恋完好或者情绪压力较小的孩子相比，压力较大的孩子能学到的东西就要少一些。而压力较大的孩子几乎无一例外都会有玛丽那样的行为，假装自己是带孩子逃离家暴父亲的妈妈，因为这样的情形已经在孩子的大脑中留下了深刻的烙印。

失去依恋感的烙印会影响记忆功能，从而全方位地影响学习，因为记忆是学习的根基。举例来说，负责处理大量记忆信息的海马被“填满”了带有情绪压力烙印的信息，而这些信息又不断向边缘系统发出信号，使情绪压力提升；边缘系统反过来又不断干扰大脑，使其无法专心于其他事情，因此，课堂学习内容就无法被海马保留下来，不论是认字母，还是学数数。

男孩和女孩的大脑和激素在处理这类压力时，固然有很多相同的地方，可也有一些不同的地方，这在幼儿园阶段的低龄儿童身上表现得相当明显。

BOYS AND GIRLS LEARN DIFFERENTLY 男孩女孩教育箴言

哭是这个年龄段孩子的常见行为，但是不少小男孩这时已经会用“我没事儿”来掩饰自己的痛苦，而不少小女孩则会以格外的乖巧来掩盖自己的痛苦，比如更懂事地照顾年龄更小的孩子、做老师的小助手等。

有些学前班老师注意到，女孩子中有一个普遍现象，即这么小的孩子就开始为自我形体是否正常而发愁了，比如担心自己太胖，家庭关系过分紧张的孩子尤其如此。还有不少老师注意到，有依恋缺失压力的小男孩攻击性倾向更严重，而语言能力的发展也更加滞后。他们还发现，这样的小男孩和小女孩都有遇事容易发火或是容易畏缩的表现。

老师无法对孩子家庭的困境指手画脚，不过，学校和社区却能为这类孩子的家庭提供一些帮助。在加利福尼亚州帕洛阿尔托市医疗中心的主持下，由市民慈善组织资助建立了帕洛阿尔托市埃丝特布朗中心，这是一所新式学校，其创意基于“企业的健康和社会的健康相辅相成”这样一个观念。一位赞助者对我说：“孩子在学前教育阶段的一些负面经历会给社区里的企业带来不良后果。从长远来看，我们越是能够投入更多的资金与教育工作者合作，企业的效益也就越好。许多人都特别希望能确保每个孩子都有自己需要的情感联结，只要能帮到他们，我们就愿意填写支票。”

帮孩子建立与学校和社区之间的情感联结，是社区应该推动的一个明智做法。正如这位慈善家所说的那样，从财政角度来看，当社区与研究型大学、现代化医疗中心、蓬勃发展的网络经济等多方联合起来时，这一观念就更容易落到实处。这所创新学校在后来的经济衰退中没能维持下去，不过这种模式可以在任何地方生根发芽，而且随着经济的复苏，这种模式定能激发出更多的新型模式。

## 如何建立情感联结

根据我们的研究，当前教育文化需要做出的一个首要改变就是重新塑造学前教育工作者的角色。**不论是托儿所的保育员还是幼儿园和学前班的老师，都应该是孩子们的“第二妈妈”，而不仅仅是“老师”**。因为在孩子的心目中，保育员或老师往往是除妈妈之外第二重要的女性。

尽管这是一项很艰巨的任务，而且幼儿教育研究院目前还没有这样的培训课程，可这仍然是我们眼下活生生的现实：一个没有亲属关系的教导者，一个没有血缘关系的老奶奶或者年轻阿姨，就是一个班上大约 20 个孩子在每一天中的第二妈妈。

西方文化现在面临的挑战是如何帮助幼儿教师做好第二父母的角色，就如同我们的祖先及其他一些国家中的奶奶、爷爷、阿姨或保育员所做的那样。这样的反思是本章接下来要描述的教育创新的根基。幼儿园的孩子，不论男女，都需要他们的老师更像是他们的第二妈妈。

**班级人数及师生比例。**依据脑科学的研究，为了能真正学到东西，幼儿园和学前班阶段的孩子需要的不仅是一个“第二妈妈”，最好还能有两个老师同时在场。如果一个班级配备两个老师，那么学生的人数就可以增加到 18 ～ 20 个。如果不能配备两个老师，那么合理的师生比例应控制在一个老师管 8 ～ 10 个学生，婴儿班除外。从考虑孩子依恋需求的角度来说，只有这样，老师才能照顾得过来。一旦遇到某个孩子有比较严重的行为问题，第二个或者第三个老师就应该到场帮忙，这位老师是“巡查老师”，通常应该接受过特殊教育培训。

保持这样的师生比例，对孩子学习知识、学习与人相处、学习遵守纪律及其总体成长都很有意义。而且，这样做还能最妥当地照顾好男孩女孩在学习上的不同需求。希克曼米尔斯学区的学前教育专家凯蒂·温克勒（Kathi Winkler）将此心得记录在了日记中。

教学手记



我们的课堂里最多安排 12 个学生，并且配备一名老师加一名助教。这么做让我们能更合理地分配时间，既照顾好男孩的需求，也照顾好女孩的需求。比如说，在我关注孩子们搭建复杂的积木工程、偶尔指点一下怎样才不会倒塌或者怎样才能做出新花样时，我的助教则在另一边跟几个坐在那里读书写字的孩子一起。孩子的许多活动都需要手把手地去教、一步一步带着走，如果一间教室里只有一名老师，那我能给予他们的指点就有限得多。

举一个具体事例：在我带着男孩一起搭建他们的大型积木工程时，我的助教在手工区，根据孩子的需要指点他们找材料、用

> 剪刀、做剪贴乃至写写画画。有两个老师在场，所有的孩子都可以有更多的选择和活动，等待老师回应的时间也更短。这使我们获得了更好的课堂效果，尤其是对那些教起来非常吃力的男孩来说，他们能因此学到更多东西。

在我们的调研中，类似凯蒂分享的这类小男孩的情况，大多数老师都曾体验过。特别是在学前教育阶段，小男孩的学习都会比较吃力。小女孩的学习也有吃力的地方，比如说算数，关于这一点，下文还会详述。当然，等到了中学阶段，女孩还会遇到新的困难，这一点也要心中有数。**但在幼儿园阶段，因为学习环境更适合女孩的大脑，这使得她们比小男孩学得轻松。**

不仅如此，我们还发现，**在经受过一段痛苦经历或是情绪高压之后，女孩的大脑能比较快速地恢复平静而进入学习状态，可是男孩却不太能做得到。**有研究显示，在遭受情绪冲突之后，比如说大清早起来家里出了状况，女孩的大脑往往能更快做好调整。孩子的年龄越小，这样的情形就越是明显，这恰好解释了为何在幼儿园和学前班出现学习困难、情绪控制困难、行为控制困难等问题的孩子中，男孩比女孩要多得多。在班上配备第二位老师，是帮助孩子培养情绪控制能力及学习能力的关键性举措。

**加深感情的惯常动作。**凯蒂很理解让孩子有依恋感对学习是多么重要，尤其对男孩来说更是如此，因为他们的大脑在这方面天生脆弱，因此，她设计出了好几种与孩子加深感情的惯常动作，而且这些做法的确改善了她辖下的幼儿园与学前班的学习效果。

尽管她设计这些做法的初衷是为了减轻“依恋感缺失对班上那些在语言、学习、社交等方面进步偏慢的小男孩的负面影响”，不过很快她就发现，这些动作对小女孩同样具有正面效果。

## 教学手记



要跟我班上那些小男孩加深感情，有时候并不是一件容易的事，因为我常做的那些动作几乎都是女孩才喜欢的，而有些男孩子喜欢的动作，比如摔跤、打闹等，又不是我喜欢的。我跟他们试了又试，最终欣慰地找到了几样大家都喜欢的动作。

其中最受欢迎的动作当数“击掌”游戏，如今那些男孩几乎天天来找我玩。我把手掌伸开，说道：“来一个！”孩子也张开五指与我击掌。然后我把手掌抬高，说道：“拍个高的！”孩子自然也高高地举起巴掌来拍。我又把手掌放低，说道：“来个低的！”当孩子挪动他的胳膊再次伸手来与我击掌时，我会迅速收回手掌，故意让他们拍个空，一边说道：“哈哈，你太慢啦！”

这个动作里包含了两个令孩子特别喜欢的元素，尤其有助于与那些不太喜欢与人亲近的孩子加深感情。首先，老师与孩子之间需要肢体接触，可是男孩通常都不喜欢让人抱，而这个游戏却能让几乎所有的男孩都愿意过来与我有肢体接触。第二，这个游戏有一点比赛的意思，这恰是男孩喜欢的挑战。他们经常一次又一次地跟我玩，努力加快速度不让自己拍空。实际上，过不了多久他们就能快过我，让我来不及抽开手掌了，而这让他们非常开心。这个游戏似乎永远没人会玩腻，而我每次都可以借此来拉近与那些抗拒我、抗拒学习的小男孩之间的距离，培养亲近感。

去年，有个叫卡尔的小男孩，但凡让他做什么或者不许他做什么，他都拒不合作，还要回敬一句“你又不是我朋友”。可我知道他心里其实想让我觉得他是个好孩子。

在我们俩之间没有冲突的时候，借助这个游戏，我与他逐渐建立起了良好的亲密关系，渐渐地，在我们有冲突时也能保持足够的亲密感。现在的卡尔已经会伸出两只手掌来与我击掌，然后跳进我怀里和我拥抱。

在这一成功的激励之下，我又发明了两个“我爱你”仪式，以加深我和孩子们之间的感情。每天放学时，我会一一叫着孩子们的名字，用这两个“仪式”与他们道别。

第一个借用了20世纪60年代早期一首老歌的曲调，那首歌叫《名字歌》，孩子们都叫它《香蕉歌》：

托比，托比，波，波比，
（*Toby, Toby bo Boby.*）
香蕉，芭蕉，佛，佛比，
（*Banana fanna fo Foby.*）
飞飞，磨，莫比，托比！①
（*Fee fy mo Moby-Toby.*）

第二个借用了《小盒子歌》的曲调：

如果有个红色的小盒子，
（*If I had a little red box,*）
我要把我的艾伦放进去，②
（*To put my Alan in,*）
我再把他拿出来亲亲亲（亲孩子三下），
（*I'd take him out and kiss, kiss, kiss,*）
然后再把他放回去。
（*And put him back in again.*）

结果孩子不可思议地每天都要我唱这些歌给他们听。我一般会让每个孩子自己选一个告别曲，是要《香蕉歌》还是要《小盒子歌》。如果孩子选择了《小盒子歌》，我还会让他指定歌词中盒子的颜色要换成什么。

很多幼儿园老师都有和凯蒂一样的发现，课堂里若能有这些表达爱的惯常动作穿插其中，一整天的校园生活和学习进程就能顺畅许多。她总结道：“哪怕只加一个短短的亲近游戏，都能让与妈妈或者老师的告别变成一件开心的事，而不再是痛苦的事。”

① 孩子的名字是托比，其余所有音节都是为了押韵、有趣，没有具体意义。——译者注
② 孩子的名字是艾伦。——译者注

**有规律的日常活动。**如果能把加深情感联结的惯常动作变成有规律的日常活动，即在固定的时间做固定的事情，那么效果会更加明显。比如每天早上到学校时，需要把室外鞋换成室内鞋。在日常活动中加入固定性和规律性，所有幼儿园和学前班的孩子都能大受裨益。幼小孩子的大脑既需要有足够的自由度去接收不同的信息，也需要在有规律的环境中接收这些信息，这样才能消化吸收，从中获取知识、本领及智慧。

这种规律性的信息输入是幼儿大脑在早期发育阶段的重要养分，如果一个班里有一个或多个有学习障碍或行为障碍的孩子，那规律的学校生活就格外重要。实际上，如果一个孩子出现特别问题，那么想办法让日常作息更加规律就是帮助他的关键所在。特殊教育教师卡丽讲了这么一个故事。

> 有这么一个学前班的小男孩，他有相当严重的行为问题。我们为他采取了一些相应措施，之后的一段时间，他的表现相当不错。可是从前几个星期开始，他忽然又出现了很大的退步，出现了一不如意就打人、踢人、骂人等行为，我们一时弄不明白这孩子是怎么了。
>
> 后来他的妈妈告诉我们说，最近这孩子的家庭生活节奏有了变化。自从父母离婚后，他就每隔两个星期去爸爸那里度一次周末。不过最近几个星期，他爸爸想要多花点时间跟孩子在一起，于是他的规律节奏就乱掉了，而他也似乎因此找不到安全感了。

卡丽和其他老师一起努力加强这孩子在学校里的固定规律，以抵消他在家中的不稳定感。老师们后来看到了很明显的效果。

**拉近师生关系的小窍门。**爱迪生小学的校长黛比·休斯（Debbie Hughes）和老师们在学习了如何把脑科学、性别差异、依恋感等知识运用到实践中之后，一起拟定了一系列简便易行的做法。

- 在孩子面前做到坦率真诚。
- 以名字称呼每一个孩子。①
- 了解孩子的内心世界、家庭生活和个人喜好。

① 以示对幼儿的平等尊重。——译者注

- 需要提出批评时，使用“我注意到……”的句式。[①]
- 微笑，适度的肢体接触，直视孩子的眼睛。
- 尽可能参与一些孩子的个人生活。
- 尊重孩子，并尊重他们的想法。
- 适度让孩子了解一些你的个人生活。
- 跟孩子讲你过去的事情。
- 不轻易下断言。
- 倾听，更充分地倾听。
- 给孩子自己做决定的机会，培养他们健康的决断意识。
- 允许你自己犯错误。

这些简单的、常识般的小窍门，其实可以运用到与任何年龄段孩子的相处之中。如果从孩子幼时起就能注重并落实这些做法，那为孩子大脑健康成长带来的正能量该有多大啊！

## 为幼儿园和学前班营建良好的社区环境

现在有些幼儿园就像是装孩子的仓库：似乎把孩子们往里一关就好了，电视机从头到尾开着，家长不等上 10 个小时不会回来接孩子，照料孩子的是他们不怎么熟悉的人，身体虐待及性虐待时有发生，保育员因工资太低而频频离职，接替他们的新人也一样会很快走掉……在这样的环境里，能让幼小的孩子感到熟悉的只有同龄的小朋友。可是，没有阅历丰富的成年人对他们进行教导，他们哪能学到多少东西！这其中的危险性早已有过充分报道，人尽皆知；不过，我们这里要探讨的是一些大家可能还没有注意到的地方，也是脑科学指引我们去关注的地方。

### 关于幼儿园

幼儿园到底有没有用，至今仍是一个颇具争议的话题。“我的孩子在家里

① 以示客观公正的态度。——译者注

反而更好，”有的家长这么说，“至少在上学前班之前是如此。幼儿园给孩子的负面影响太可怕了。”“恰恰相反，”另一些人认为，“幼儿园能帮助孩子学会如何与人交往，更为他们将来去上学做好了铺垫。这两点是家里没办法充分提供给他们的。”

根据我们的研究，如果幼儿园里的工作人员没有接受过培训，那么第一种说法的确是事实；但是，如果他们接受过训练，那么第二种说法就是事实。幼儿园到底对孩子有没有好处，这取决于幼儿园的品质。如果幼儿园里的工作人员都是训练有素而又满腔热忱的人，那么总的来说，送孩子去幼儿园会让他们受益良多，肯定好过把生命最初的几年都耗在家里，否则他很可能只会与家中唯一的，而且还是没有学习过脑科学知识的照料者一起度过这宝贵的时光。

最新调研显示，一家好的幼儿园有助于孩子大脑的良好发育，而一所高质量的幼儿园对大脑发育的促进作用就更大了。一位小学老师最近对我们说：“如果一个孩子在上小学之前从未有过上学经历，他一定会落后于大家。未来的校园生活及社会生活对孩子的要求都比过去高了一大截，因此，孩子在进入学前班之前如果从没上过幼儿园，想要适应这些高要求更是难上加难。”的确如此，不论是对学业的要求还是对社会能力的要求，与我们小时候相比，现在都高太多了。过去那种大家庭对小孩子的群体养育体系没有了，让孩子着迷的互联网却出现了，到处都是孩子在未来必须了解的知识以及需要具备的能力。

如果你实在不打算送孩子去幼儿园，那么至少每天要给孩子一定的“幼儿园时间”，让他有机会和其他孩子一起交往、玩耍，此外，你还需要教给他符合他大脑发育程度的知识课程。我们的完美课堂应该是最高品质的幼儿园，在这里，已经学会了自己控制大小便的小小幼童将获得最能促进大脑发育的良好刺激。

## “家长如同老师”

家庭生活和学校生活不能再继续分隔下去了，这一点非常重要，在孩子生命的最初几年里，更是重要至极。

BOYS AND GIRLS LEARN DIFFERENTLY 男孩女孩教育箴言

父母必须确保在家里也能为孩子的大脑发育提供良好的条件与环境，只有这样，等孩子进入学校学习时，他们的大脑才可以算是做好了准备。

根据我们针对依恋关系的研究显示，在学校里，老师在很多地方都像是孩子的家长。如果你认同这一点，那么在家里也是同样的情形，家长就如同孩子的老师。为此我们设计了“家长如同老师”这一培训活动，旨在帮助父母胜任“家中老师”这一关键角色，其指导方案对促进孩子大脑的良好发育非常有帮助。

如今“家长如同老师”已是一项遍及密苏里州的活动，主旨是通过培训，使家长了解自家孩子的大脑发育进程，懂得自己应该为宝宝做些什么，并在遇到具体问题时及时请教应对策略。经过培训的指导员会定期上门家访，以落实对家长的辅导。密苏里州是全美第一个立法、筹资并推行这一培训项目的州，目前已有好几个州也开始推行这一项目。密苏里州的独立城学区是最早实施这一 21 世纪新观念的学区，从大约 11 年前就已经开始，如今该学区的所有小学已经全部具备了除婴儿护理之外的所有项目元素。

## 家长培训协调员

大多数忙于工作、杂务缠身的家长都没学过幼儿大脑发育的知识，更不知道男女大脑的发育有何差异，加之没有了家族长辈对年轻父母日积月累的教导，他们在忙碌的生活中很难有机会学习养育幼儿的重要知识。我们认为很有必要在各学区设立一名“家长培训协调员”，主要负责以下要务：向本学区家长发放各种教材，通过简报及讲座辅导家长如何在家中教育孩子，指导家长遇到问题该如何处理，提供讲解儿童成长各阶段进程的书籍，并帮助家长了解男孩女孩在成长过程中各有什么不同的需求。

这一额外增加的职位也许会给学区增加工资成本，但这绝对是一件值得做的事，别的不说，仅就这一职位能减少家长对学校的诉讼这一项，就足以弥补了。许多家长的诉讼都源自他们觉得与学校之间的联系中断了而不再给学校以支持，包括不再捐款、做义工等，而原因又在于学校与家长的沟通不畅，或是孩子在学校出了问题，使得家长认为学校不再理睬他们，令他们遭到了冷落。在这样的情况下，如果有一位家长培训协调员专门负责家长培训、加强学校与家长的联系，这就成了一个很有意义的职位。我们希望这个职位能成为每个学区完美课堂的组成部分，而且应该从幼儿园、学前班和早期教育抓起。

## 把好营养关，让孩子的学习事半功倍

通过大脑研究我们了解到，孩子吃的东西对他们的学习及行为有很大的影响，尤其是年幼的孩子，因为他们尚未发育得足够成熟，还无法克制自己感受到压力时不由自主的小动作。一个 5 岁的孩子如果处于情绪压力之下，会很难控制自己，也很难学得进去；而如果他处于营养压力之下，结果也是一样。

完美课堂里的孩子应在恰当的时间吃恰当的食物，而且孩子的家长也应该通过培训了解哪些是恰当的食物、哪些是孩子需要的营养。家长一定要懂得哪些东西可以给小宝宝吃、哪些则不能，而学区营养专家应该担当起给家长培训的责任，帮助他们过滤掉媒体中的商家竞售或促销宣传的负面影响。营养知识也应是家长培训协调及学校家庭联络的基本要素之一。大脑研究帮助我们摒除了过去的误解，知道了食物并非是对大脑学习能力无关紧要的东西，同时也让我们看到，尽管男孩和女孩的脑神经对营养压力的反应有很大一部分是相同的，可也有很不一样的地方。

### 碳水化合物、蛋白质与学校生活

许多孩子在早晨上学前吃的早餐都是烤面包或者麦片粥，这类食物中的碳水化合物含量较高，而高碳水化合物往往会降低孩子的学习能力。假如孩子一大清早起来就要去锻炼身体，那么高碳水化合物的食物的确很好，因为它会提高我们夜间睡眠时降低了的血糖含量，从而迅速产生能量供孩子锻炼所需。不过，孩子们一大清早起来通常要乘校车去上学，到学校后也是坐在教室里，所以让他们一大清早摄取高含量的碳水化合物就不合适了。

具有高升糖指数的碳水化合物，即含精制糖、精制谷物的食物，例如精白面包，是很容易释放的碳水化合物，它会很快让大脑发令增加身体里的葡萄糖。而增加了的葡萄糖会很快增加5-羟色胺，这又会让人感到短暂的愉悦安宁，但这是通过身体中的血糖陡涨来实现的，血糖陡涨之后，人往往又会感到紧张不安或情绪低落，因为血糖陡涨之后，就是不可避免的血糖陡降。

BOYS AND GIRLS LEARN DIFFERENTLY 男孩女孩教育箴言

男性血糖陡降的表现是紧张不安，而女性血糖陡降的表现是情绪低落。换句话说，男孩这时会显得躁动不安，而女孩则会瑟缩到自己的世界里去，心不在焉。这会使得他们无法专心学习。

男孩渐渐长大后，有的会越来越喜欢耗时长久的体育活动，因而越来越“贪吃”高碳水化合物的食物，当然，爱运动的女孩也是如此。高升糖指数的碳水化合物还对女孩有一个特殊好处，即缓解经后综合征及经期的不适，含糖量高的食物和饮料能帮助她们的身体平衡月经来潮所带来的压力。不过，这些好处都需要等孩子长大一些后才能发挥作用。如果想让小小幼童白天能在学校里舒舒服服地学习，这些东西就很难发挥什么正面作用。

不论男孩还是女孩，每一天的上午都不应该吃百吉饼、甜面包、甜甜圈、意大利面等含糖量高的食物。脑科学研究让我们明白，应该倡议幼儿园禁绝所有甜食点心，不论是学校提供的还是孩子从家里带来的。孩子的午餐最好也没有任何含糖、含精面的食品，因为这些碳水化合物会令他们的大脑状况不安稳，孩子在吃过这样的午餐后，既没法学得进去，也没法考出好成绩来。等到了下午，孩子们会有不少体育活动，这时，高碳水化合物才能有用武之地。只是，孩子很少能等到那时候才吃。

高纤维、高蛋白类食物，酸奶、鲜奶、豆奶等，都是早餐和上午点心的好选择，因为与碳水化合物相比，这些食物不但不会诱使血液及大脑中的5-羟色胺陡降，从而给人带来麻烦，还有助于提高学习能力。比起令人讨厌的碳水化合物，这些食物还更有助于大脑细胞的生成。它不但能帮助孩子保持大脑清醒，更能促进大脑更好地成长。有一本相当不错的书，专门讲解食物与大脑发育之间的关系，叫作《成功生理学》（*The Biology of Success*），作者是罗伯特·阿诺特（Robert Arnot）。

## | 脂肪酸

最新的脑科学研究向我们提供了脂肪酸有助于大脑成长的大量新知识，并让我们看到了孩子在学校及家中的膳食所存在的问题。不幸的是，美国人很不注重 ω-3 脂肪酸的摄取，这种物质主要来源于鱼肉及鱼油，而大脑就不得不为此承担后果，于是我们让自己的孩子成了学习不好的人，成了不善与人相处的人。为扭转这种局面，我们必须从孩子年幼时起就早早想办法为他们提供这类食物，否则，脂肪酸缺失所造成的主要问题等孩子长大些后就会显现出来。

人类大脑组织中60%以上都是脂肪，而 ω-3 脂肪酸的作用是保证大脑的最佳运作。精神及神经系统障碍，如女孩较易患的抑郁症、男孩较易患的多动症，以及学习障碍、行为障碍等，往往都跟 ω-3 的缺失有关。而孩子长到青春期之后出现的一些病症，比如躁郁症、精神分裂症等，也都跟 ω-3 的不足有关。迈克尔·施密特（Michael A. Schmidt）写过一本书很值得一读，叫作《有价值的脂肪》（*Smart Fats*），书中写道：“**初步研究表明，脂肪酸的平衡非常关键，诸如暴力、蛮横乃至自杀等行为，都与脂肪酸的摄取不足有相当大的关系。**”

ω-3 脂肪酸并不是大脑能自主生成的物质，而必须依赖于它的生长环境，也就是人的饮食习惯与营养摄取。而典型的美式和西式饮食并不重视吃鱼类食品和鱼油，提供给儿童的膳食更是如此。在注重摄取 ω-3 的饮食文化中，各种障碍、抑郁症、暴行等的发生比率就相对要低很多。

人如果无法摄取 ω-3，释放神经递质的神经末梢就不能正常运作，因为脂肪酸是构成神经末梢分子结构的原材料，而负责连接神经元的神经突触，它的细胞膜也是由脂肪酸构成的，其中包括花生四烯酸、二十二碳六烯酸（DHA）和二十碳五烯酸（EPA）。如果大脑得不到足量的脂肪酸，那么不论是神经末梢还是神经突触的细胞膜都会受到不良影响，神经递质的传导能力也会大打折扣，脑细胞受体本身的形状和构成也都会发生变化。大脑运作过程中，如果细胞受体出现哪怕细微的不良变化，神经递质例如多巴胺和 5-羟色胺就都会受到影响。5-羟色胺的影响可能会令人出现躁狂、抑郁、暴力等表现，而多巴胺的影响则更加广泛，从人的情绪变化到不自觉的肢体动作都包括在内。

从大脑本身及大脑造成的性别差异来看，孩子的饮食中如果缺失脂肪酸，后果可能会相当严重。

BOYS AND GIRLS
LEARN DIFFERENTLY 男孩女孩教育箴言

如果我们不给孩子提供他们所需要的“大脑营养”，那无疑是在拖孩子的后腿，这会让男孩变得更加急躁好动、攻击性强，更难以控制该有的及不该有的肢体动作，也更有可能罹患学习障碍；会让女孩更有可能罹患临床抑郁症、进食障碍、情绪障碍及学习障碍。

在幼儿园和学前班时期，孩子的大脑会飞快地发育成形。神经递质的信息传递和神经突触的信息加工均会在此期间形成固定的、可能延续一生的模式。我们要保护好孩子一生的饮食健康，而确保孩子幼儿期的合理饮食更为重要，因为这能为孩子一生的饮食习惯打下基础。当前的社会文化动辄给孩子使用精神治疗类药物如利他林和百忧解，这种情况估计还会继续下去，可实际上我们完全可以通过更适宜的饮食让孩子的大脑更自然地发育良好，这不是什么天方夜谭。

## 男孩的攻击性行为，如何应对才适度

幼儿园及学前班课堂上的一个主要问题就是孩子的攻击行为，而这又导致了相当程度的药物滥用，同时还导致了大脑理论研究者及性别差异研究者的激烈争论。男孩通常比女孩更好斗，而女孩通常比男孩更善于耍心眼儿。我们且透过脑科学及性别差异研究的透镜，来看看幼儿园及学前班的课堂状况，然后再来尝试回答教育者们在他们的争议尘埃落定之后仍在不断思考的问题："小孩子多大程度的攻击性是合理的？我们到底该把界限划在哪里？如果孩子过界了我们又该怎么办？"

我们先来听几个故事。一位幼儿园老师这么写道：

杰雷尔总是惹祸。照实说，他是我最喜欢的孩子之一。他从两岁半到6岁一直跟着我，直到上小学一年级。我就像他的姨妈。可其间大约有一年的时间，他让我很头疼，因为我没法让他停止对小女孩的推推搡搡。我自己有3个兄弟，而且已经在幼教领域工作了20多年，不会不了解男孩子。我知道小男孩就是喜欢推推搡搡、相互冲撞，我看着他们怒目相向，以"空手道"和"金刚战士"的功夫招呼对方。我喜欢男孩子，知道怎么跟他们相处，可是，唯独杰雷尔让我无可奈何。

然后有一天，在他大约4岁的时候，我听见他对几个小女孩中的一个喊道："你们一直这样！不可以！"我赶紧过去看看什么叫"这样"。那个女孩叫汉娜，在嘴笨的杰雷尔还没想好该怎么说之前，她就对我承认了错误，说道："我骂了他白痴，因为他就是个白痴。"

我问道："你常常那么骂他吗？"

她点了点头。"啊，是啊，男孩子，"她噘了噘嘴说，"可惹人讨厌了。"

后来我跟杰雷尔单独谈话时，他说汉娜和她的朋友露茜常常骂他是白痴和笨蛋，而这让他觉得很受伤。我问他，当别人那么骂他时，他是不是会去推人家，他回答道："也许吧。"

从那天开始，我更加关注杰雷尔和女孩间的相处。我也更认真地观察其他男孩和女孩之间的相处，结果看到一些让我很不愿意承认的事情，尤其我本人还是一名女权主义者。很多情况下，真的是很多情况下，男孩在对人动手动脚之前，总是先有女孩甚至是另一个男孩对他出言不逊。我自认为一直都很了解男孩，唯独这件事情，发生在我眼前，而我竟然一直都没有注意到。我从来都不愿意承认男孩的行为竟可能是被女孩惹毛了才做出的。我一直只愿意看见女孩乖巧而男孩爱惹祸。可现在，我看到了不一样的情形。

我们再来看看另一个故事。一位妈妈写道：

我儿子5岁了，在学校里上学前班，那里的老师不允许孩子有空手道式的肢体动作，哪怕假装的都不行。而且，孩子们之间也不许有任何推搡和拖拽的行为。那位老师是家里的独生女，我不认为她了解男孩。我的儿子可以是个很安静、很听话的孩子，可他也一样喜欢做个“空手道好汉”。他跟他爸爸成天在家里玩打架、玩摔跤，可一旦他去了学校，就必须变成另外一个人。我正在考虑是否让孩子转学。

还有一位妈妈，她家孩子的体验却完全相反，她写道：

我有一个女儿和一个儿子。女儿4岁，上幼儿园；儿子5岁，上学前班。我发现他们班上的其他孩子可比我家孩子淘气多了，那真是“男孩就要像男孩”的做派。老师几乎允许孩子的任何行为，我可真不喜欢这样。从某个角度来说，我发现女儿比儿子更善于应付淘气的孩子。我的儿子太感性了，而我女儿却很会发号施令，让别的孩子都听她的话。

这个年龄段的孩子被人们称为“稚嫩”，是很有道理的。孩子的大脑和身体都在飞速成长，这使得他们对攻击性的行为格外敏感。女孩和男孩似乎都会按各自的性别特征去表现自己，这又使得老师们不由自主地护着女孩、压着男孩。毋庸置疑，总会有孩子的表现超出惯常的性别特征，比如，不少男孩会比我们想象的要脆弱得多，他们的大脑和心理的发育比同龄的女孩以及更加好斗的男孩要慢一些。

几乎所有进入学前教育课堂的老师都没有学习过男孩女孩大脑的不同，因而也就不了解男孩大脑和女孩大脑会给孩子的行为带来什么样的不同影响。而且，在他们开始工作前接受教育学培训的时候，也都不曾有机会琢磨出该用哪些策略应对学前教育课堂中小朋友之间动手动脚的复杂状况。随着时间的推移，所有的幼儿教师都凭借自己的直觉想出了应对问题的办法，不过，如果能在进入幼儿课堂之前就为他们提供专门的培训该有多好，毕竟他们要面对的是这么年幼的孩子，而这又是人在社会化成长中如此关键的一个阶段。以下是幼教培训中需要注意的一些核心要点。

## I 勇狠滋养

“勇狠滋养”是我发明的术语，用来描述攻击性行为对孩子的滋养作用，这样的行为包括对人动手动脚、玩竞赛性游戏、做威胁性的表情动作等。男孩倾向于展现他们好勇斗狠的本领，而女孩则会更多地展现她们善于共情的本性，但是，这些只是男孩和女孩的普遍行为倾向，既不代表“正常的”行为也不代表“更好的”行为，无非表明男孩女孩之间的天然差异而已。男性大脑及其中的化学物质会驱使男孩大多以肩膀的碰撞来代替目光的接触，以“你没事儿，赶紧爬起来”来代替“你没事儿吧”，以“你给我到一边儿去”来代替“我们需要谈一谈”。社会倾向和压力毫无疑问促使了男孩的行为更加朝这一方向偏移，当然也促使了女孩的行为更多的是在遇事时表现出同情的态度。

在过去的 40 多年间，教育文化中一直有这么一个假设，认为最应该为孩子做的事情之一，就是帮助男孩学会更多地与他人共情、少一些打斗。不消说，我们为之付出的努力有些的确很值得，不过研究表明，我们需要以一个新的视角来看待男孩女孩好斗行为的不同，好好理解攻击性行为的滋养价值。勇狠滋养的作用与共情滋养同等重要，尽管这两者截然不同。

有些老师和家长在看到孩子，主要是男孩以撞击、戳弄、推搡等方式相处时，忍不住哀叹连连，其实很多情况下，我们都可以换上另一种不同的感叹：“哟，看看这些孩子多善于用好斗的方式来相互滋养啊。”是的，如果我们贴近来仔细看就能注意到，孩子们很多这样的行为都是滋养性的行为。实际上他们是在借此增强自身的强壮程度、关注能力、专心程度和等级排序等。他们对这种滋养方式的应用在进入小学阶段后会越来越多，等到生理激素尤其是睾酮开始冲击他们的大脑时，更会越发强劲，在 20 岁前后的那几年达到最高峰。

等男孩长大成人后，他会学到更多的滋养方式，而勇狠滋养往往就混杂在其他方式之中。尤其当他追求爱情时，就有可能把滋养方式调整为以语言方式来进行共情。不过话说回来，哪怕到了中年之后，大多数男性也仍然依赖于勇狠滋养，只不过形式更加错综复杂而已。这有时会导致他们在生活中出现与他人的感情破裂，尤其是跟女性及不那么好斗的男性之间，不过这同时也有可能推动他爬向更高的等级排位，比如在职场上。

当我们还很小时，就能懂得尝试各种不同的滋养方式，也能学会更多地运用其中一种或几种方式，因为孩子的大脑在这时有很强的可塑性。当我们对一个喜欢动手动脚的孩子说“君子动口不动手”时，等于是在引导他把勇狠滋养转换成共情滋养，因为我们总觉得对人类社会来说，动用武力的后果比动用言辞的后果要可怕得多。这当然是十分重要的事，不过比这更为重要的是，我们还需要多花些时间想一想，孩子们以攻击模式相处时，其中蕴含了多少滋养效应和学习效果。不少男孩在小小年纪就被贴上行为障碍的标签，只因他们对勇狠滋养的需求超过了老师的接受范围，而这又是因为老师在此前的培训中就是这样被要求去教导和理解孩子的。

## I 增强共情滋养和语言能力

根据刚刚讲过的内容，我们且来重新审视一下发生在杰雷尔身上的事。实际上，他是受益者而不是受害者，那个小女孩给他的是勇狠滋养。固然，小女孩用“白痴”“笨蛋”来伤人的做法是很不可取的，不但违反了学校纪律，也违反了任意一家幼儿园对语言基调的要求：在这样的环境里，所有的话语都应该是积极向上的。可与此同时，她这样的做法又是带有攻击性的，实际上帮助了杰雷尔重新考虑自己该采取什么行动，肯定是自己先做了什么让对方感到讨厌的事，对方才会这么告诉自己。不论是小女孩还是杰雷尔，他们的所作所为都没能满足我们的期待，小女孩太让人厌烦了，而杰雷尔又太暴力了，不过，如果他们都不曾这么去做，那他们就都不会借此学到他们应该学到的东西，而那位聪明的老师也就不可能通过这样的教训来教给他们更多的东西。

在老师带着他们一起“动口”之前，杰雷尔看不到自己的粗鲁行为和小女孩的粗鲁言辞之间有什么关系。老师这时需要依赖共情滋养才能继续甚至完成这次由孩子间的勇狠滋养所引发的学习机会。

这种看待杰雷尔和小女孩的角度与教育者们过去的一贯思路大相径庭。按照过去 10 年来我们所接受的培训，这里应该强调杰雷尔的动手动脚肯定是错误行为；小女孩的粗鲁言辞虽然也不对，但在这样的互动中，她的错误显然要轻很多。还有那位老师，虽然她从小有兄弟，因此很了解该怎么和男孩子相处，可她仍然没有注意到小男孩动手动脚的原因是小女孩的言辞粗鲁惹恼了对方。幸好，她的直觉还是引导她走向了完美课堂的策略：先观察，再交谈，然后一对一地与小男孩和小女孩共情，同时引导他们改变各自的行为，尤其还要帮助小男孩思考有人惹恼自己时，该怎么做。

BOYS AND GIRLS LEARN DIFFERENTLY 男孩女孩教育箴言

女孩通常靠语言来达到目的，尤其是在幼儿园和学前班阶段，这时男孩的语言表达能力普遍要比女孩滞后一年，而他们这时通常要靠肢体来达到目的，这正是男孩和女孩各自寻求滋养的最普遍方式。

但是，仍不免有不少女孩比男孩更善于借助勇狠滋养，也有不少男孩比女孩更早地去寻求共情滋养。这也是让许多年幼孩子的老师和家长感到十分棘手的地方，因为绝大多数男孩似乎都倾向于这样一类行为，同时绝大多数女孩似乎都倾向于那样一类行为，可就是有一些与众不同的男孩和女孩，他们在小朋友间的社群排位中找不到自己的位置。对这样的孩子来说，幼儿园和学前班似乎总有些地方令他们感到畏惧。

要照顾好这样的孩子，让他们在学校的群体互动中免受心灵伤害，那么在完美课堂里，老师就必须达成这样一个共识：**要持续地帮助孩子更多地运用语言。**从神经科学的角度来讲，还须加上一句：**尤其要运用表达情绪感受的语言。**

来看一个典型事例，这个故事来自一个幼儿园老师写给我们的报告：

我们的幼教老师正在引导孩子“君子动口不动手”。托尼是一个 4 岁的男孩，有个孩子打了他，他十分生气。于是他对那个孩子说道：“我不喜欢你打我。请你住手。”之后托尼找到老师，很骄傲地向老师报告了他刚才是怎么说的。

这种“动口不动手”的做法能很好地促进大脑中层和顶层，以及左脑与边缘系统神经元之间的连接，不论男孩还是女孩，都能从中获益。男孩大脑中各功能区域之间的连接通常比女孩要少，让他们多说话自然能使之增加；女孩则会因为幼儿园里动粗的行为少了、语言沟通的方式多了而感到更自在、更安全，这样的学校和游戏场地也更符合她们大脑发育的自然状态。

归根结底，以脑科学为基础的性别差异研究表明，老师们应多在共情与好斗这两个方面对孩子予以指导。一方面，禁止暴力行为必须是所有幼儿园的核心纪律之一，如果老师不要求孩子遵守这样的规则，那他就不能算是与孩子建立起了足够紧密的师生关系，不能算是给孩子提供了恰当的引导和约束；另一方面，如果学校完全禁止一切攻击性行为，那表明老师没有足够的能力与孩子建立紧密的师生关系，没有足够的能力恰当地引导和约束孩子，尤其是班上的男孩。在这种情况下，孩子们没法通过他们好斗的本性来学习自己的人生课程，相反，他们学到的是好勇斗狠在社会中太难行得通，必须在人前收敛起来。可他们总归会在没有成年人监督的场合下展露好斗的本性，可能还会以为只有成年人才害怕攻击。

而像杰雷尔的老师那样的做法，才是完美课堂中应有的做法：允许攻击性行为的存在。最低限度是，幼儿园的游戏场地可以成为孩子们以幻想来施展好斗本性的有趣场所，比如对着影子演练空手道功夫；最高限度是，老师可以教孩子懂得好斗的本质是什么，是从哪里来的，该如何把它转变成一个人的使命感以服务社会，借此来实现个人价值。这恰好是一个很重要的原则，我们将在后面的章节中详细论述。

## 幼儿园和学前班的规则教育技巧

以正确的尺度指导学生约束自己的攻击性行为，正是课堂纪律要达到的真正目的。依据对大脑运作的了解，我们构想出了一些符合常理的规则教育新技巧。这些办法既适用于女孩，也适用于男孩，不过通常在管教男孩的时候，只动嘴是不够的，还要想出更多创造性的办法来，毕竟，在幼儿园和学前班阶段，需要纪律管教的问题 80% ～ 90% 来自男孩。

**一个改善纪律状况的好办法，是有老师以外的年长者在场。**我们的研究显示，在课堂上或其他学习场所里，如果能有其他年长者出现，孩子们的行为和课堂纪律就会有很大的好转。不论是爷爷奶奶来参观、做辅导，还是来了别的老师，都非常有效，因为年长者会教导年幼者。经验学生联合会是一个非常有意义的组织，它就是以这种理念为基础来发挥作用的。这一组织向全美 23 个城市的小学派遣了 2 000 多名退休长者，他们往课堂里一坐，喧闹的孩子们就会安静下来。此外，心态健康的家长义工甚至青少年义工的到场，也能起到很好的作用。

以下是专门针对幼儿园课堂的实用管教技巧，也是完美课堂的老师正在运用的有效技巧。这些管教技巧还适用于类似幼儿园环境的其他多种场合。

- 事情发生时，当即让孩子亲眼看看他的不当行为所造成的后果。比如让他看看小朋友身上被他打出来的淤青。
- 引导孩子把愤怒发泄到没有生命的物体上。比如说，在课堂一角开辟一个“出气角”，给孩子准备一根硬泡沫做的棒球棍，一个软枕包，让他们可以在这里拿棍子狠狠地打枕头。这样做除了安全，还可以让孩子学到，生气的时候不可以朝有生命的对象击打。
- 老师在要求孩子停下他正在做的事而孩子不听时，可以说一次：“请你……”也许两次，如果还不奏效，就需要严厉起来。
- 需要的时候，让孩子去冷静一下。也鼓励老师和其他成年人在生气的时候去冷静一下。
- 漠视孩子的抗拒，不要陷入跟孩子的权力争夺之中。只给他 60 秒的时间，然后就必须按照你的要求去做；如果他 60 秒之后仍不肯听，就需要转用其他管教技巧。
- 在可能的情况下，尽量多地给孩子与你商量的余地，多给孩子选择的余地，而通常只给两个选择："你可以把积木放到这里，也可以放到那里。你选择放哪里？"

- 在可能的情况下，尽量用转移孩子心神或关注点的方式来代替惩罚。
- 以没收某个玩具或取消某项权益的方式作为对孩子的惩罚。
- 以正面言辞来表达你对孩子的期望："我希望你今天能把这些植物都搬进屋里去，你担当了一项很重要的任务，真了不起。"
- 在可能的情况下，把任务变成游戏："我们来看看你能多快把外衣挂好。我开始计时啦！"
- 交给孩子任务时，要给出具体要求，不可笼统而言。要对孩子明白地指出要点，并协助他专心完成。这样会让失败的可能性大大降低，也能避免对孩子不必要的惩罚。
- 允许出错，允许失败，并把错误和失败当作教材。

坦率说，我们对孩子的管束常常不是出于教导他们的需要，而有可能是因为孩子做的某件事让我们心烦。举例来讲，弗朗基是一个 5 岁的小男孩，他妈妈跟我说，这孩子一向很难坐得住。老师每天都向她告状，弗朗基大多数日子里都要被罚去面壁。妈妈为此花了好些功夫，想要弄明白这孩子到底怎么回事。她注意到弗朗基在家里也老是坐不住，但并没制造什么麻烦，为什么在学校里就成天惹老师告状呢？

妈妈后来发现，课堂上的那些东西没法让弗朗基感兴趣，他实在是无聊得不行。无聊的孩子当然会坐不住。弗朗基因为老师不喜欢他动来动去而遭到惩罚，而他动来动去的很大一部分原因却是他的大脑对无聊所做出的符合逻辑的反应，因为在那样的环境中，他既无法平衡精力，也还没有学会调节自己的脑神经。

我们站在大脑如何学习这个角度上来考虑该如何把握规则教育的尺度时，每个老师都应该反思自己的课堂是否有可能让学生感到无聊。如果是这样，你会发现女孩一般更善于克制自己，而男孩就免不了要动来动去，甚至打扰课堂秩序，比如弗朗基。

弗朗基还是一个喜欢指手画脚的孩子，而这又是一个让老师看不顺眼的地方。我们很难过分指责这位老师，毕竟没有谁喜欢指手画脚的人。可有一点一定要了解，就是如今脑科学已经证明，**喜欢指手画脚的孩子往往更健康**。这一点估计有不少人凭自己的直觉就能猜到。不消说，我们必须帮助喜欢指手画脚的孩子克制一些，但是不可过头，不能因为我们自己不喜欢孩子指手画脚就禁止他们那么做。

托马斯·博伊斯（Thomas Boyce）是加拿大温哥华市不列颠哥伦比亚大学儿童发展研究中心所属的晴山健康中心（Sunny Hill Health Centre）的主席，也是研究生院和医学院的教授，他是发现儿童的指手画脚与身体健康之间关系的诸多研究者之一，这里的指手画脚，既包括男孩的肢体方式，也包括女孩的语言方式。

BOYS AND GIRLS LEARN DIFFERENTLY 男孩女孩教育箴言

在幼儿园相对弱势的孩子心跳频率更快，应激激素的分泌量也更多；而相对强势的孩子心跳频率更低，应激激素的分泌也更少，换句话说，他们的神经系统所承受的压力要更小。

博伊斯还发现，不论是对强势的孩子还是对胆怯的孩子而言，井然有序的环境都是最好的环境。我们常常对强势的孩子施加惩罚，这一点值得反思，因为这实际上是在为孩子的健康而惩罚他。

## 户外课堂是学前教育的核心部分

位于加州南部的卡内若谷成人学校根据大脑研究结果创建学习环境，极其出色。那里提供幼儿日托及学前教育，还举办家长培训，指导他们如何做孩子的协同教师。他们的脑科学研究小组里有一位很出色的培训师，叫艾琳·格林（Eilene Green）。她和同事最近向我们介绍了他们是如何利用“户外课堂”的，也就是在平地、花园、游乐场等户外环境中上课，这样做不但能给孩子学习中的大脑以更多的刺激，还能减少他们行为上的一些小毛病。他们发现，小男孩的不当行为常常是为了争夺关注和权力，而难以克制的躁动行为和负面的不当行为偏偏能让他们达到这一目的。

这些老师的解决方案之一是让孩子们爬台阶。学校后面有几十级台阶，爬上去之后是一片大草坪。老师鼓励孩子爬到高处，爬得比老师和其他同学更高，然后对那个幼小的男孩说："看你现在有多高啊，你是站在高处的国王啊！"听了这样的话，小男孩咯咯直笑，站在草坪上俯瞰众人的感觉实在是太好了。那里的一位老师说道："我们发现，孩子越是觉得自己有能耐，就越少惹是生非。"能利用自然地理条件开发出这样的户外课堂，是多么好的创意！

在户外课堂，我们也许还能看到水，利用水，也对大脑的发育大有裨益。天然瀑布、水溅石头、潺潺溪流都能让忙碌不休的大脑得到放松。教室里放一个人造喷泉，比涓滴器的水量要大些，也可以起到类似作用。这又是一个利用户外环境吸引幼儿心神的创举，它不但能让孩子安静下来，还能更深入地开拓孩子对外界的学习兴趣。

BOYS AND GIRLS LEARN DIFFERENTLY 男孩女孩教育箴言

户外课堂和室内课堂同样重要，对幼小的孩子更是如此，因为那里是孩子们玩耍、幻想的世界，也是孩子的心灵与神秘的大自然相连的通道，所以，那里是完美课堂的核心组成部分。

哪怕在城市中的学校，也能想办法创造出户外课堂来。比如我们听说，南达科他州的一所学校把房顶改造成了游乐园，下雪的时候，整栋大楼的暖气系统会使屋顶变得比周围更暖，因此积雪也化得比周围更快。这个灵感是从中国香港的类似做法中受到的启发，在中国的香港，土地非常有限，但人的智慧却是无限的。

**年幼的孩子既受文化的影响也受大自然的影响，大自然是我们教导孩子的最佳同盟之一。**不论是教孩子阅读还是写作、数学、科学甚至宇宙学，只要能在大自然的怀抱中加以引申并予以实践，想让他们学不进去都难。课堂固然可以是孩子了解生活的实验室，可大自然已经是生活本身了。

大自然对那些需要动个不停的小男孩尤其有好处，对小女孩也是一样。数千年之前，年幼的男孩有更为广阔的空间供他们驰骋，因此他们不自觉的好动并不算是问题。现在，他们不再有那么多机会可以去外面狩猎了，可他们的大脑仍然渴望那些供他们狩猎的空间。因此，给他们提供越多户外活动的机会，他们就越能在更宽敞的空间里自由自在地探索与徜徉。尤其是在幼儿园和学前班阶段，让孩子坐下来安安静静地学习固然是必要的，可我们的课堂很大程度上都是在要求孩子们乖乖听话，而不是在教他们学习。许多孩子，尤其是小男孩，想让他们学习的话，首先要给他们机会多动动才行。

## 如何引导男孩女孩有效地学习知识

不同性别的孩子会呈现出不同的群体倾向，这恰是物以类聚、人以群分的体现，他们的玩耍方式及兴趣所在，也都会按性别的不同而自然地区分开来。既然如此，我们该不该按不同的性别以不同方式来上课呢？在回答这个问题之前，先来看看大家是否了解幼儿园阶段的孩子有哪些性别差异。以下内容是密苏里州项目的老师在课堂上观察到的现象。

- 小女孩会把布娃娃藏到自己的衣服里，然后再假装把宝宝生下来。还有些女孩玩假装结婚。一位老师说，曾有几个 4 岁的小男孩在跟小女孩一起玩的时候，也把娃娃塞进衣服里装孕妇，可小女孩很有逻辑地告诉他们说：“你们是男孩，你们不能怀宝宝。”有一个小男孩为此伤心地哭了起来，而那位老师却借此机会给孩子们上了一堂课，告诉他们，男孩女孩是不一样的。
- 在这个年龄段，每当课堂上要求孩子们为什么事情投票表决时，男孩女孩总是会自然分作两群，几乎所有男孩都站在一边，而女孩都站在另一边。
- 有个惯例，就是幼儿园一大早的时候，男孩总是先去积木区玩积木，以此开始他们一天的室内玩耍和学习。

- 在过家家区等待玩耍时，女孩会比男孩更有耐心。
- 一位老师观察到孩子们午睡的习惯居然也男女有别。她发现，吃过午饭之后，男孩几乎是立即就能睡着，而女孩则需要花更长的时间。

幼儿园和学前班阶段的孩子还有许多非常明显的性别差异。以脑科学为依据的研究表明，要让这个年龄段的孩子学好知识，不论是对男孩还是女孩，以下 4 个要点都至为关键。

- 老师要跟学生进行一对一的教学。
- 要善于利用学生的互动小组，尤其是自发形成的小组。
- 最好每堂课都能以动手操作及相互合作的形式进行。
- 要充分把握好老师讲课和孩子自由玩耍之间的平衡。

我们的研究还表明，针对这个年龄段男孩和女孩的教学，不但什么时候该教很不一样，该教什么内容也很不一样。由于女孩会比男孩更早地发展出更出色的语言能力，因而老师可以依照她们的成熟度更早地教她们一些知识，特别是那些喜欢用语言方式来指导学生的老师。不过，如果老师能够不那么强调以语言方式授课，而多借用一些图画、图表、动手操作等方式，那么男孩就可以跟女孩一起学，而且学得跟女孩一样好的可能性会大大增加。当然，这里所讲的只是男女生之间的大致差异。

在以脑科学为基础的教师培训中，我们会让幼儿园和学前班老师说说在他们的课堂中哪些孩子学习吃力，结果不出所料，几乎全是男孩。因此，我们要求这些老师少说些话，多些动手操作，反思一下他们在课堂上能提供给男孩的活动空间及活动机会，多安排一些小组互动。我们还要求这些老师自己动脑多开创几条既适合女孩也适合男孩的教学方法。

前面提及的老师凯蒂·温克勒自愿提供了她的详细笔记，包括她如何上课、用什么教具、取得了什么成果等。在感谢她的同时，让我们一起来分享一部分她的心得，并把她的创新方法作为点评范本。

## 培养孩子对数学及空间的理解

凯蒂通过好几种不同的做法强化孩子对数学及空间的理解。

**让人物角色融入搭积木的活动中。**凯蒂班上的积木区一向是男孩的地盘，他们喜欢在那里搭建各种高塔。凯蒂想让班上的女孩也喜欢上这种培养空间感的积木游戏。她想出的办法是交代给女孩几个“人物角色”，让“他们”参与到积木活动中来。

“拿些玩具小人儿到积木区去，这给孩子们搭积木的游戏带来了新变化，”凯蒂发现，“孩子们不断给自己增加难度，从单纯的保证积木不塌方，到看谁能搭出最高的高塔来，到小伙伴们一起合作，给医生、飞行员、老师、警察、家庭成员等搭建房子。为了增加女孩们的参与兴趣，我要求玩具小人儿的活动细节要逼真，不仅要好拿，还要站得稳。”

让人物角色融入搭积木的活动中，除了玩积木本身能帮孩子培养出空间感觉之外，还能把社会学元素及语言等的运用也都引入到积木游戏当中。为此，凯蒂创造出了既有利于男孩大脑也有利于女孩大脑发育的完美课堂式教学。“在过去这一周里，”她继续写道，“我又放了几个玩具麦克风在积木区，方便孩子们搭建舞台、上台表演，还让他们用大块积木搭建观众席。从前那里是男孩的地盘，现在却成了杰茜卡和蒂凡尼新开辟出来的一块重要阵地，因为她们喜欢去那里拿着麦克风唱歌。那些积木有了新用途，我常常听见积木区那边传来杰茜卡搭积木时的说话声。”把“真人秀”引入到积木游戏中，能促使女孩的大脑更多地投入到积木游戏之中，因为搭积木和她们的“真人秀”紧密结合在了一起，她们也因此在往日这块“男孩的地盘”上感受到了更多的自信和主动权。

**利用“矛盾”培养孩子解决问题的能力，尤其是数学难题。**凯蒂采用了类似的办法来促使男孩动脑筋解决难题，在数学教学及培养空间感的创新方面，再次发挥了她的聪明才智。

教学手记



要想培养孩子解决问题的能力，似乎当问题既实际又有趣时效果最好。为了创造机会让这样的情形自然出现，我刻意在上课时给孩子们一些容易引起争议的选择。以我的观察来看，如果这样的争议是他们自己制造出来的，班上的男孩会更有意愿参与到协商之中，也更有意愿动脑筋解决他们自己的难题。下面这个故事就是一个具体的例子，从一个小男孩“惹出的麻烦”开始，到孩子们如何协商解决，再到我随着事件的发展给孩子们做出讲解，以及他们从中获得的领悟。

到了上午的茶点时间，汤米注意到他的“小企鹅”被挪到了墙上图表中“小助手”旁边的位置上，这意味着今天轮到他给大家派发小茶点了。汤米早就盼着这一天了，因为派发员的职责之一，是在保证人人有份的前提下，亲自决定该怎么分发茶点。汤米拿起了装着饼干的托盘，一场看不见的算术课就此开始。

我问道：“汤米，你今天打算给每个人发几块饼干？”我发现，孩子们对这个问题的回答总能给我不少启发，让我看到他们如何在心中构建数与量的概念，如何理解单个与总体之间的关系。有些孩子总喜欢回答“两个”，因为那似乎是最常得到的饼干数量。还有些孩子开始明白“大”的数字是一个一个累加起来的，所以他们喜欢回答“一个”。不论孩子怎么回答，我都会表示接受，除非有其他孩子表示反对，而这时也就是讨论开始的时候了，我会看着孩子一起数出这一天的饼干数量，跟旁边的人对比谁多谁少，直至最后互相监督着分出“公平”的等份来。

汤米今天对这个问题的回答很是别出心裁，他决定以一个与众不同的方法来分发饼干。作为一个刚满 4 周岁的孩子，这几天他对自己的年龄非常在意，因此他回答我说：“每个人有几岁就得几块饼干。”然后他拿着托盘，绕着桌子，一个一个地问小朋友：“你是 3 岁还是 4 岁？”之后根据对方的回答，准确无误地拿出 3 块或者 4 块饼干递过去。

我期待着有人反对，因为这显然会让有的人多拿而有的人少拿，可是，居然没人反对。年龄赋予的权利看来很容易被大家认同……直到汤米来到迈克的面前。

"你是3岁还是4岁？"

"我4岁。"迈克回答。

坦纳不干了："你没有4岁，我比你大，可我才3岁，你肯定是3岁。"

"我就是4岁。我要拿4块饼干。"

迈克真的满了4岁。实际上，他是这班上最大的孩子，因为他的生日跟幼儿园规定的界限只差8天。不过，他看上去也的确像是我们班上最小的孩子。小朋友们怎么看迈克，是这里的关键。

饼干派发不下去了，讨论也热烈地开始了。大家争先恐后地想要知道迈克是否真的比自己更大，因为好多孩子个头看上去都比他大。我向大家证实，迈克的确比大家都大，他去年夏天的时候就满4周岁了。通过这次讨论，孩子们第一次意识到，个头长得大，并不等于年龄也大。然后他们开始注意到，还有些3岁的孩子个头也比好几个满了4岁的孩子要大，可是，个头大却没法让他们年龄更大。这个新发现带给孩子们的激动好不容易才平息了下来，大家允许迈克拿了他的4块饼干，而汤米也最终完成了今天的职责。

汤米派发饼干的方法也许我永远也不会用，因为我习惯于以我认为的公平尺度对待每一个孩子。可是，孩子们对根据自己的年龄来决定拿几块饼干的做法毫无异议。而且，因为这个插曲，一个全新的观念进入了他们的脑海：一个人到底有多大，不能单凭他看上去的大小，而要以他的准确年龄来判断。

这个案例中的教学策略是一个很成功的多样化组合。孩子被赋予责任去完成一项社交任务，这本身就有助于培养他的责任感及与众人打交道的能力，数的概念、年龄的概念以及社会知觉等要素也都融进了这项任务里。对落实这项任务的期待使得每个孩子的大脑都被激活，而其中发生的冲突更让他们的大脑对学习保有了高度的兴趣。关键时刻，老师及时给出了重要信息，她的在场把孩子们的冲突掌握在了有利于学习的范围之内。

在这样的学习环境下，不论男孩还是女孩都能大有收获：性格害羞的男孩女孩以他们从旁观察的方式学到了好多新东西；而大胆争先的孩子也同样以他们独特的方式学得知识，全班的孩子很难有谁能做到完全游离于整个过程之外。凯蒂凭直觉认为男孩在冲突中和热烈的气氛中最能学到东西，而这一直觉引导她找出了既能让男孩学到东西也能让女孩学到东西的新路子；同样，凭着对女孩的了解，她知道如果在游戏中加入生动的人物角色，便能让女孩也对空间搭建感兴趣，这也引导她想出了男孩女孩都喜欢的新招数。

**自由活动。**许多幼儿园在一整天的时间里会划出 1/4 ～ 1/2 的时间来给孩子自由玩耍。脑科学的研究告诉我们，至少要给孩子留出 1/3 的时间让他们自由活动。一个出色的老师总会注意到，这个年龄段的孩子甚至能自己打发掉一半以上的时间。

BOYS AND GIRLS LEARN DIFFERENTLY 男孩女孩教育箴言

对发育中的大脑来说，自由活动有很多优点，尤其是在一个井然有序、充满关爱的环境里，孩子的大脑能引导他们自己去学习那些对大脑发育来说必不可少的东西。

大脑在很大程度上有它自己的成长蓝图，如果幼儿园的课堂设置能允许孩子的大脑自由地进行探索，那它就能依照本身神经发育的引导去做该做的事。

凯蒂的笔记也记录了她在这方面的成功经验。“我把每天的时间至少划出 1/3 来让孩子们自由活动。这在童年的早期尤其重要，因为正是发生在自由活动中的孩子与孩子以及与老师之间的社交互动，能给孩子的大脑发育带来很好的促进作用。在孩子自己做选择、参与活动、自由玩耍时，他们的语言表达、知识积累、社交能力、道德认知等各个方面在幼儿期都能得到良好的发展。”在这样的自由活动时间，她还发现了小男孩和小女孩的不同：“我注意到，小女孩可以在以坐着说话为主的活动中发挥出最大的成长潜力，而小男孩则需要在活跃的环境中，以不断给自己加大挑战难度的方式来获得最大限度的成长。”自由活动对男孩和女孩都很适合。老师也许会发现，对一些怎么都学不进去的小男孩来说，自由玩耍是一剂灵丹妙药，这对一些小女孩也十分有效。

**综合利用实物创建学习环境。**在这个年龄段，孩子的大脑还不太能一下子接受很多以语言方式描述的抽象事物，对周围世界的学习更依赖于实体。所有的早期教育工作者差不多都知道这一点，只是我们常常不能好好利用身边的实物来为孩子创造良好的学习环境。孩子需要靠动手把玩来了解和熟悉周围的现实世界，他们的大脑在发育过程中也需要借助现实世界中的事物，把不能理解的东西转化成能够理解的东西，所以，现实世界可以说是大脑的伊甸园。凯蒂给我们讲了一个案例。

> 有一阵子，凯琳和肖恩在积木区忙于搭建一个尚未确定最终用途的大型建筑，大约有1米多高，占地面积接近5平方米。在搭建过程中，他们不断地遇到问题，包括怎么保证建筑不塌方、这建筑到底用来做什么、该用哪块积木等。我需要一直留心他俩，既要确保他们的安全，又要协助他们用商量而不是动粗的办法来解决问题。最后他们搭成了一个很复杂的建筑，里面可以容纳上百块各色积木、小汽车和玩具小人儿。

在这个案例中，两个或两个以上小伙伴的合作获得成功，老师的参与恰到好处，而最值得称道的地方在于给孩子提供了一个动手与学习的实体环境。越是能让孩子大脑的不同部位更多地互动起来，孩子的学习收获也就越大。这本是女孩子常常被排斥在外的游戏活动，一则因为女孩天生不喜欢空间性的活动，二则因为男孩总是喜欢在属于自己的地盘上指手画脚。而老师很好地利用了这次机会，既留心让女孩能参与其中，也留心不去破坏男孩对这项偏爱活动的自主参与。①

① 凯琳是女孩，肖恩是男孩。——译者注

**利用游戏学习数学。**凯蒂在日记中记录了以游戏方式引导孩子们学习数学的方法。

### 教学手记

BOYS AND GIRLS LEARN DIFFERENTLY

数学思维的开发，在我们班上主要以游戏活动为主导。在既有挑战性又有趣味性的前提下，所有孩子都愿意在游戏中学习对数字的具体运用。我们常常组成 6 人以下的小队一起玩游戏，我会拿出好多小玩意儿，设计多种游戏套路，以保持孩子们的学习兴趣。

我们这段时间的游戏主题是交通工具。以小汽车、小卡车为玩具，在游戏过程中融入数数儿、分类等数学思维，这使得班上的男孩特别感兴趣，也学得特别快。上个星期，桑迪跟其他几个男孩一起把一大堆交通工具分拣开来，飞机、火车、汽车、卡车、公共汽车等，还逐一清点、对比了每一类的数量。这样的游戏相当耗时，最好能在人数偏少的小组里进行，以保证每个孩子的等待时间更短、游戏时间更长。

这也是一个让那些喜欢空间思维的男孩动脑学习的好机会，游戏中还融入了他们喜欢的挑战性。如何让女孩喜欢上这样的游戏也十分重要，因为女孩天生不喜欢与数学打交道，可将来她们一样会需要，甚至更需要数学思维。

凯蒂给我们讲了一个非常有意思的“寻宝游戏”，及其对帮助两个小女孩学数学起到的作用。她越来越深刻地体会到，“桌上游戏是激励孩子探索数理逻辑思维的一个好办法”，她认识到，桌上游戏是“有助于女孩学数学的好手段，因为游戏不但满足了女孩对社交活动的需求，也激励了她们自己当‘玩家’，动脑筋解决算数难题，而不再是纯粹被动地做一个听讲的学生”。为此，凯蒂决定从幼儿园的学习时间中再划出一小块来，跟孩子们讲解如何玩桌上游戏，然后在自由活动时间里，让他们根据自己的喜好选择不同的游戏和伙伴。

教学手记



萨拉和克洛艾是两个 5 岁的女孩，最近她俩决定一起玩“寻宝”。她们还邀请了 4 岁的小男孩特里跟她们一起玩。“寻宝”是老师设计出来的桌上游戏，其中几个要素很能激励孩子体验数学思维。

对小孩子来说，有趣的小玩意儿很容易让他们玩得投入。我注意到班上的女孩喜欢挑选看上去很漂亮的小东西来欣赏、把玩。用逼真的小动物、小人偶以及“金银财宝”来做“棋子”的桌上游戏尤其招人喜欢。萨拉他们玩的这个游戏，每个人各有一块画着海洋和寻宝线路的游戏板，“棋子”是一只小小的塑料帆船，刚好够他们沿路采集五颜六色亮晶晶的小珠宝装在里面。每次走到藏宝地点时，孩子就可以装一颗珠宝上船，然后继续前行，把得来的财宝送回自己的百宝箱。

要想让孩子玩得尽兴，一种游戏不能只限于一种策略，而应给他们留出几个不同的选择。我设计的游戏能让大脑发育程度不尽相同的孩子一起玩。萨拉、克洛艾和特里每个人挑选出了自己喜欢的游戏板和不同颜色的小船，他们还选择用一颗大骰子来确定每次走的步数，当然，他们喜欢的话也可以用转盘或者纸卡为依据。以我的观察，游戏过程中 3 个孩子都能全身心地投入其中。

玩这个游戏需要解决的第一个问题，是确定谁先出发。我没有按照传统习俗教孩子们“女士优先”，而是交给他们几种不同的办法来协商谁先谁后。萨拉提出的建议是在一个篮子里装进长度不同的吸管，他们各自从中抽一根，然后以吸管的长度来确定出发的先后顺序。孩子们学会了诸如“抽吸管”“剪刀石头布”“扔钱币”等几种不同办法之后，就不再需要仅仅因为他们是男孩或者女孩而不得不被动地放弃或者获得优先权了。

抽吸管的结果是，萨拉可以先走。孩子们进入游戏后，我发现每个孩子会根据各自的发育进程，以不同的方式来数数儿。萨拉不但能理解数目与棋格一一对应，还懂得一个大的数目可以是两个较小数目的总和。轮到她走时，她知道如何把骰子的点数分成两部分，使她既能获得珠宝，又能继续前行。比如有一次，她离珠宝还差 3 步，而这时她的骰子掷出了“6”，于是她一边数着“1、2、3，珠宝”，拿过一颗珠宝装进自己的小船，然后继续数“4、5、6”，往前又走了 3 步。

可这样的做法却令特里犯了迷糊。他的做法是不论掷出的骰子是多少，一碰到珠宝他就停下来不再向前。等萨拉第二次在游戏中以她的方式继续往前走时，特里不干了，他坚持认为萨拉必须也跟他一样停下来，否则就是耍赖皮。面对特里的强势坚持，萨拉没有举手投降，而是努力向特里解释她的道理。她辩解道，既然她掷出了“6”，那就应该往前走 6 步。她还拿过另一只小船来示范给特里和克洛艾看，该怎么数到珠宝处时仅仅暂停一下拿珠宝，而不是停止不前。

这时，这盘游戏几乎就要因小伙伴的争执而走不下去了，可是萨拉却劝服了小伙伴，让大家继续玩了下去。在接下来的游戏中，特里和克洛艾都努力去模仿萨拉的数数儿方式。

由于小伙伴的数学思维被提高到了新的层次，这 3 个孩子的游戏进展快了起来，收集的珠宝也多了起来。玩到后来，克洛艾提议，谁先拿到5颗珠宝，谁就是赢家。孩子们都同意她的建议，而克洛艾就在她下一次掷骰子时拿到了第 5 颗珠宝。

在这样的游戏中，小女孩不但能学会数学逻辑的思维方式，还要就自己对数目的理解进行辩白。她得到了利用语言和社交能力的机会，既解说了自己对数字的理解，还帮助小伙伴按照新的理解方式继续玩了下去。假如没有人来质疑她的思维方式是否正确，女孩子往往会拘泥于得到正确答案，而不是寻求不同的解决方案，并去验证它、捍卫它。

**利用实物。**对实物的利用也是凯蒂常用的策略。

BOYS AND GIRLS LEARN DIFFERENTLY

有些孩子的学习方式是用感官不断地去探索，3 岁的小男孩查利就是我们班上一个典型的例子。上个星期，查利把他的大部分时间都用在了水桌上，拿着小船和抽水气筒反复琢磨，还拿了好些其他东西，看哪些沉底、哪些浮起。在这样的过程中，我观察到他的学习涉及了几个不同方面。其一是，他发现水桌上的小船有的大、有的小、有的大小一样。其二是，他发现如果小船里面是空的，就能好好浮在水面上；如果他用抽水气筒把小船里装满水，船就会沉掉。他还能把他观察到的发现讲给其他孩子听，让小朋友也来轮流用抽水气筒往船上加水、给小船分类。

因为他要向我和小伙伴们解释他的发现，语言能力得到了锻炼。他还借助水桌上小船的不同特征，学到了分辨颜色、分类、数数儿。这些技能当然可以通过以老师为主导的小组活动学得，不过我相信，如果他没能得到机会充分利用他的感官，就不可能有这样热情投入、兴致盎然的劲头。

上面介绍了好几种不同策略，它们都有一个始终贯穿其中的模式。男孩往往既不容易坐下来听讲，又很容易在学习过程中走神，为了让这样的孩子进入学习状态，老师或是凭借直觉或是接受了培训，动脑筋想出了旨在激发男孩大脑、帮助他们在适合的环境中愉快学习的好办法，而这些办法不但能令学习吃力的男孩学得轻松，也同样帮助了女孩，使得她们把学习范畴从驾轻就熟的语言领域拓展到了在空间领域里的竞争。

反过来也是一样，老师想出的好办法在充分发挥女孩长处的同时，也同样帮助班上的男孩提升了他们的语言能力。而且，老师们还发现，但凡是借助实物作为教具创建学习环境的策略，都是帮助学生学好语言的最佳策略。

## 培养语言能力

自由活动及其他能增进空间思维能力发展的策略，也同样能增进语言能力的发展。凯蒂向我们讲述了她在这方面的教学创新，即如何运用道具和教具，让孩子动手操作，在实践中提高他们的语言能力。

研究显示，男孩大脑里的“布线”方式跟女孩很不相同，这使得他们在获得语言能力的时候要比女孩更费力。因此，在我们的早期教育课堂里，各种语言教学活动都与孩子的实际动手操作及教具的运用结合在一起。这样的教学策略对年幼的小男孩尤其有效。

举例来说，我每天都会用唱歌配合手指舞蹈来激励孩子们学习语言。我注意到，我选用的歌曲越是需要全身上下的配合，男孩子就越是喜欢参与其中，让我唱给他们听。乔舒亚是一对双胞胎孩子中的一个，他的语言发展相当滞后，而他现在常常要我给他唱《昨天深夜》这首歌。这首歌里唱的是在你睡熟的时候，有人给你穿上不同的鞋子。随着音乐的旋律，你需要配合着做出各种动作，比如穿上靴子骑摩托车，或者穿上钉鞋追扑橄榄球。因为预先知道接下来要如何在屋子里来回跑动和跳跃，乔舒亚会很投入地一边做一边努力跟着我唱，而我则把这首歌当作了提高他词汇量的好工具。

我们学校的语言辅导师劳丽每天给孩子讲故事时，总会让他们拿些小道具配合故事情节做各种动作。泰勒是一个 4 岁的小男孩，说话时有很多发音错误，导致别人听不懂，因而他很多时候不愿意回应老师。不过我注意到，一旦手上拿有小道具，老师说故事时他就投入得多，也越来越愿意开口说话了。

还有阿卜杜勒，他是一个有语言学习障碍的男孩，今年5岁，3 岁时开始上幼儿园。他妈妈是一位聪明开朗的单身母亲，独自养育着这个唯一的孩子。阿卜杜勒去年开学时，妈妈最大的担忧就是他语言发展有些滞后，不肯听妈妈读书，也不肯学写自己的名字。妈妈非常爱读书，也写得一手好字，可阿卜杜勒却偏偏不肯规规矩矩坐在那里跟她一起读书写字，这让她满心沮丧。

我的第一个目标是帮助妈妈了解，按照正常的发育水平，一个 3 岁孩子应该有哪些能力，其次是帮助她明白阿卜杜勒在什么样的情况下能更有效地学习语言知识，包括让他动手搭建积木、接触各种不同手感的物体、给他一定的选择余地等。

阿卜杜勒上幼儿园满一年后的一天，趁他和另外两个 4 岁男孩一起在积木区玩耍的机会，我观察了他当时的发育状况。沿着积木橱柜的顶层，阿卜杜勒搭建了几条倾斜向下的车道，让玩具小车沿车道向下滑落。他的玩法很快吸引了另外两个男孩子，小朋友们盯着小车从高处自由滑落，然后冲出车道，在空中飞跃数尺后落地。在阿卜杜勒跟那两个孩子交涉的过程中，我听见他说出了清晰完整的句子，每句包含 5 ～ 8 个单词，恰是他这个年龄段的孩子应该达到的标准。他准确地用语言讲述了希望车道摆成什么样子，并给那两个小男孩分派了任务。他还用语言说服了那两个孩子按照他的意愿来玩这个游戏。

那些小车跃出车道在空中飞跃一小段距离之后，常常落到橱柜和衣帽架的底下，几个孩子为此需要花几分钟时间才能找回丢失的小车。这让他们感到很麻烦，我则看着他们如何一起解决问题。4 岁的布赖恩从过家家游戏区拿来一个塑料搅拌盆放在车道下面的地板上，以便接住飞下来的小车。于是这 3 个小男孩开始忙来忙去，想调整好车道的斜度和塑料盆的位置使小车落入盆中，这很不容易，其间免不了出现很多言语争执。后来他们意识到，不同的小车飞出的距离可能不一样，于是他们在小车可能落地的地方又多加了两个塑料盆和一个篮子。这种涉及坡道、斜度和轨迹等物理知识的语言交流，一直热热闹闹持续了 45 分钟。

3 个孩子谁都想成为这项游戏的指挥者，有时会为此争执得相当厉害。在他们吵吵闹闹的过程中我观察到，他们成功地运用语言沟通技巧，真正解决了一些纠纷。在一个关键时刻我介入了其中，指出如果还想继续好好玩下去，他们需要想办法约定好什么东西该由谁来拿、该如何轮班、东西该如何摆放。3个孩子也运用语言解决好了这些问题。

又过了一小会儿，我由观察者化身为倡导者，花了几分钟时间把初级书写及算数的内容加入到了这个游戏中。由于在玩耍过程中，他们的游戏变得越来越有竞争性，我建议他们把各自的成绩记录下来，看谁的车子有多少次能命中目标。我们拿来了纸和笔，3个小男孩各自努力写下了自己的名字，然后我示范给他们看，接下来该怎么计分。

别看就这么一个游戏，只要我们给孩子提供充足的机会，让他们从心理上、身体上、交往上都活跃起来，那这样的学习环境就会为他们带来成长。阿卜杜勒在语言表达、初级书写及算数方面的发展程度，此时已完全达到了这个年龄段孩子的正常水平，而且他还能将所学用来解决问题、记录成绩、与其他小朋友一起合作。

凯蒂很有悟性。阿卜杜勒的大脑发育程度从好几个方面来看都达到了他这个年龄段孩子应有的水平。只不过，他不太能适应直接用语言讲授的方式学习，可一旦让语言学习和需要空间思维的玩耍结合起来，他的大脑发育就呈现了良好态势，语言学习与实物及空间类玩耍相结合，是这里的关键。其实凯蒂解释了幼儿的左右脑是如何相互促进着发育的。控制空间思维的右脑和控制语言思维的左脑通过需要全脑运作的游戏密切合作，这种游戏既要求空间能力、语言能力、交往勇气、与人互动，也要求情绪上的自我克制，使得原本有"学习障碍"的孩子成长为一个正常的孩子。

我们发现，有语言学习障碍的孩子中，男孩总的来说比女孩多，不过，即便是有语言学习障碍的女孩，让她们参与这种涉及全身心活跃的全脑运作游戏也同样是好办法，只不过问题在于，你要如何设计出女孩喜欢的游戏来。游戏中不见得需要卡车和车道，也可以是其他涉及语言互动的游戏，比如"医院游戏"，你一样可以拿来纸笔，让小女孩记录下有多少"病人"来访、都有些什么"病症"等。

## 请关注那些“特殊”的孩子

在后面的章节中，我们将花更多笔墨讲述 6 岁以上孩子的学习障碍及针对他们的特殊教育。不过，在本章所涉及的学前教育阶段，我们发现很多，甚至大多数孩子的“学习障碍”都可以通过反思我们对他们学习水平的期望值而得以“治愈”。举例来说，美国的教育文化相对偏重于对早期阅读能力的要求，而那些尚不能读书的孩子就被打上了“学习障碍”或者“学习落后”的标签。这些所谓的问题，有多大成分是因文化造成的呢？在匈牙利，人们基本上不教 7 岁以下的孩子阅读，可是匈牙利的教育水平，根据三年级、五年级、七年级以及更高年级学生的阅读成绩来评定，一直居于欧洲国家前列。瑞典在阅读方面的教育文化也是类似情形。显而易见，对 6 岁以下的孩子做学习障碍的诊断，这与教育文化对孩子的期望值相关。由于幼小的男孩在学习阅读方面具有天生的劣势，因而美国为何有那么多男孩会因读写能力不达标而被诊断为学习障碍，就一点也不奇怪了。重新审视期望值的同时，也就重新审视了诊断标准。

针对“行为障碍”的诊断标准，也一样值得重新审视。美国诊断出的人均“患病率”遥遥领先于欧洲国家。与欧洲相比，美国的用药更普遍、用药者的年龄也更小，全世界 85% 的利他林消耗量来自美国。重新审视当下文化对孩子的期望值，是教育工作者在未来几年中必须面对的问题。在逐渐接纳以脑科学为依据的性别差异研究及其他综合研究的新发现的过程中，我们已经注意到，现行文化对儿童大脑发育标准的判定，对很多孩子来说都算不上准确。因此，**那些被判定为需要接受特殊教育的孩子，需要的也许并不是药物，而只是把课堂内外对他们的期望值做出修正而已。**

不过另一方面，不少幼儿园和学前班的孩子的确需要特殊帮助。如果能了解孩子与成人之间的情感联结对他们的大脑发育有多么重要，我们就能给予他们更恰当的帮助。

### | 为孩子营建一个“部落”

卡丽是一名特殊教育专职教师，曾辅导过一名有行为障碍、喜欢踢人咬人的学前班学生。她决定不去直接处理这个孩子的问题，而是帮他建立情感联结。她去见了这个学生和他的“大家庭”，包括他的亲生父母、继父母、祖父母——也就是整个“部落”。她在报告中说，召开这样的家庭会谈之后，这个孩子取得了很大的进展。

她还给我们讲述了另外一个故事。

在我的特殊教育案例中，有一个患有行为障碍的学前班男孩。在刚开学的 7 天里，他每天都能发生好几次打同学、踢同学的事情。当老师出面干预时，他对待老师也是又打又踢又咬的。

我们学校是基础教育学校，相信培养学生的良好品格是最为首要的事情。可我们该怎么来教导这个孩子拥有好品格呢？他甚至连在教室里安静地待上半个钟头而不发脾气都做不到。

我们还相信帮助学生与家庭建立起良好的情感联结也是至关重要的事情。在两个半星期中，我们约见了孩子的母亲 4 次，这才明白为什么这个小男孩会是这个样子了。他没有，也从不曾有过自己的“部落”。他爸爸妈妈已经离婚好长时间了，他的生活被割裂在了两个不同的家庭里，接受着双方对他不同的期望、规矩以及管教方式。为了帮助他在学校里找到“部落”的感觉，每个需要和这孩子打交道的老师都去见过他的妈妈，大家商量出了一个帮助他纠正行为的具体计划。这一计划为他设立了具体的目标，即以好的行为来获取大家的嘉奖，而不是以不当的行为来引起别人的关注。现在，人人都夸奖他，而他也的确有了很多值得嘉许的良好表现。

自从我们为他做了这些事情之后，他就完全变成了另一个人，妈妈在家也对他施行这套做法，因此他知道所有人都站在了同一条战线上。可见，一旦成年人真肯花时间来帮助一个苦苦挣扎的孩子，能结出多好的成果啊。

和幼儿早期教育中的许多其他侧面一样，如果我们能通过这样的介入来增进孩子与成人之间的情感联结，增强孩子对成人的信赖感，加深对孩子的关怀与约束，增加他们的学习机会，我们就能给孩子成长中的大脑注入他们最需要的安全感和稳定感，使他们那“罹患障碍”的大脑变回“汲取新知识”的大脑。但很遗憾，当下的文化使得人们对待那些需要特殊教育的孩子走向了另一个方向。下面我们就来探讨一下这个严峻的问题。

## | 精神药物的使用

把利他林、百忧解这类药物用在 7 岁以下甚至刚会走路的孩子身上的情况，已经越来越多。准确的统计数据很难获得，不过，大体上有 50 万～ 100 万不到 7 岁的孩子被医生指定服用这类药物。这一情况先是惊动了早期教育界的一些专家，继而更引起了政治家的关注。克林顿在任总统期间，美国政府曾为此召开会议并下达任务，要求有关方面调查为何这样的情况在美国越来越严重。

目前来看，百忧解的用药主要针对女孩，而利他林以及阿得拉（Adderall）则主要针对男孩。由于男孩女孩大脑的天生不同，这种按性别的不同用药方式自有其生理学上的道理。男孩由于大脑分泌 5-羟色胺的效率比较低，容易导致他们在抑制小动作方面出现问题，也就是偏于好动或者多动，再加上他们大脑的结构和功能特点，左脑不太活跃，因此容易在注意力方面出现问题。与此相反，女孩则容易出现抑郁的明显特征，而好动或走神的情况则要少得多。

不管怎么说，我们的研究发现，给年龄如此幼小的孩子开这种处方药不但有可能会伤害孩子的身体，还有可能对整个人类社会造成伤害。在我们幼儿园和学前班的完美课堂里，总体原则上是不允许使用这类药物的。按照预估，90% 以上服用此类药物的 7 岁以下幼儿都是不应使用药物治疗的，唯有那些行为太过暴力或是处于生命危险中的孩子例外。

有一点的确是事实，即在这个年龄段的孩子中，患有抑郁、ADD 和 ADHD 的孩子越来越多，可是，对于那些应该主要依靠增加依恋感和情感联结、根据男女大脑的不同特性来施教等方法来解决的问题，却如此大程度地使用精神类药物，说明我们实在太过于依赖药物了。

可这一事实却被用药的显著效果给掩盖了。“我儿子已经好多了，他用药一个月后，我们终于获得了解放，开心得放声大笑”，“我女儿现在看起来快乐多了，老师也看到她展颜欢笑”……这样的说法更加渲染了用药的显著效果。也常常因为班上某个捣蛋鬼终于能安静下来，或者某个小蔫巴终于能振作起来而感到大松一口气。

可另一方面，给幼儿服药却打扰了大脑在社会生活环境中自然发育的正常走向，也纵容了家长只顾自己而不在乎孩子的养育模式，纵容了学校的课堂上把孩子当成物品塞进货仓的管教倾向。实际上，学校和家庭对此更应该采取的做法是通过一对一的方式与孩子建立起情感联结。具体方式包括以下这些。

- 投入更多资金聘请更多教师和保育员，让她们在学校里能有更多时间陪伴孩子。
- 更好的课堂环境。
- 更吸引孩子的教学设计。
- 教师培训中增加大脑性别差异的知识。
- 清晰明确的管教体系与品德教育。

还有一点也非常重要，请记住，这些药物只是引导性的药物。年幼时服用这类药物的孩子，长大后更容易染上毒瘾或酒瘾。这些孩子有可能在药物的引导下发展出类似于服药效果的自我调整机制，能有这样的结果固然很好，可是成功率尚不明确，而且孩子很可能养成对药物的依赖，根本无法发展出自我心理调整机制，等到快要进入青春期的时候，一旦离开药物，状态就每况愈下。

对年幼孩子用药的状况如此迅猛地增加，最可怕的地方还在于，如此之多的所谓不当行为或者学习困难，其实并非孩子罹患某种障碍的证据，其说明的真正问题却是以下两点。

- 保育员或家长缺乏培训，不了解孩子的发育常识。

- 当前的文化压力使得人人都期望孩子最终能被管教出一种并非天然的、如同一个模子里套出来的一致性。

马萨诸塞大学的肯·雅各布森（Ken Jacobson）针对正在用药的孩子和不需要用药的孩子组织了一次跨文化研究。举例来说，在英国，他观察了一组被诊断为 ADHD 的在校儿童，诊断依据是 35 条行为标准，包括咯咯地笑、抢先嚷出答案来、总是要动来动去、指尖不停敲打等。他发现，根据这 35 条行为标准来观察，被确诊的那组孩子和另一组正常的孩子相比，并没有什么显著差别。

没经过培训而不了解孩子的发育常识、却又被自己家或别人家的孩子缠得头昏脑涨的家长、老师及社区中的其他人，通常倾向于把一个活泼好动或性格羞怯的孩子判定为患有障碍，因为这些孩子的行为超出了我们对一个“容易带”的孩子的认识或是班级中约定俗成的一致看法。而一旦被“确诊”，这孩子就要服药。

约翰斯·霍普金斯大学的精神病学教授保罗·麦克休（Paul R. McHugh）把因这种情况而服用的药物称为“精神装饰品”。他认为这应该“令任何珍视人类心理之丰富多彩的人感到愤怒”。因为从神经科学的角度来讲，人类这一物种之所以最终能发展壮大，靠的不是过分强求一致，而是多元化的均衡。站在进化论的角度来看，我们之所以能兴盛起来，靠的绝非是摒除不同之处，包括不同的性格气质、不同的想法乃至不同的成功之道。更何况，没有人会因为给好动的小男孩贴上“次品”标签、给羞怯的小女孩贴上“牺牲品”标签而感受到任何成功的喜悦。可是，对那些还非常幼小的孩童，我们却忍心用药物来摒除他们身上的不同性格气质，甚至不惜以增加孩子将来变成瘾君子的风险为代价，这实在是贬低了人类对孩子的爱。

**一对一地关注孩子，是那些看似需要服药的孩子真正需要的最好解药。**一位身为牧师的父亲给我们写来一封信，以他的亲身经历告诉我们这么一个事实：“我儿子 4 岁，他的幼儿园老师今年年初建议我们给孩子服用利他林，我们认真考虑了这个方案，最终决定试试另一位老师十分不同但环境设置更好的小班制课堂。结果，我儿子在那里过得很好，还成了班上最出色的孩子之一！”

类似这个孩子的故事实在是太常见了。新的环境布置，人数更少的班级，关系亲近的父母、祖父母甚至老师，这些能改变孩子的一生。针对只有 3 ～ 6 岁的孩子，就笃定认为那尚在发育中的大脑需要服用改变大脑运作状况的药物，实在为时尚早，因此，在面对一个显然很让人挠头的孩子时，我们必须首先加深这孩子与学校老师、家中父母及其扩展家庭成员之间的情感联结。

研究表明，下列非药物治疗的措施都十分有效。

- 家中的一位家长把全职工作换成兼职工作，每天多腾出 2 ～ 3 个小时的时间专门陪伴并关照那让人头疼的、活泼好动的孩子。
- 给活泼好动的孩子换一个幼儿园，要找那种小班制的、师生关系密切的、随时有不少于两名保育员或者老师在场的幼儿园。
- 孩子的一天要安排得很有规律，管教措施要落到实处。
- 给孩子安排一个“宣泄角”，允许他在那里打枕头包，或是采取其他宣泄精力的方式。
- 换用不同的药物。
- 孩子的祖父母或其他照顾者最好能每天给孩子以新的关爱，尤其是单亲家庭。
- 在家中和课堂上引入谈话治疗和心理咨询，几种颇有希望的新型治疗方案已经显现出了良好效果。
- 老师和家长尽量为孩子提供艺术治疗，也就是让内心深为苦楚的孩子用各种绘画形式宣泄他们的心理压力。
- 比以前更多地利用户外的大自然环境。

在幼儿园和学前班这个年龄段里，服药比例增加最快的是男孩，在服药的孩子当中，占比最大的也是男孩，占到将近 70%。这形成了一个特别的“男性大脑问题”。给这个年龄段的孩子服药，很大程度上是从文化的角度对男性大脑天生短板的屈从，这一点再怎么强调都不为过，而这种屈从又深深地伤害了身边有这种男孩的家长与老师。6 岁以下就服药的小男孩，从小就知道自己是“有病”的人，是“次品”。这一标签直接贴到了孩子的灵魂上，而这会带来什么样的后果，尚不能完全预知。

我们对这个年龄段孩子的研究最终表明，大约 90% 的服药孩子缺少爱，药物恰恰就是证据。正是由于孩子缺乏他们最需要的爱，他们的大脑才无法充分发育到社会文化所要求的高度。这种状况对人类社会来说是一件可怕的事情，而在美国，这一问题尤其突出，因为美国服药幼童的比例比世界上任何其他国家都高，尽管美国自诩为地球上最富足、最先进的国家。

## 男孩女孩科学教养
### —— 小窍门 ——

让我们用一组提示来结束这一章节，内容来自幼儿园和学前班老师的汇报，是他们为帮助班上的男孩女孩学好功课所做的一些“小事情”。从某种程度上来说，每种做法都是对男孩和女孩均有帮助的好办法，不过他们当初想出或者注意到那种办法的本意，却是为了帮助男孩或女孩弥补弱点、强化优势。我们问了老师们一个问题：“在课堂上，你都做了哪些‘小事情’来帮助班上的男孩和女孩？”下面这些内容就是从他们的答案中汇总出来的精选。

### 针对男孩的建议

☆男孩往往不及女孩手巧，可以教他们做针线、穿珠子[①]，以此帮助男孩培养手指的精细动作技能。

☆教室里不仅在书架上放满书，而且应该到处都放上书。这能帮助那些不太喜欢读书的男孩习惯这种满目皆书的氛围。

☆通过动手操作学习一切。为孩子准备充足的积木及其他实用教具，方便他们边学边玩。讲解最好不要超过一分钟，然后就动手做示范。

☆教室里设置一个软木做成的“情绪板”，木板下方贴着“生气”

① 以我儿子在美国幼儿园的体验为例，“做针线”的活动，线用毛线，针用塑料针，布用经纬很粗、方便塑料大针穿过的粗麻布；“穿珠子”的活动，珠子用中间有孔洞的大塑料珠，穿珠绳用带有细硬头的鞋带。——译者注

“伤心”“开心”“恼怒”等词，上方则贴上一串与下方的字一一对齐的气球。旁边备好一些安全的塑料小飞镖。当孩子有情绪时，可以用飞镖扎穿代表他情绪的气球，这能给他一个宣泄情绪的途径，之后再跟他聊聊刚才的情绪。

☆把孩子的课桌、挂衣架、橱柜等都装点成他们自己喜欢的样子，目的是增强孩子在这个环境中的身份认同感和依恋感。

☆请男性辅导员到课堂上，社区里的成年男性或高年级的男生都可以，以彰显男性的存在，并为小男孩树立男性榜样。这一点对单亲家庭中父亲缺失的男孩尤其重要。

☆教孩子学说能够充分表达自己情绪的固定句子，比如：“我不喜欢你打我。”

☆懂得欣赏男孩的充沛精力，给他们安排一些任务，比如清理教室、帮忙搬东西、指点其他孩子做功课等。

### 针对女孩的建议

☆女孩往往不及男孩身体灵活，可以鼓励她们玩球类游戏，比如踢球，或者其他需要胳膊和腿一起配合的游戏，以此帮助她们训练全身肢体的协调性。

☆课堂上备一个数码相机，在孩子成功完成一项任务时拍下照片，让她们可以事后欣赏自己的成功。这似乎能提高小女孩认真完成任务的兴致。

☆设置一张水桌或者沙桌，让孩子用水和沙子做各种科学尝试。

☆鼓励并帮助孩子组成由女孩担当领队的小组，这也能促使女孩自己去理清她们在人前人后的各种纠纷。

☆多多运用七巧板及各种拼图游戏，培养孩子的空间感知能力。

☆在教室里搭建一个高台，配上结实安全的楼梯，鼓励孩子爬上去体验一下俯瞰三维空间的感觉。其他能达到同样效果的办法也行。

☆使用各种教具来教算数，比如数字滚筒，能够帮助孩子加深

对数学的理解。这对那些并非天生就对数学计算有感觉的女孩特别有帮助，对男孩也同样有效。

☆但凡能夸奖的地方就尽量多夸夸孩子，尤其当她们达到了某项要求时，更要不吝夸赞。

☆不要忽略女孩的隐藏能量，尽管面对班上几个小霸王的指手画脚，她有可能退避三舍。要尽量帮助有能力的女孩成为小组领队。

通过上面的描述，对于幼儿园和学前班的男孩女孩真正需要什么样的课堂，我们现在应该算是初窥门径了。如果能把课堂和家里都建设成一个广义上的大家庭，一起来为孩子营造一个有助于他们大脑成长的环境，让他们随时感到有所依靠、有充足的新鲜事物可供学习，那恰是我们最想做成的事。希望家长和老师都能多多实践上面列出的既有益于男孩也有益于女孩成长的各种好办法。其实，在许多奉行“家长也是老师”的社区里，这些做法已经随处可见了。

现在到了本章的最后一部分，让我们也为家长奉献出一点教养提示。在后面的几章中，我们也会这么做。

### 给家长的建议

☆要提倡并支持在幼儿园和学前班里根据男孩女孩的不同特质因材施教。

☆对你的儿子或女儿在学习上的长处及弱点要心中有数，对学校采取了哪些措施来帮助孩子取长补短也要心中有数。

☆不论你是孩子的母亲、父亲还是其他身份的养育者，请跟孩子建立起最紧密的情感联结。对这个年龄段的孩子来说，如果你觉得他的表现似乎是在向你索取更多的爱、关注和指导，那么事实很可能就是你给予的尚不足够。

☆选择幼儿园时，要特别关注每个班级的人数，以及师生比例，要选择在这方面秉承最高标准的幼儿园或学前班。

☆与老师商量你该如何帮助促进对孩子的总体性及针对性教育，而且，在家中也要落实相应的必要措施。

☆在家中也要坚持好的管教措施，同时帮孩子设立明确而规律的日常作息。

☆如果孩子需要你帮忙写作业，请帮助他。

☆帮孩子建立固定的阅读习惯，每天在阅读时间里坚持读书给他听，等他能自己阅读时，也坚持让他读一小段给你听。

☆在家里创造出你自己的游戏，帮助孩子提高对数字及空间的感知和理解能力。

在经历了许多年学校与家庭的隔绝之后，美国的文化如今正朝着学校与家庭相结合的方向不断进步。脑科学研究告诉我们，让孩子感受到家庭与学校的结合，能最有效地促进男孩和女孩的学习。这样的促进作用有时能起到任何书本都达不到的效果，因为当父母与老师都成为广义上的大家庭的成员而相互信任时，大家的直觉和智慧就会涌现出来。在这样的联合体系中，愿男孩和女孩独有的长处与弱点均能得到这个大家庭中所有成员的充分关注，并对其进行充分的探讨。我们要最大限度地发挥人类的智慧，培养好下一代，在孩子稚嫩的幼儿时期就为他们接下来的学习生活打好基础。

# 04 BOYS AND GIRLS LEARN DIFFERENTLY

## 创建完美的小学课堂

我当年上小学的时候，特喜欢上学。后来我在小学教书的时候，也曾引导那些幼小的心灵渴望学习。现在我们大家要一起建造一所没有哪个小学生会不喜欢的学校。小学应该是孩子满心向往的地方。

——特里·特鲁曼

在一次小学教师的“圆桌会议”上，我问道：“在你的课堂上，有哪三个方面是你希望自己能做出改进的地方？”在座的30名教师全都是小学一至六年级的老师，其中大部分人都教过两个以上不同的年级。不消说，我们最后得出的汇总远远不止三个方面，下面就是其中一些精选。

- “希望我能在维持纪律上少花些时间。”
- “能激发出孩子更多的热情来，尤其是那些很聪明却不肯好好学的孩子。”
- “有足够的时间去建立我希望建立的情感联结，不仅是与学生之间，还包括与家长之间。”
- “希望我能有更多时间实践更多的教学革新，可偏就是没有时间。”
- “班上的人数能再少点儿就好了。”
- “希望得到更多的培训，但不要那种无聊至极的、把我当傻瓜对待的培训。”

“很好，”我们说道，“现在再来说说男生和女生的问题。请列出你在教男生时感到最困难的三个方面，以及教女生时感到最困难的三个方面。”下面就是老师们的一些回馈。说女孩的有：

- “女孩子如今实在是越来越不像样子了，这一点真令人伤心。”
- “越高程度的数学课，女孩子就越难教。为了激励班上的女生学好数学，我不得不动了好多脑筋。”
- “让那些害羞得厉害的女孩多说说话真是太难了。她们情愿只看着别人光彩照人。”

说男孩的有：

- “那些小动作不断、不肯规规矩矩的男孩每年都越来越多了。有时候我们不得不停下教学，好好维持纪律。”
- “阅读对很多男孩来说是件难事，而要让某些男孩用心写作文，那就更是难上加难。”
- “那么多的男孩没法达标，那么多的男孩有学习障碍、没法专心学习，这太让人伤心了。我对这些问题的担心甚至超过了对他们太过好动的头疼。”

老师们还列举了好些教男孩时遇到的困难，除了学习跟不上、成绩不达标之外，还有很多心理上、情绪上的困扰，这些困难显然比教女孩时要多得多。

小学阶段正是孩子们按照各自性别的不同逐渐形成男孩女孩特定气质的阶段。女孩渐渐有了女孩的模样，男孩也渐渐有了男孩范儿，到四年级左右就非常明显了。男孩与女孩的不同气质固然能令他们彼此欣赏，可也同样令他们泾渭分明。女孩会以嘲讽的口吻嘟囔道：“哼，那些男孩子！”她们很是瞧不上那些“只有男孩才做的事情”，尽管同时也许还有一点为之倾心；男孩中也有人会嘟囔：“谁稀罕那些女孩？”同样是装腔作势、满脸不屑的样子。

在小学阶段，平均来说女孩在学习上会越来越驾轻就熟，就算没有脑科学为你提供这方面的证据，各年级乃至全校的成绩也能告诉你这一点。在小学的学习环境中，女孩遇到的学习困难总的来说要比男孩少。这一阶段的老师90%

是女老师，而其中 99% 的老师没有学习过男女生在学习上有什么不同特点。她们依照女性的天性主导教学环境，这自然令女生感到比男生学得更容易，但这种课堂设置对男孩来说显然是很不合理的。既然小学里那么多的学习问题和纪律问题都是男孩的问题，那么，本章中你会看到更多针对男孩的创新方法。对老师们来说，解决男孩问题的急迫性显然更强烈一些，不过话说回来，我们也会给你提供一些教导女孩的新方法。而且，许多创建小学阶段完美课堂的教学改进方法中有助于男孩的好方法，也同样有助于女孩，反之亦然。

## 教学体制上的革新建议

作为学校体系里的一名教师或者行政人员，有一点会令你很得意，那就是你不但能实施一些小的革新措施，还可以落实一些大的改进方案。然而，以目前的教育文化来说，要做一个创新者是困难重重的，更何况还要面对来自学生家长、当地社区乃至立法者的无数压力，最终不少学区只好放弃他们尝试革新的自由。我们希望你所在的学区至少愿意尝试下面这些革新举措中的某一种，这些举措都已在不少学区的实践中结出了硕果。

我们为这一阶段选择的改进举措都是以男孩和女孩的大脑对学习的不同需求为依据的。有些是教师培训的成果，出自密苏里州的学区，还有些出自密苏里州之外的地区，准确地说是来自世界各地。有些是结构上的重大改革，比如最突出的就是全年上学，这就不仅是针对男孩或女孩了，而是以帮助所有孩子为目的的改进。

之所以在后面几章的一开头就讲述这些具体措施，是为了替我们接下来探讨如何帮助不同性别的孩子做好铺垫。教师、行政人员、立法者们常常希望通过一些教学功能上的改进来解决校园问题，比如如何提高女生在数学、科学等科目上的成绩，或者如何减少男生违反纪律的行为等，可他们却不肯从结构上做出重大改动。不过，这样的大改动也并非我们想象的那般难以做到，而是完全可行的，而且这样的改动能更加高屋建瓴地解决课堂上及教学功能上的问题。

## 上学时间的调整

在我们从孩子大脑的角度来考虑该如何建造完美课堂之前，需要先重新审视一下学生花在学校里的时间，包括每天的时间，以及全年的时间。不论男生还是女生，人类的大脑都会寻求一定的学习计划与进程。虽然针对这些计划究竟应该怎么制订，人们的看法各有不同，但在我们整理了各方研究之后发现，其中有些对小学阶段孩子的学习具有非常重要的意义。

**全年上学。**如今在美国，来自立法者的要求提高学生成绩的压力已经相当大了，许多州都要求从三四年级开始让小学生参加统考，因为立法者们认为，这么做能确保学生提高成绩。全美各地的老师异口同声地指责这种统考的效果，批评这种做法干扰了正常的教学日程，并给课堂及学生都带来了更大的成绩压力。

有一种方法倒是能提高学业成绩：全年上学。在许多国家，比如日本和法国，学校就是一年到头都上学的，中间插入 3 个 3 ～ 4 星期的短假。有意思的是，当美国的政治家们批评本国的学校太失败时，尽管拿来做比较的常常是考核成绩居于高位的日本和法国，可与此同时，他们却从不提及这两个国家的学校是全年上学的。

美国的学校在夏天放长假的传统由来已久：夏季农忙时节，家家户户需要年轻人在农庄里帮忙劳动。当然，如今的情形早已不复当初，没人再需要孩子出手帮忙完成这类农活。实际上，许多需要上班的家长如今很为这种强加在孩子身上的假期感到苦恼，尤其是孩子尚在小学阶段的家庭，因为这么小的孩子还不能被单独留在家中。

不少人认为，按照当前的文化，学校的老师应该不喜欢全年上学，因为这样会失去暑假，何况暑假不仅是他们的休息时段，也是他们用来备课的时段。在如今，教师是难度最高的工作之一，同时又是报酬最低的工作之一，因此，老师有理由坚决反对这样的举措。

可事实与此相去甚远，老师们并没有一致反对全年上学。在过去 10 年的调查研究当中，我们采访过许许多多的老师，支持这么做的人数不胜数。老教师格雷格的话很有代表性：

> 全年上学，甚至可以是每隔 8 个星期有一个 10 天的短假，再加上感恩节、圣诞节等节日假期，也许夏天时再放 4 个星期的假……这实际上对老师来说反而更好。一旦老师们明白了其中的好处，他们就会支持了。我们既可以避免在 9 月份浪费时间重新温习学生们已经忘掉的东西，又可以避免 6 月份即将放假时的人心浮动。学生们总的来说会学到更多，也能记住更多，而老师们也会有更多短时段的假期。

如果再把脑科学研究的论据加入进来就更会发现，从小学到高中都适于采用这种全年上学的方式，对四至六年级的学生来说尤其如此。这是大脑很关键的“修剪期”，或者叫“用进废退期”，即重复使用的东西大脑会记下来，而不重复使用的东西大脑会忘却。暑假切断了大脑的记忆保持期，也等于是剪掉了知识的一部分。更何况，没有任何合理论据支持继续保留现行的暑假制度。以脑科学为依据的教学研究很认同全年上学的做法，我们找不出任何合乎逻辑的理由不去这么做。但是，过去的传统却把我们捆在了这种低级的教学模式里。

**改变学校的作息时间。**由于越来越多的家庭都是父母双双离家上班，又因为学校如今年复一年地被要求增加教学内容，因此，每天从上午 9:00 到下午 2:30 的上学时间就显得不合理了，对高年级学生来说更是如此。

上班的家长对孩子最大的顾虑之一，就是“挂钥匙时间”①，也就是从孩子放学后到家长回到家之前的这段时间。而下午 3:00 到 5:00 是各种青少年不良行为的高发时段，比如违法行为、性行为等。为确保孩子在这段时间里能有效地学习或参加有益的活动，家长们常常殚精竭虑。学校的运动队和俱乐部很有必要，延迟放学时间也很有必要。

不仅如此。随着文化越来越依赖于学校给学生提供品德教育、成功指导、团队互动指导、家庭作业辅导、自习场所、电脑培训以及更多的艺术课、音乐

① 指孩子将钥匙挂在脖子上进进出出。——译者注

课等，学校的确有必要延迟放学时间。这些教育对年轻一代为人处世及掌握现代技术无疑是非常重要的，可学校又不愿打破目前的基本教学计划，这该如何解决？

把学校的上学时间改为从早上 8:30 到下午 3:30，这样的日程安排并不会妨碍课余体育活动，除非是在冬季，但冬季的体育活动也可以改在室内运动场或学校其他建筑内进行。这么做会延长学校老师的工作时间，不过，立法者们一旦明白了其中的道理，应该就会同意比照增加的工作时间来相应增加老师们的工资。

## 班级规模及师生比例

在小学，根据学生在不同年龄的不同成长需求设定的班级师生比例，低年级和高年级相差甚远。比如，对于一个小学二年级的孩子来说，如果课堂上能有不止一位老师，哪怕仅仅是在场一小段时间，都能令他在学习过程中享受到更多脑神经的多样化连接，而这恰是这个年龄段孩子大脑的最佳学习环境。等孩子成长到六年级的时候，他的大脑对多样化连接的需求就不是那么关键了，这时更紧要的是学习特定的知识内容。不过，根据班上的人数，如果有老师之外的另一位成年人在场一小段时间，比如说义工，这对帮助孩子们处理好集体环境下的心理能量，从而增强课堂上的情感联结和纪律秩序，价值依然是不可小觑的。

在小学一至三年级的完美课堂上，每天都应该有第二位教师在场，比如实习生或义工，不一定全天都在场，但至少应该是部分时间在场。

**BOYS AND GIRLS LEARN DIFFERENTLY 男孩女孩教育箴言**

一位老师负责 15 名学生的师生比例应该是极限。如果师生人数比例超过了 1：15，那么不论是对老师还是对学生而言，上课都会变得更为困难，除非能有第二位老师在场，哪怕以家长义工的形式出现也好。

以大帮小也是保障良好课堂师生比例的好办法，比如让六年级的大孩子来辅导一年级的小孩子，而且要常常这么做。这样一来，课堂上就等于有了“第二位”乃至“第三位”老师帮忙，班级里就能有更多的孩子得到适时指导。

如果只有一位老师，而且没有自由式学习，那么班上的学生就不能超过15人。这15个必须听从老师统一指令的孩子，不可能得到充足的一对一关注。这样的课堂环境对小学低年级的男孩来说尤其痛苦，因为那么小的男孩特别需要来自环境的刺激，以促进大脑皮层的发育，而相对来说，小女孩大脑皮层的自然发育会更早，也更充分。如果在课堂上，孩子经常可以自由学习，比如蒙台梭利风格的学校，那么学生人数可以略有增加，不过仍然需要有义工在场，哪怕只有一小段时间。

不仅如此，我们还建议，为了能强化师生间的情感联结、提升依恋感，应安排一整天都由同一位老师给学生上课，因为依恋是孩子学到知识的根基。等到了五年级，也许就可以做些改变了，比如每隔一两个小时换一位老师。不过，学校领导必须明白，与每堂课都换不同的老师相比，让一名深受学生尊重的老师负责一个班级一整天的教学，哪怕到了五六年级都仍能大大减少课堂上的纪律问题。①

有一个试验很值得尝试：让五年级或六年级的所有学生一整天都使用同一间教室上课，由此让他们保有已经培养出情感联结的已知环境，然后请特别科目的老师分别前来给学生们上一两个小时的课。这样一来，学生就更容易跟同一位主导老师以及固定的同班同学建立情感联结，形成一个长达一年的小集体，而负责特别科目的老师则可以和负责特殊教育的老师一样，穿梭于教师办公室及各个教室之间。当然，需要到实验室完成的课程，还是必须去实验室做。

让学生的在校时光与主教室紧密联结，不但对学生的脑神经大有好处，也对学生的集体交往大有裨益。那些在学习上特别困难的学生，便能因此避免不

① 以我所在的美国学区为例，小学五年级以下的学生，每天的全部课程都在同一间教室里、由同一位老师讲授；六年级以上的学生，每堂课则须根据课程表去不同的教室，而老师则守在同一间教室里，给按照课程表前来的不同学生上课。——译者注

断受到不同同学、不同环境的干扰。而那些没有学习困难的学生则更能享受一个相对固定有序、能让他们如鱼得水的小集体环境。在这样的环境中，问题仍有可能出现，而任何问题都应该以能促使学生变得更加成熟的方式来解决。健康的矛盾冲突不必避讳，毕竟有学生的地方就一定会有矛盾冲突，他们需要在一个或多个受他们尊重的导师的指导下，相互磨合。

**更小的学校往往更好。**德博拉·迈耶（Deborah Meier）曾经是纽约东哈勒姆地区中央公园东学校的校长，如今是波士顿市米申希尔学校的主管，她在最近给我们的来信中讲述了当初她在纽约的经历：

> 我在那里教了30年的书，我们组建了数百个小而独特的学校。家长、学生和老师一起营造出了一个个彼此熟悉、为共同目标密切合作的集体环境。美国其他地区的同行们只要尝试过类似的教学改革，就都会发现当真有效。实打实的数据证实，这样的学校不仅提高了学生的成绩，而且成本低、收益高。我们在东哈勒姆地区的学校，90%的毕业生都考入了大学。

这样高的升学比例非常惊人，迈耶把成果归功于该校长期性的教学环境，即从低年级开始以小班制为根基，逐年推进。这就是他们成功的主要因素之一。

在大型学校里，一位老师要负责20～30名学生，想要在这样的条件下教好书，不是不可以，许多学校就是这么运转的。只是，想要教导好一个个成长中的大脑，这种做法可以说如履薄冰。与拥有更多老师、师生比例更好的小型学校相比，在成长的长途跋涉中可能被落下的学生，大型学校里要多得多。

## 以小组形式为教学基础

学习是一种个体行为，可更是一种集体行为。与高中相比，小学更是如此。在小学阶段，孩子大脑的发育与社会行为的发展十分紧密地交织在一起。大脑之所以能汲取知识，正因为它是群体参与中的一部分。小学低年级的那几年，人类心理中“发展独特个性”的重要性排在其他很多首要任务之后，在涉及学习时更是如此，因为在这个年龄段，孩子的大脑在很多情况下还无法做到自主学习。相反，不论是在学习过程中，还是在反刍所学知识时，孩子的大脑都相当依赖于周围众人的帮助。

正因如此，我们这些做大脑研究的人都呼吁学校老师在教学时以小组学习为基本教学形式。每个小组可以由 2 ～ 4 个孩子组成。

BOYS AND GIRLS LEARN DIFFERENTLY 男孩女孩教育箴言

孩子越是能有机会通过小组形式完成更多的任务，他们的大脑就越能体验到更多层面的学习。这不但对男孩至关重要，对女孩也同样至关重要。

**重归混龄式课堂。**仅在几十年前，混龄式课堂还很常见。在偏远乡间的学校里，年龄大的孩子和年龄小的孩子坐在一起上课。大孩子通过教小孩子而学得更多，小孩子在“小导师”的怀抱里获得成长，“小导师”要承担起肩上的长者职责、为自己和他人负责而获得成长，大家各有所得。这有时会令学得最快的人感到很无聊，因为太缺乏挑战性，可是，这也会令他深受裨益。

从 20 世纪上半叶及中叶开始，教育趋势及经济趋势逐渐打破了这样的混龄式学习组合。一年级的孩子要到一年级教室上学，二年级的孩子要到二年级教室上学，诸如此类。可是，在我们探求完美课堂的模式时发现，很有必要回归这样的混龄课堂。人的大脑所向往的不仅仅是来自一位老师的刺激，还需要来自更多不同年龄段的人所提供的刺激，以此获取他们需要的秩序、挑战、智慧、引导及知识。

蒙台梭利的课堂恰好以混龄式教学而著名。一至三年级的孩子在一起上课，四至六年级的孩子在一起上课。如果有哪些学区对这样的课程安排感兴趣，那么去参观一下蒙台梭利小学，会是一件颇值得做的事情。在后面讲解完美课堂的各章节中，我们还会从不同的角度阐述如何运用混龄课堂来促进教学。

**教师团队及教师间的相互支持。**堪萨斯城的许多学校都通过教师团队的合作而取得了很好的成绩。老师们一大早聚集到一起，计划当天的日程。目前全美各地的学区已经有越来越多的教师团队，希望这样的团队模式最终能遍及全球。几乎所有参与过团队的老师，都对其交口称赞。

举例来说，斯坦福大学教育学院的奥利维耶·诺梅利尼荣誉教授（Olivier Nomellini Professor）[①]安东尼·阿尔瓦拉多（Anthony Alvarado）在以前担任纽约市第二学区的学区主管时，就亲眼见证了教师间相互支持的巨大成果。他公开鼓励所在学区的老师们相互参观各自的课堂：

> 我们过去都知道，每个老师的课堂总的来说是互不相干的分离体，而老师们也互不参与彼此的教学。但是，如果一所学校里各个教室都是开放的，老师能常常有目的地相互交流、参观彼此的课堂，那就大不一样了。这样的拜访并非礼节性的，而是学习性的，比如说，我会走进一间二年级的教室，看看他们的“小作家工作坊”，目的是观摩这位出色的老师如何利用这样的方式把二年级的阅读与写作课程有机地结合起来。

家长会结成团队互相帮助，职场里的人也讲究团队精神，而我们的完美学校当然应该是一个讲究团队合作的集体，不论是老师还是学生，都应该在学习中共同努力。

## 小学阶段电脑及其他媒体的运用

小学教师丹尼丝告诉我们说：“我开始让班上的孩子在课堂上更多地使用电脑。有几个孩子，特别是有一两个男孩，一直弄不明白分数的计算。可是自从我让他们在电脑上玩分数游戏之后，显然他们就赶上来了。电脑游戏的快速变化及其带来的兴奋快感看来很有帮助。”

还有不少有效利用电脑的方式，对那些更喜欢游戏而不喜欢“无聊课程”的男孩也很有好处，同时还能帮助天生不那么擅长空间思维的女孩提高对空间的理解，这也是为她们将来在职场中建立自信打好基础。

---

① 斯坦福大学的教授荣誉之一。——译者注

一方面，电脑的确是构成完美课堂的重要元素之一，另一方面，在允许9岁以下的孩子使用电脑时，必须格外谨慎。根据最新研究，在我们给孩子的大脑里输入多种多样的刺激时，电脑和其他电子媒体对孩子大脑的刺激可能有潜在的危害。

简·希利（Jane Healy）的著作《连接失败》（*Failure to Connect*）是涉及这方面研究的一本很关键的参考书，格洛丽亚·德加埃塔诺（Gloria De Gaetano）和凯瑟琳·班德尔（Kathleen Bander）的著作《屏幕的智慧》（*Screen Smarts*）也值得一读。脑科学研究让我们明白，作为孩子的老师和家长，在允许他们进入电脑世界之前，必须预先充分了解他人在这类研究中可资借鉴的智慧。以下是我们发现低年级学生在使用电脑时会出现的一些问题。

- 当前这一代孩子之所以在注意力方面有那么多的问题，有可能是因为孩子的大脑过早地依赖于电脑、电视等机器的刺激，以致大脑的某些部位既不需要正常工作，也不需要好好发育，比如颞叶和左脑。这一问题对男孩来说特别严重，因为男性的大脑偏巧在这几个部位天生发育迟缓，而且，也偏偏是男性大脑更容易受这些机器的吸引，因为屏幕上的图像移动恰是他们喜欢的空间刺激。很现实地说，正是由于男孩的右脑深受吸引优先发育，这几乎注定会令他的左脑发育更加滞后，而这实在是很糟糕的结果。
- 如果年幼孩子的大脑沉迷于电脑、电视等机器的刺激，那么右脑负责的想象功能就无法得到充分发展。
- 如果年幼孩子的大脑过早地沉迷于这些机器，那么他阅读与写作的能力，也就是语言功能的一部分，就会发展得更加缓慢。阅读与写作都是全脑活动，要求大脑中诸多功能部位同时运转；而过多的视觉空间刺激，尤其是电视、电影、电脑等屏幕上图像的快速移动，增加了大脑局部活跃的时间，却也侵占了不少全脑活动的时间，让大脑得不到全面的均衡发育。更何况孩子从屏幕上获得的刺激大多是空间性的而非语言性的，这更是令他们的左脑从总体上来说失去了相当程度的发育机会。

因此，学校和家庭应该联合起来，认真观察孩子每天会花多少时间在电脑、电视和电子游戏上，这实在是一件至关重要的事情。事实上，一个二三年级的孩子因为已经在家中花了太多时间在屏幕上，所以在学校每周“利用电脑查询资料”的时间就应该不超过一两个小时。到了四年级，孩子的大脑在想象力、语言能力、注意力等方面都会发展得更加成熟，这时学校里的电脑时间就可以相应增加。

电脑课程及其他科技课程目前已成为许多小学课程的组成部分，我们也认可这些课程的价值，但绝不应该是现下有些学校甚至政治家所建议的那般，让年幼的学生花大量时间在电脑上。关于电脑到底该怎么用，很多社区和学区也在争论，但与此同时请记住这么一个事实：假如一个孩子从 6 岁开始学用电脑，另一个孩子从 16 岁开始学用电脑，那么这个 16 岁的孩子只需几个月的时间就能赶上那个 6 岁起就学电脑的孩子的精通程度。道理很简单，要把电脑或其他带屏幕的机器学到精通，比起学通一门外语来说简单太多了，他们大可以等长大些后再来学这些简单的东西，而不必担心耽误了年幼时大脑的自然成长。

每个学区都以自己的方式寻求着合理使用电脑的折中途径。在完美课堂里，电脑是一个供孩子适度使用的工具，而不是一台可以随意滥用的机器，尤其不能让其侵占了培养孩子所需的小组合作能力、手指的灵巧与肢体的灵活、语言与交往能力等的时间，以及按照自然天性发展的空间。

## 户外课堂

现在有了这样一个趋势，很多学校开始减少甚至取消学生的课间活动时间。1989 年的时候，美国 90% 的小学每天都至少有一次课间活动，而今天全美上下的小学已经或正在考虑取消课间活动了。

取消课间活动是一个影响深远的严重错误，尽管教育文化当初朝这个方向走本是为了最善意的目的。我们想尽一切办法来提高学生的学业水平，可由于缺乏儿童大脑发育的知识，便误以为在教室外面“放羊”的时光对提高孩子的学习水平没有多大益处，结果就剥夺了他们在校生活中的课间活动。为了加强对学生的规则教育，我们要么从孩子的日常作息中剥夺他们的“放肆时间”，要么就是以下课时不许离开教室作为惩罚孩子的手段。不少学校还正在逐渐减少甚至完全取消体育课这一儿童教育中的重要组成部分。

为了考量这种趋势对孩子的成长是否有好处，我们也许应该暂停一下，看看下面这些统计数据：美国 32% 的在校生体重超标甚至过度肥胖；25% 的在校生没有常规体育活动，这里指的是儿童充分发育所必需的大活动量的体育活动。与此同时，越来越多的美国学区已经开始考虑甚至完全取消了课间活动时间，除此之外，考虑到提高学生成绩的压力，已经有不少学区从课程安排中取消了从小学到高中的体育课。

我们还是应该从大脑发育的角度来看看体育活动及自然环境与大脑发育之间有什么关联。我们在前面讨论幼儿园学前班阶段时得出的论点也同样适用于小学阶段。为了孩子的大脑能好好成长，他们的整个身体都需要有充足的活动，包括提高手指灵巧度的穿珠子，也包括提高身体灵敏性的跑跑跳跳。如果孩子无法得到活动的机会，尤其是在童年的早期和中期阶段，他就很可能会以不恰当的方式来满足自身的需要。孩子的身心需要活动，如果你不允许他动，那他就只好去惹祸了。

再加上男孩本身精力和新陈代谢都更加旺盛，因此他们比女孩更需要通过身体活动来宣泄精力，这样才有可能控制好自己的手脚不乱动。从脑科学的角度来说，男孩可以说是没有课间活动都活不下去的。别说他们了，就是女孩也一样离不开课间活动，因为这样的身体活动及交往活动对她们来说非常重要，她们需要在这段自由活动的时间里培养自己结交朋友、挑战社会关系网的能力。不止如此，女孩大约从三年级就开始关注自己的外观形象了，最明显的就是害怕自己太胖，因此给她们机会锻炼身体就显得相当重要。还有，因为垃圾食品泛滥，现在所有的孩子和他们的上几代人相比，摄入的不必要的脂肪和碳水化合物要更多，可由于没有了体力劳动的机会，他们实际上需要比爷爷奶奶小时候有更多的体育活动。更何况，如今的孩子比我们的祖先花更多的时间待在屋子里，因此他们也更加需要户外活动的时间。

乔·弗罗斯特（Joe Frost）是得克萨斯大学的操场活动研究专家，最近他对华盛顿市洛厄尔小学的校长阿比盖尔·威伯逊（Abigail Wieberson）说道：“最好的课堂是室内室外综合课堂。”几乎任何家长和老师都能凭直觉从孩子们身上看到这一点，而脑科学研究更向我们提供了强有力的证据。在大脑的成长过程中，尤其是在进入青春期之前，孩子的各种感官功能都在不断发展。比如说，你可能会注意到一个 7 岁的孩子会以不同于十几岁或者几十岁的人的方式来嗅一朵玫瑰花，这个 7 岁的孩子实际上是在整个大脑中构筑嗅觉细胞、组织和神经递质的独特模式，这也是他长到十几岁、几十岁时每天都必须依赖的嗅觉模式。花园就是大脑最好的课堂。

BOYS AND GIRLS
LEARN DIFFERENTLY 男孩女孩教育箴言

跑到户外乃至大自然中玩耍时，孩子们通常会遇到各种复杂得近乎凌乱的人际交往问题，需要不断处理随时可能遇到的各种事情，而这对大脑的发育是非常有益的。

除此之外，他们还须常常面对社群排位的挑战，遇到从生气到喜悦的各种情绪冲动时，大脑边缘系统须做出是接受还是抗拒的选择，等等。所有这些促进大脑发育的机会都能在短短几分钟的专注体验中获得。由于户外环境是开放式的，不像在教室里四壁俨然，因而为孩子提供了更加宽敞的身体活动空间，这同样是促进大脑发育的要素，而这一点又是对男孩来说格外重要的方面，因为这会满足他们在玩耍及工作时对空间的天然需求，也就正好满足了他们右脑重点发育的天然需求。

取消课间活动时间甚至体育课，原本是为提高孩子的学业水平而做出的努力。然而，这些善意决定有时偏偏与儿童大脑发育的需要背道而驰。一个孩子若既有灵巧的手指也有灵活的肢体，那么他的大脑一定相当聪明。同样，一个孩子若既能把握好在同龄人中的社群排位，又能潇洒自在地运用自己的身体，还能从容自如地与人打交道，那么他的大脑一定相当聪明。

认为取消课间活动有利于学习的这一假设，理论基础是出于这样一种观念：让大脑机械式地学习诸如加减乘除、电脑操作等，最有利于获得知识。这种观念认为，把旁的杂的全排除掉，只留下该学的，大脑在学习时就不会被干扰了。这种逻辑本身就站不住脚。

在一些国家的文化中，孩子从小被严格管教，尤其是对精力无限的男孩子，不许有情绪，也不许行为不当，这种机械式的学习的确能让孩子拿出一定的成绩来。但是，如果我们更看重孩子表达情绪的自由，也希望孩子的大脑能在学业、能力、交往等各个方面全面发展，那小学课堂就必须把户外活动算作正常教学的组成部分，因为只有在室外，孩子才能呼吸到新鲜空气，大脑才能茁壮成长。

## 如何与小学生建立情感联结

前面已经讲过，大脑必须体验到足够可靠的一对一的依恋感才能好好地发挥功能。从某种程度上来说，如果老师及辅导员不能与学生建立起这种牢靠的情感联结，就不可能打造出理想的完美课堂。老师们常常发现，那些最学不进去的学生，往往也是与他们最不亲近的孩子。“我没法让他打开心扉。”一位老师在描述一名成绩很糟糕的四年级男生时说。“她就像是一堵砖墙，”另一位老师在描述一名五年级女生时说道，“我想方设法希望她能信任我，可她怎么都不肯。”

随着美国小学的班级人数越来越多，老师与每一个孩子建立师生情感联结的机会就越来越少。结果是随处可见的，几乎每个人都深有体会，可造成这一结果的根源却很少有人明白，也很少有人去追问。问题的根源在于这么一个事实：孩子的大脑如果得不到足够安全的依恋感，就无法感到安稳和放松，也就不可能充分地成长和学习。

前面讲到了针对课堂结构的革新举措，表明人们已经开始着手在这方面想办法解决问题了，我们不妨再往深处看看。针对美国各学区及教师所做的研究发现，几乎所有老师都知道学生对依恋感的强烈需求。

近年来从女权主义角度出发对性别差异进行的研究，尤其是美国大学妇女联合会、萨德克夫妇和卡罗尔·吉利根等所做的研究认为，老师不肯点名让女生发言导致了女孩自尊感的下降。根据他们的调查，老师点女生的次数比男生少，说明老师更喜欢男生，这让女生的自尊心受到了打击。她们觉得自己被排斥到了圈子之外，不受老师待见，也就对课堂和学习不那么上心了。

谁能在课堂上被老师点名，可以成为课堂里师生关系如何起作用的一个指标，这对男生女生都是一样的。特殊教育老师卡丽既教正常班也教特殊教育班，从一年级到八年级全都教过，她告诉我们说，以她的亲身经历而言，男生与老师的关系表面上是因为老师的点名而更加密切了，也就是说，因为他们更容易得到老师的关注，因此显得关系更紧密。“可是，他们得到的关注实际上更多的是负面性质的，因此更多正面性质的关注就留给了女生。”

根据我们所做的研究，她的看法显然是正确的。总的来说，男孩在课堂上的确得到了更多关注，因此从某种角度来看，他们是与老师建立起了某种联结。可是，这样的联结往往是负面性质的。女孩在课堂上的确不像男孩那般能得到老师的不断关注，因此看起来似乎与老师之间的关系并不紧密，可一旦她们与老师之间的关系显露出来，我们就会发现，这种关系并不像男生那般以负面关系居多。卡丽写道：“我班上有好多女孩安静得让我几乎感觉不到她们的存在。可没有哪一个男孩能给我这样的感觉。”这把双刃剑的效果很清楚，却也很令人痛心：与女孩相比，男孩在课堂上更频繁地以负面行为来迫使我们关注他们；与此同时，许多女孩缩在一旁默不作声，她们与老师之间的关系并非是靠闹腾而强行得来的，反而以正面性质的关系居多。

课堂上会不会被老师点名，这当然仅是师生关系的一种表现，尽管人们常常讨论这一话题。在完美课堂的教师培训中，我们从脑科学的角度讨论了这个师生情感联结问题，提供了不少资料来说明，在一个有安全依恋感的环境中，孩子的大脑会发育得更加充分。参加培训的老师纷纷表示，这些资料非常有用，不仅帮助他们设计出了适合自己的新办法来减少课堂纪律问题、提高课堂教学效果，更替大家表达出了每个人心里都有的、或浅或深的直觉感受：我们需要不断挑战自己、提高自己，以更好地爱护班上成长中的孩子。

这里要分享一些小学老师用来增进自己与班上男女生的感情、从脑科学的角度出发提高孩子学习能力的好办法。卡萝尔是爱迪生小学四年级的老师，以下是她的分享。

每天早上，我站在楼梯顶处，给我的学生提出某个问题或谜题让他们思考。趁他们动脑筋的工夫，我逐个地邀请学生进教室，跟他们每一个人认真打招呼。这使我每天都能有机会跟每个孩子进行目光接触，并用握手或拥抱的方式进行身体接触，借此建立起我跟他们的感情来。

从新学年一开始，我们就在课堂上讨论如何能让全班变成一个团结的大家庭。如何尊重他人是我们讨论得最多的一个话题。随后的几个星期里，我和学生们每天都会在一张挂在画架上的大纸上写下我们看到和听到的同学们彼此间所做、所说的“好事情”，并在后来一整个学年中不时地重复。那个画架就摆在教室的前面，孩子们可以看到他们的名字以正面形象出现在上面。大家都喜欢到那张大纸上留下自己的笔迹，这本身也是他们练习书写的好机会。

每天，我们还有一段讲述“喜欢和讨厌”的时段。每个孩子都能得到一次机会，讲述自己以前遇到过的或者将来可能会遇到的、令他们喜欢或讨厌的事情。如果某个孩子讲得太多了，我就会给大家设置一个时间限制。当然，他们也可以选择跳过自己，把机会让给下一位同学。这个办法对在课堂中营造大家庭的气氛非常有帮助，同时也给了老师一个机会，去了解学生各自的生活中都发生过哪些事情。

新学年开学后不久，我就和班上的孩子一起参加体育活动，比如长跑、爬绳子、踢球等。我刻意挑选了一些比较擅长的项目，以便能跟班上的男生拼上一拼，甚至打败他们！通过这样的活动，我赢得了学生们新的、不同以往的尊敬，尤其是来自男生的尊敬。

卡萝尔的这些好办法在哪里都能行得通。但凡或多或少用过这些办法的老师，几乎都觉察到了自己班上的课堂纪律和学习效果都有了进步。

珍妮也是一名四年级的老师，她与学生增进感情之后的效果也很令人鼓舞。

## 教学手记



现在我们已经进入新学年的第二个季度，有几个学生和我之间的师生感情总算是有了起色！

杰马尔曾经是班上纪律表现与学习成绩最糟糕的孩子之一，现在他就像换了一个人，我简直不敢相信，居然能发生这么明显的变化。在我们一起克服了那么多困难之后，我觉得，贾迈勒终于认识到我是真心关心他、信任他的。我想，原因之一可能是他感觉到了我对他妈妈的关心，感觉到了他妈妈和我一起为他付出的努力。

蒂雷尔也终于能和我好好相处了，这同样令人难以置信。过去一两个月以来，我甚至觉得不论怎么做都满足不了他的需求。终于有一天，当我坐下来跟他一起琢磨数学题时，他总算是明白了我其实是想帮他，也基本上说明白了他想要从我这里得到什么。尽管我们仍有些磕磕绊绊，可我们之间总算有了一定的信任基础！

经过几个月的努力之后，约瑟夫和我也终于建立起了情感联结。虽然仍是有些日子顺当有些日子不顺，可毕竟顺当的日子越来越多了。我意识到，我们之间的问题在于他认为我不喜欢他。这怎么可能呢！好在现在他已经明白我喜欢他，而且大多数日子里他都相当努力。这个学年第一季度的时候，他的成绩是C、D甚至F①，如今到了第二季度中期，我再次统计成绩时，发现他的成绩已经变成了A、B和C②。他的进步全有赖于我们之间建立起

① C代表70分以上，D代表60分以上，F代表不及格。——译者注

② A代表90分以上，B代表80分以上。——译者注

> 了情感联结，因为这是唯一的变化！
>
> 这么多事情要做，我感到实在应接不暇，这些事情简直已经超出了一个人的承受范围。可是，看到只要我努力去亲近这些孩子就能最终赢得他们，又实在让我觉得很值。刚开始时，我不敢想象能取得今天的成就，也不能理解为何别人会对我说学生们尚不信任我。他们当中有些孩子，比如约瑟夫，可真就是一度不敢相信老师，所以，我们花了很多时间来建立信任感。

教育中最深的感悟和最好的创新往往出自那些愿意付出努力的教师，这看来是一条铁律。珍妮凭着她的直觉，也凭借脑科学培训中的知识、同事们的支持以及孩子家庭的配合，终于跟上述几个学习吃力的学生成功建立起了良好的师生关系。约瑟夫在成绩上的飞跃不是侥幸，而是许多和老师建立起亲密关系的学生的真实写照。

苏珊·科尔根讲了一个能有效帮助女生加强与家庭和学校之间情感联结的好办法。我们为四年级的女生和她们的妈妈组织了名叫“金斑蝴蝶”的一系列课外活动。妈妈和女儿一起去上手工课、烹饪课等她们感兴趣的课程，还一起去郊游。这一系列活动的最后一项内容是去一家餐厅共进晚餐。在这一系列活动中，两位老师为大家做出了母女相处的表率，收效非常好，我们希望能继续举办下去。

在小学的校园和课堂里，尤其是到了小学高年级，即四年级以上的阶段，老师往往会因个人原因或教学安排上的原因，不肯在加深师生感情方面花大力气。这是因为，能用于指导学生的时间实在是太珍贵了，他们不愿意让这珍贵的时间因此变得更少。人们普遍认为，越是把指导学生的时间花在别的事情上，学生能学到的东西就越少，到了期末考试甚至升入初中之后，他们的成绩也就越差。

花在加深师生感情上的时间，和花在指导学业上的时间，这两者间当然要把握好平衡，不过，以上跟大家分享的案例却让我们看到，真正能提高孩子学习成绩的，常常不是反复灌输知识，而是对学生的关怀和关注。这其实是一种常识，不过，因指导学生功课的压力过大，教育界的各方人士常常会忘记这一常识。

小学老师洛伊丝和她的助手却肯付出额外心血，利用课余时间帮助学习困难的学生，并加深师生感情：

> 我和一位助手一起组织了一个家庭作业补习班，每星期利用课余时间举办一次活动。参加活动的都是五六年级的学生，大多都是注意力不集中或者经常违反纪律，甚至两者皆有的男孩。是家长帮他们报名参加这个活动的，因为他们在课堂上总也完不成作业。这个补习班里有8个孩子，虽然一星期只补习一次，可我们的努力却获得了越来越明显的成效。那些男孩显然很喜欢这样的小型班级，也更容易对老师和同学敞开心扉。他们对待作业的态度也大有改进。

不少老师会花力气强化与学生之间的情感联结，不但上课前如此，下课后如此，甚至在课堂上也是如此。朱莉是一位三四年级的老师，她的办法是写日记。我们听她讲述了某一天上课的故事。

**教学手记**



我们班上根据一首名为《生活在一起》的歌曲写了一次专题日记。这首歌中有一段歌词是这样的：“永远的朋友，友谊永长存。你可以信赖我，我的好朋友。你柔弱的时候，我是你的坚强后盾。我摔倒的时候，你也不会丢下我。”我要求学生写下他们对歌词的感想。看着孩子们谈论彼此之间的友谊，看着他们脸上的表情，我心里感动极了。

不凑巧的是，这一天过后不久，我们班就被学校分成了两个班，其中一半学生将去到另一间教室，交给另一位老师。对于我们来说，骤然分班是件很令人心碎的事。

那一天中午刚过，校长就来到我们教室，宣布了分班的决定。当大家明白了这对他们的学习生活来说将意味着什么之后，

> 许多人哭了起来。我也和他们一起落泪。我们把下午的时光用来庆贺我们曾经的相聚，泪水渐渐被欢笑替代。可等到放学道别的时候，泪水再次滚落下来，许多孩子又哭了。有些男孩这时也终于忍不住掉下了眼泪，其中还包括几个我以为还没来得及建立起师生感情的孩子。吉米是个平常不喜欢让人碰的男孩，他哭得一塌糊涂，黏在我身边不肯离开，看得我好心疼。我自己后来也不得不与孩子们挥泪告别。事后，我给离开班级的每个孩子的家长都打了电话。

离别之际，不论学生还是老师都这么痛苦，让我们看到这个班级的情感联结有多么紧密。尽管每次和一个班的学生告别时总会这么痛苦，可是每当她接手新的班级时，仍然会秉承一贯的风格，再次致力于和新班级的学生建立亲密的师生感情："新学年一开始，我又接手了一个新班级。我们共同致力于团队精神的建设，致力于同学间的相互信任。我们一起讨论了对这个班集体的期望，学生们表达了他们对同学以及我这个老师的期望，我则请他们思考，我会对他们有什么样的期望。"

经过了开始时的磕磕碰碰之后，带着满腔真情，朱莉和她的新班级结成的师生感情再次开花结果，又一个班级的孩子在师生相互喜爱的氛围中上课、学习。

**BOYS AND GIRLS LEARN DIFFERENTLY 男孩女孩教育箴言**

情感联结，从某种角度来说，是最隐晦、最难以度量，却又是最能促进学习的一个要素。

对有些人来说，建立情感联结是很困难的事，所需的心血和时间也许会超过我们的能力范围，因此，这也需要整个教育体系给予支持。立法者们很少甚至完全不会想到，教育政策应该考虑出资举办培训，专门指导教师如何与学生培养师生感情、赢得学生的信任。他们认为，师生关系对学习的影响不大，正如他们认为医生和病人的私人关系对治疗疾病没什么作用一样。他们认为，真正起作用的是医生指定的治疗方式及治疗药物。

而在完美课堂中，在常识观念和脑科学知识的主导下，这样的假设必将没有立足之地。约瑟夫、蒂雷尔以及苏珊·科尔根帮助过的那些孩子，正是因为得到了关爱才有了学习上的进步。在未来几年里，随着更多情感关系研究论据的不断涌现，也随着更多的孩子因为缺乏原生家庭及扩展家庭的关爱而深受其苦，我们的学校一定要为师生建立情感联结提供更多机会。每天利用上课之前、放学之后以及课间时间与学生建立良好的师生关系，将是每一位老师跨越过去几十年来的争论不休、迈步向前的实际举措，而我们要做的无非是最具人性化的事情：关爱我们的学生，一对一地关爱他们。

## 如何处理学生的情绪压力

如今几乎每位老师都已经注意到，因缺乏来自家庭的情感联结而给孩子造成的情绪压力，会给整个课堂教学带来多么深刻的影响。哪怕一个班上只有一两名学生是带着情绪压力来上学的，都会影响到整个班级。因为这一两个处于压力中的孩子要么会将情绪表现出来，在课堂上惹是生非，要么会瑟缩到自己的角落，对课堂讲授充耳不闻，而这只是他们希望其他同学和老师都能感受到自己心中压力的无意识举动。

向大家“宣布”自己所承受的心理压力的方式，男孩女孩常常会不同。女孩倾向于变得更被动，即瑟缩起来，而男孩则往往变得更躁动不安，惹是生非。毋庸置疑，这只是男生女生的常规倾向，有不少男孩也会变得被动，任由成绩滑落、友情枯萎而无动于衷，让自己越来越深地消沉下去；也有不少女孩会变得开始骂人、打人、抗拒师长的权威。不过，老师们仍然以自己的经历证实了男女生在表达情绪压力方面的确存在生理上的区别。

有一位名叫莎拉的小学老师，想要进一步了解男女生在这方面的区别，于是她用了这么一个办法来鼓励处于情绪压力中的学生把内心的想法表达出来：

画画。她在报告中写道："大多数男孩画的都是战争、太空战舰以及带有暴力色彩的东西。而女孩则倾向于画些食物或者她们经常玩耍的地方。"还有一位老师通过另一些事情注意到了男女生的不同：她听到女孩哀叹自己太胖了，尽管那只是个小学一年级的孩子；可她从来没听到过男孩以这种方式来表达自己的内心压力。"我的学校里有几个小学一年级的女孩，午餐的时候喝减肥可乐。"小学教师金伯莉也曾这么向我们报告，她还说男孩中极少有谁这么做。

老师们不但清楚地注意到了男女生在表达情绪压力上的不同，同时也会各自凭着直觉以不同方式来帮助这样的孩子。比如说，三年级老师玛克辛告诉我们："愤怒常常令女孩憎恶自己，也让她们感到满心失落。"玛克辛这时会给她们提出很多开放式的问题，然后静静地倾听。她并不太主动引导谈话方向，而是鼓励她们通过倾诉，自己找到愤怒背后的原因。她发现，女孩通常说着说着就能自己找到答案。

可是，老师们常常发现，跟男孩说话时，需要主动引导他们的思考方向，带领他们去寻找情绪背后的答案。"今天是不是有谁惹你伤心了？你是不是刚刚跟谁打了一架？"老师应该用类似这种具体的、引导性的问题来带动谈话的方向，而非任由孩子带着话题走。由于男孩的大脑在加工情绪信息时天生就反应迟缓，因此这样的提问能帮助他们疏导情绪，缓解压力。而老师的作用就是引导他们看到自己情绪背后隐藏着的究竟是什么。

要正确处理情绪压力的投射。学生的情绪压力所造成的重要影响之一是导致师生关系的紧张，从而严重影响学习成绩。这是因为，学生有可能把来自父母或生活环境中的情绪压力，比如爸爸不在了、妈妈不在了、家中穷困或者缺乏扩展家庭的支持等，转投到老师身上。

小学老师珍妮在她的漫想日记中捕捉到了这一问题的复杂性。

我班上有几个男孩实在让人发愁。他们似乎总在生我的气、生自己的气、生这个世界的气。我知道部分原因肯定来自他们自己的世界，但对我来说，太难弄清楚那到底是什么了。我尤其为拉里感到担心，他简直完全读不懂书上的东西。克利里则是成天在教室里跑来跑去，我实在想不出什么好办法来帮助他。

有意思的是，班上的女孩却完全是另一番做派。大多数情况下，她们来到教室就自己坐下来，专心地学习。她们想要令我满意。比如说，尽管我觉得我和布里塔妮之间的关系并不怎么样，可她仍然非常努力地想要做好一切。

与此相反，男孩却不断地想要得到我的关注。他们吵闹不休，甚至让我觉得简直没有插嘴的余地。有时候我觉得我们也许来自不同的星球。

最让我感到棘手的是一名叫作达里尔的男孩，他的家庭状况恐怕是导致他在课堂上状况糟糕的关键所在。为了能帮上他，我实在是费尽心机。事情非常棘手，因为他觉得他应该是那个掌控一切的人，而我觉得我才应该是那个说了算的人，他想尽一切办法要跟我争夺控制权。我知道，他的爸爸在一年前自杀了，他对我的抗拒肯定是因为他觉得只有这么做才能把控一切，所以在课堂上他也一定要按自己的意愿去做，而对我的要求置若罔闻。因为他现在是家里的“大男人”了，所以他也要做课堂上的“大男人”，这恰是问题的症结所在。如果一个人觉得必须把一切都控制在手中才安全，可实际上又不可能做得到，那他一定非常痛苦。我知道这时我必须做一个更有权威的人，因为我才是大人，可这实在很难。但如果他成了一个失败的学生，这其中至少有我一部分责任，因此我一定要帮助他。

珍妮对这位学生的责任心实在是一颗圣洁的心，不仅是她，如果能弄明白学生为何要做出那些不得体的举动来，大多数老师都会像成熟的珍妮这样听从内心的召唤。在完美课堂里，老师想要弄明白学生家中出了什么问题，才导致他在课堂上的问题，需要大家的支持，包括来自家长、孩子本人以及专业心理辅导师的支持。达里尔把他在家里的状况投射到了课堂上，这也是许多家庭出问题的孩子同样会出现的行为。学生加在老师身上的压力大多是他们从自己家庭里带来的问题，而不是学校和课堂环境本身的问题。

就这个案例再往深处挖掘，我们就会看到，必须为家长和老师提供培训机会，让他们了解男孩和女孩在生活中所经受的压力会如何以不同的方式跟随和影响这些孩子，这样才能知道该怎么去构建完美课堂。许多老师都有过珍妮这样的体验，即男孩往往因此而与老师争夺控制权，女孩则往往因此而更加讨好老师。

BOYS AND GIRLS LEARN DIFFERENTLY 男孩女孩教育箴言

女孩总会把自己承受的压力说出来，包括说给朋友听，说给造成自己压力的那个人听，比如父母；相反，男孩总会把压力带进课堂，在课堂上寻求老师的关注，尽管他们因此而收到的常常是负面性质的关注。

老师不可能解决或者治愈学生所有的情绪压力，但是可以悉心关注他们，并在需要的时候引导他们以及常常牵扯在内的学生家庭向着解决问题的方向行动。不过，老师在这方面付出努力的终极目标是教导孩子学会明智地控制好自己的情绪压力。要做到这一点，老师需要培养学生更好的品格，比如强大的自尊心，让他们明白，要想扫除学习道路上的障碍，先要清除掉扰乱心神的情绪压力，还要教会他们在逆境中求生存的宝贵能力。

老师该怎么做到这些呢？下面就是一些老师在实践中的创新举措。小学教师丹尼丝讲了两个消减情绪压力的好办法。

教学手记



第一个办法是让班上的学生做一些“压力球”。我们用的是大个儿的圆形膨气球，在里面填入各种松软的东西，再把这些做好的“球”放在我桌上的一个篮子里，如果某个孩子有了情绪压力或者感到紧张了，他就可以过来找我要一个压力球。

另一个办法是，如果看到一个学生快要“爆炸”了，我就告诉他到楼那边的另一间教室去帮我取回一本曾借给某位老师的书。那位老师自然明白是怎么回事，就告诉他已经把书借给了另一位老师，让他再去找。我们通常会让他找上四五个地方，而那本书当然是找不到的。这么一大圈跑下来，他胸中的怒火早已跑没了影，多半早就平静下来，忘掉生气这回事了。

珍妮现在允许班上的孩子有更多的身体活动，这不但有助于情绪压力的消减，还有助于思考和提高学习效果。她之所以会想到要这么做，一是因为那些男孩反正总要动来动去；二是因为她了解到，身体活动会增加大脑新皮层的血流量，这样能促进想象力的发展和学习效果的提升。

教学手记



我发现男孩实在是远比女孩更需要身体活动。作为女性，我自己从来不记得需要从座位上站起来，在教室里来回转悠。可是，布兰登却总是动个不停。昨天，他会把作业本举在天上，透过那上面的一个小洞看出去；今天，他又绕着桌子来回转，边走边构思他的故事。我现在总算是能区别出“思考”时的动来动去和“惹是生非”或者“有情绪压力”时的动来动去有哪些不同了。保罗也是这个样子，他和布兰登还有另外几个人总需要频频从座位上站起来。

我现在已经和班上这几个男孩达成了协议，在他们写作业、做事情的时候可以站起来，不过在我讲课的时候不可以。

我觉得自己总算是习惯了这些孩子在面前晃来晃去，并开始

> 把这类动作看成是他们提高思考能力的做法。他们也果然学得更好了，能完成的任务也更多了。
>
> 在下午的时候增加一次课间休息，也是能让他们消停下来的好办法，这还能让我也喘口气！

在课堂上允许各种肢体或身体上的活动，尤其是预先定好规矩，讲清楚什么是允许的、什么是不允许的，这是一个非常有效的办法，不但有助于学生控制好自己的情绪压力，还能全面提高他们的学习能力。身体活动能促进血液更充分地流向大脑顶层区域，负责处理情绪的边缘系统也会获得更多血流量，或者准确地说是获得更多的葡萄糖。不少老师都注意到，在孩子诉说心中的痛苦、屈辱及其他情绪化的事情时，如果允许他们一边说一边在屋子里来回走动，往往能更好地帮助他们排解痛苦。

以脑科学为依据的性别研究表明，男性大脑对肢体活动的需求实在很有意思。看来男性大脑边缘系统中上部的神经递质传输速度似乎不够快，而且也不太会自动把情绪信息输送到左右脑以供分析及组织语言。但是，在大脑加工情绪信息时，如果让全身都动起来，似乎能强化神经递质向负责情绪加工的边缘系统及负责语言加工的左脑的传输。

**BOYS AND GIRLS LEARN DIFFERENTLY 男孩女孩教育箴言**

当一个男孩生气、悲伤或懊丧时，给他机会去砸枕头、对着空中拳打脚踢、骑上单车在专用自行车道上飞奔，就是这一理论在现实中的具体应用。男孩这时会很自然地通过他的胳膊、腿脚乃至全身的活动，来促使大脑把能量输送到该去的地方。

这方法不但在男孩身上体现得清清楚楚，用在那些陷进情绪里拔不出来或是单靠坐在那里倾诉已经舒缓不了情绪压力的女孩身上，同样也很有效。

在完美课堂里，能对一种性别的孩子起作用的好办法，往往也会对另一性别的孩子有好处。当我们为某一性别孩子身上的问题寻找到了良策时，结果往往会令两种性别的孩子都受益。比如说20世纪的最后20年间，老师们越来越用心地引导所有学生用语言来诉说他们的感受，就是一个典型的例子。这最早是对女孩很有帮助的一个好办法，自20世纪60年代末开始，越来越多地用到了男孩身上。借用一位同行最近告诉我的话，很多老师都注意到，"当男孩能哭出来或者说出他们的感受时，他们做得跟女孩一样好。我们不应该再因为这是女孩更容易做到的事，就以为男孩做不到"。

有些老师发明了这么一个办法：在早上上课之前以对话形式签到，即利用最开始大约5分钟的时间，让每个孩子逐个简述一下当天早上的心情。这么做能预先消减掉一些情绪压力，使接下来一两个小时的课程取得更好的教学效果。假如某个学生说的是"我觉得，还行吧"，而老师能感觉到这话里有问题，那么等安排好学生们该做的事情之后，她可以把这个孩子单独叫到一边再好好聊上5分钟。

正如脑科学研究所揭示的那样，学习能力的高低相当大程度上依赖于情绪控制能力的高低。这一观点，已经因丹尼尔·戈尔曼（Daniel Goleman）的作品《情商》（*Emotional Intelligence*）而广为人知。老师们早已知道，如果不先处理掉缠绕在孩子心头来自家庭生活的情绪压力，他可能一整天都学不进任何东西。一位五年级的老师是这样把这一观念落实到自己的课堂中去的：

> 我每星期至少会有两三次看出某个学生显露出不应有的情绪压力，每次都会立即做出应对，然后这一天接下来的时间，那孩子就不再闹腾了，而我们大家也就都能好好上课了。许多孩子都会因为自己能够向全班同学"签到"、听到别人也有各种各样的麻烦事而感到压力小了很多，情绪也好了很多，这样的例子多得数不过来。我觉得许多孩子因此得到了心灵的安慰，也能够安心学习了。自从这么做以来，课堂教学就变得顺畅了许多。

## 辅导员的角色

每当我们考虑该如何加强课堂中的情感联结、增强孩子们的依恋和信任感时，通常只会想到老师能做些什么。可是前面已经看到，在完美课堂里还需要其他助手的支持，从学生的学习伙伴到家中亲人都可算在内。

过去 10 年中，我在不少学校都看到，最有效的创新举措往往是在课堂上增添下列辅助教员之一。

- 课堂上增设第二位老师。
- 高年级学生给低年级学生做辅导员。
- 来自社区的成年义务辅导员。

人们普遍赞同在课堂上增设第二位老师是好办法，但通常来说，学前班之后的课堂中很难真正增设第二位老师，主要是因为没有足够的资金。因此，课堂中往往依赖高年级学生或者实习生做小辅导员，如果连这样的条件都没有，那就只能依靠一位老师独自承担重任。在获得更丰厚的教育资金之前，以上第一种形式不太可能成为主流，不过后两种做法却完全能够成为新式课堂生活中的一个有机部分。现在已经有不少学校采取了这两种做法，以下说法充分说明了这一点。

密苏里州堪萨斯城的小学教师金伯莉在课堂上推行了“学习伙伴”模式，也就是让每个一年级的小学生都有一个五年级的大同学做学习伙伴。这对小伙伴甚至一星期中有好几天都在一起吃午饭。在老师的指导下，这个五年级的孩子要负责教导一年级的小同学各种事情，比如待人接物的规矩等。金伯莉在她的报告中说，尽管有时候五年级的大孩子会因肩上承担重任而感到懊丧，但更多时候他们陶醉于小同学对自己的仰望，借用她的话来说，叫“对榜样的期待”。

金伯莉的同事卡丽发现：“哪怕是来自生活环境比较糟糕的五六年级的孩子，也会因为有机会帮助低年级的小同学而获得正面的影响。”当年幼的小同学遇到困难时，这些大孩子会自然而然流露出满腔热情，认真帮助他们，把学校里的小同学当成自己家的小弟弟、小妹妹。即便是心肠硬的大孩子也很乐意担当起自己的责任，就好比家中的老大要负责照顾下面的弟妹一样，虽然不时会为这份责任感到气恼，但更会为弟弟妹妹对自己身为老大的仰仗而感到自豪。

卡丽认为，把学校比作大家庭，这一点非常重要，尤其对那些因为在家中得不到足够关注而在学校里格外闹腾以博取关注的孩子，以及那些认为自己没出息，却又希望能得到这个世界的认可、变得有出息的孩子来说，更是至关重要。

谈到她那群“问题男孩”时，卡丽深有感悟。

**教学手记**



小学阶段是男孩首次注意到他可以有自己的“族群”或者“团伙”的关键阶段。一个男孩往往会选择加入某个“族群”，然后跟他们一起长大，我们当然希望他能选择加入一个积极向上的“族群”。老师也可以成为这个“族群”中的一员，以便把孩子引上正道。身为女性的老师还可以帮助男孩与学校乃至社区里的男性榜样建立师生间的情感联结。

在我们学校里，教师团队每个月聚会一次，帮助那些班上有让人头疼的学生的老师出主意想办法。在这样的聚会中，我们想出了好多办法来帮助不同的老师与那些有困难的孩子建立更为紧密的情感联结。比如说，有个五年级的男孩，上课时总会有各种扰乱课堂的行为，而问题的根源却在于他的学习成绩总是很糟糕。我们想出的一个办法是让这个男孩到学前班去，[①]在小同学的阅读时段指导他们读书。这样做可以使他在帮助他们的同时，也提高自己的阅读技能。在我们看来，帮助小同学学习似乎很有助于高年级的学生找回自信。

另一位六年级的老师也有同样的体验。她发现，哪怕是那些经常违反纪律

① 在美国，学前班可以设在小学里。——译者注

的男孩，也会“在跟学前班的小同学一起结伴做事的时候完全变成另一个人”。出现这些正面转变的原因之一是，她也和金伯莉一样，对班上的男孩强调说，在帮助学前班的小同学时，不但要在教室里给他们做好榜样，在走廊上和大厅里也要做好榜样，这样小同学才会知道，在公众场合下得体的行为应该是怎样的。她发现班上那些孩子真的很愿意为他们的小伙伴做出表率。

在很多私立学校里，高年级学生辅导低年级学生是天经地义的事。比如说，圣马克学校是得克萨斯州达拉斯市一所很出色的私立学校，他们就有让小学高年级的学生来做低年级学生辅导员的老传统，而且这样的辅导资格还是一份殊荣。这所学校的初中部校长芭芭拉·约克（Barbara York）相信，学校之所以能有那么大的成就，很大一部分原因应该归功于小辅导员制度。不过在公立学校里，人们大多觉得小辅导员制度在人员组织上有一定的困难，可实际上，堪萨斯州的公立学校已经证明这不是问题。这种做法不但切实可行，而且已经获得成功。

## 丨来自校园外的辅导员

与校内的小辅导员一样，来自校外的辅导员也常常被认为是不现实的做法，甚至被当作是“侵犯”学校的做法。但是已有不少学校发现，这其实不难做到，而且，如果学区组织过对社区成员的培训，让大家都能认识到由学生父母、祖父母及其他社区成员担当义工的重要性，那就更不成问题了。建设完美课堂依赖于更多的校外辅导员，我们相信，如果学区和教师不能致力于与校外辅导员建立情感联结并善加利用他们在辅导学生上的优势，那么完美课堂就不可能建成。**学生成长中的大脑需要的不仅仅是一位老师的教导，更需要人类社会中扮演不同角色的年长者的不同教导。**

最简单而常见的做法是让成年义务辅导员带领孩子们读书，即孩子的父母、祖父母或其他成人，每星期花一两个小时到低年级的课堂上和小学生们一起读书。有些学校还会要求在校生的家长每年为学校义务服务一定的时限。家长们可以选择做阅读辅导，也可以帮老师做些文书工作，比如复印照片。华盛顿州斯波坎市的“苹果活动”（APPLE）[①]就是一个很好的例子。这是公立学校组织的一个家长自选活动，选择参加的家庭每年须为学校义务服务 90 个小时。家长通过这项活动和学校、老师及孩子建立起来的联结关系，远比他们为学校做义工所花的时间更有价值。

辅导员爸爸和辅导员爷爷尤为紧俏。他们在课堂上的出现不论对班上的男孩还是女孩来说都非常珍贵，对那些从小就没有爸爸的男孩来说更是如此。特蕾西是一名小学老师，负责小学各年级阅读补习班的教学，她给我们讲了下面这个故事。

### 教学手记



我 25 年前就进入教育行业了，那时作为一名授课老师，我从来没想到过需要做些什么来弥补学生男性榜样缺失的问题。那个年代的成年男人都能在家中为孩子树立正面榜样。20 世纪 70 年代时的家庭状况比现在稳定多了。

直到后来我负责阅读补习班的教学，班上学生绝大多数都是男孩，我才开始注意到，帮助学生和书中的男性角色乃至生活中的男性建立联结，是一件非常重要的事。比如说有一年，我请一位爸爸到课堂上来扮演电影《绿野仙踪》中的狮子，那时我正在讲解陈述句和疑问句的区别，为此我采用了“采访”的形式，让学生们去采访那位“狮子”。还有一年，我请一位爸爸到课堂上来，跟孩子们讲述他去非洲和原始部落的人一起生活的经历。

我们的孩子非常渴望生活中能有男性榜样，他们把这种渴望带进了课堂。珍妮在她的日记中这样描写她的学生。

① APPLE，即 Alternative Parent Participation Learning Experience 的字头缩写，意为由家长参与的教学活动。——译者注

许多孩子的生活中没有男性榜样，这一点从他们屡屡违反纪律的表现就能看得出来。我班上两个最不遵守纪律的孩子都是没有爸爸的孩子，还有一个孩子的爸爸是继父，他在遵守纪律上的表现也很成问题。

班上另有 4 个男孩，家中都有男性榜样，他们的纪律表现就相当不错，虽然他们也会在这里那里犯各种各样的错误，可他们的行为从来不带恶意，无非是那种最正常的小男孩的表现。很显然，和那些没有爸爸的孩子不一样，他们都有相当程度的安全感，而且这些孩子显然也对行为规范有相当程度的了解，我觉得原因之一在于他们的爸爸为他们做出了表率。而没有爸爸的孩子表现出一定的安全感缺失，这体现在他们的蛮横行为中。他们似乎很需要以发号施令和打压同伴的方式来彰显自己的强大，而家中也没有人能用实际行动来告诉他们，做一个男人意味着什么，真正的强大又意味着什么。他们的所作所为显然就是在自己摸索，想要弄明白男人的强大究竟意味着什么。

尽管父爱的饥渴在男孩当中最为明显，但这对女孩来说也同样是一个很大的问题，如果从培养健全人格这一更宏观的角度来看，就更是如此。那些从小就没有爸爸以及虽然有爸爸但很少得到父爱的女孩，一样能让老师焦头烂额。这样的女孩，借用小学教师简对她班上一些女孩的描述来说，都是些“缺乏榜样指导”的孩子。

在完美课堂里，孩子们对父爱的饥渴将由来到学校的辅导员爸爸和辅导员爷爷来填补。要落实这样的新举措，我们必须得到成年男性的支持，而要让校园外的成年男性走入校园，又必须得让老师走出校门去获取他们的支持。为了让爸爸们成为每一所小学校的重要组成部分，我们必须充分接纳第 3 章中讨论过的观念，即学校与家庭并非互不相干的两个个体，而是紧密交织在一起的共同体。孩子们在学校里若能得到父爱的滋养，他们就会成长得更好；而这又意味着学校必须付出努力，在学校教育中增加爸爸及其他成年男性的出场机会。

这样做的收获必将是纪律问题减少、学业成绩提高，而且更有人情味。

## 小学生的规则教育技巧

当我们把学校看作学生的第二家庭时，老师就不仅是指导者，更是大家庭的成员之一了，他们既是孩子的导师也是孩子行为的榜样。而指导作用和表率作用的发挥程度则会根据师生间情感联结的紧密程度而高低不一。同时我们也会看到，老师让课堂纪律井井有条的能力以及处理学生纪律问题的能力，同样会因师生关系的紧密程度而受到影响。

从某种程度上来说，100 年以前，或者哪怕 50 年以前，事情都不是这样的。规则教育靠的不是联结，而是惧怕：怕上帝的惩罚，怕棍子的厉害，怕父母的恼怒。老师甚至完全不必跟学生有任何感情，而学生依然会对老师充满敬畏，因为孩子害怕老师背后的力量，比如来自家庭乃至上帝对老师的支持。还不止如此，那时，孩子打一生下来就被教导要敬重长者，包括老师，因为这是天经地义的事情。

这种对师长的天生敬重，以及对来自家庭乃至宗教惩罚的惧怕，如今已经消失殆尽。老师要想管教好学生，必须改变过去的老做法，学习一些对这个行业来说相当新颖的管教新策略。正因如此，如今在学校与课堂上，大家讨论得最为热烈的话题无疑就是规则教育。

### 从过去的错误中吸取教训

最近我们组织了一次由小学各年级老师参加的讨论会，会上问大家，他们用过的哪些规则教育方法最不奏效。大家的回答很具启发性，许多人都坦承，通过学习他们认识到，过去之所以会有不妥当的做法，正是因为缺乏应有的培训，他们既不了解大脑发育的基本知识，也不了解男女大脑的基本差异。由于学校里违反纪律的孩子绝大多数是男孩，因此这些小组讨论中涉及最多的也是针对男孩的规则教育。下面列出的就是老师们曾经用过、如今已知最终会导致反作用的一些管教策略。

- **让学生在课间休息时去坐冷板凳。**这么做往往会给这一天后来的时光带来更多麻烦，因为这孩子未能以身体活动的方式宣泄掉满身的精力。

- **过分强调孩子在犯错之后要当即承认错误或者进行自我检讨**。男孩没法像老师期待的那般快速、准确地说出刚才是怎么一回事。了解男孩的大脑在加工关键性的情绪信息时往往比较迟钝，能有助于老师改变自己对学生的期望值。
- **当着全班同学的面让违反纪律的学生下不来台**。老师们都知道，学生触犯纪律时如果当即在全班面前“声色俱厉”予以斥责，有时候固然可以迅速解决问题，但是大家也都一致认为，这样的事情不可过度。如果那个男孩或者女孩的自尊被伤得太厉害，那么班上其他同学那一天接下来的学习往往会受到负面影响，这影响甚至有可能延续得更久。

参加这次讨论会的许多老师还愉快地承认了另一个事实：很多男孩的正常行为不值得当作纪律问题予以干涉，这样一来，需要他们给予纪律处罚的事情就少多了。男孩天生就是哈克贝利·费恩和汤姆·索亚①。这些小学老师绝大多数是女性，她们纷纷表示需要“拓宽自己的心胸”来接纳男孩的正常淘气行为。小时候家里有过兄弟的女老师一般会觉得这挺容易做到，但那些不曾和兄弟一同长大、不曾有机会从小跟男孩扎堆的女老师就会觉得相当困难。

克莱尔是一名小学体育老师，这天早上刚从一个二年级小男孩身上领教了“男孩子气”。这个小男孩把手比成一把枪的模样，假装朝她开了一枪。她私下里对这孩子表示，这样的行为令她失望，然后便决定就这么放下这桩事了，因为她觉得这孩子的行为不算是越过了好斗和暴力行为之间的界限。克莱尔坦承，如果是在这次培训之前，尚未学习过有关男性大脑、激素和文化的她会对摆出这种姿势的男孩非常严厉，对他们跟同学假装比画“南拳北腿”的动作也绝不会允许。她曾把这样的比画看作暴力行为，而且会为此开出罚单交给校长。不过她现在已经明白，像这天早上发生的事，只不过是男孩对他们好斗本性的一种玩耍式表达而已，他们通过摆出好斗的姿势和动作来表现自己，而非真正的暴力行为，并没打算真的伤害某个人、捣毁某样东西或某个地方。

随着讨论的继续，许多老师都同意在处理这样的情况时不必过激，也不必

① 这两个孩子分别是美国著名作家马克·吐温的名著《哈克贝利·费恩历险记》以及《汤姆·索亚历险记》中的小主人公，都是很有名的小调皮。——译者注

让这样的事情对师生关系产生负面影响。而且，他们还讨论了在何种情况下应该对这类行为采取比口头批评、表达失望之意更为严厉的措施，并给出了一些新的标准。

- 如果该学生用这样的姿态来表达对老师的蔑视、对师长权威的无理挑衅。
- 如果该学生过去曾有过暴力行为或者过分好斗的不良记录。
- 如果该学生的这种动作扰乱了课堂教学，即在不恰当的时间试图获得大家的关注。

老师们还一致认为，对学生的不当行为表达失望之意当然是老师的权利，但如果该学生的行为只是表露天性，而非有意挑衅老师，那么口头表明对他的做法感到失望就足够了，不需要更多的纪律处罚。

针对小学各年级规则教育的研究表明，老师们向往的有秩序的课堂，不仅需要老师的权威神圣不可侵犯，同时也能让学生自由表达成长中的率真天性，这才是完美课堂。要把握好分寸，既允许性格强悍的学生表达他们的天性，又能保持住老师应有的权威，这是所有规则教育的关键所在，尤其是在当今社会环境里，在面对小学阶段的孩子时。

## 学生违反纪律后的管教措施

没有任何一种规则教育体系能称为“最好的”体系。我们需要“多管齐下”的配合，才能帮助孩子回归对自己的约束，保证课堂秩序的安稳，维护学校教育环境的公正。下面是一些可供老师和学校参考的具体措施。

**五步体系。**学生违反纪律后，巴尔博亚小学有一套做法，叫作五步体系。当然，根据学生行为的严重程度，也许根本不需要走到第二步。

- **第一步，老师与学生面谈。**老师单独和学生晤谈并解决问题，不需要其他人出场。
- **第二步，老师与家长面谈。**老师约请家长一起来解决问题。如果连续两次家长都不应约，则由学校办公室帮忙约请家长。
- **第三步，报告给校长。**送学生去见校长，或者让校长以其他方式介入。

- **第四步，教师支持团队与学生面谈。**教师支持团队一般是指学校里的专业心理辅导师或者心理学专家，当然也可以是其他和该学生有紧密情感联结的教练或教师。
- **第五步，学生被停课。**必要的时候，让该学生停课。但在采取这一措施之前，前面所有 4 个步骤都必须有文件记录在案。

**提问与回答。**校长助理简在处理被送到校长办公室的违纪学生时，会先递给他们纸笔，让他们根据问题把答案写在纸上，这些问题都是帮助孩子理清思路进而解决问题的。她提出的第一个问题通常是："你为何会在这里？"简在报告中写道："这么做是为了给男孩更多的时间，思考要怎么回答我的问题。由于他们通常能少写就少写，所以这段时间他们会很用心地斟酌词句。"这一方法对女孩也同样适用，当然，女孩写东西通常比男孩来得容易，也写得更多。

卡丽和其他许多老师一样，通过与男孩打交道的经历，清楚地看到讲究提问的策略能给事情的解决带来多么大的力量。当卡丽面对一位违反纪律的学生时，她注意到了提问的关键。

**教学手记**

BOYS AND GIRLS LEARN DIFFERENTLY

如果我们逼得太紧，男孩只会越加不知如何应答。"你看着我，我在跟你说话呢，知道自己犯了什么错误吗？"当你这样对他们说话时，他们简直没法张开嘴。可是我发现自己，还有其他一些所谓的专家从来都是这么问的。在我跟一个男孩谈话时，总想让他看着我，可我发现这么做简直就不可能让他开口。而现在当我需要向某个男孩问个究竟时，我会很注意自己是怎么向他发问的。我会在谈话时尽量找个东西塞到他手里，蜡笔、积木或卡片，因为这么做能让他放松下来，也能大大减少我的挫败感。

在跟一个犯了错的孩子谈话时，我们总会因为孩子不肯说话、不肯解释而被激怒。可是，如果我们能允许孩子低下头去，把玩手上的蜡笔，必要时允许他的应答节奏慢一些，就可能更容易找到问题的核心，也不会那么容易因被孩子激怒而加大处罚力度了。

**用计时器。**卡丽发现，如果面对的是一个怒气冲冲的孩子，很可能是男孩，用计时器能起到不错的效果。她写道："今天，五年级班上一个孩子特别生我的气。我拿过一个计时器，设上 5 分钟，然后告诉他，等计时器到点了我再跟他说话。结果 5 分钟以后，我俩都平静了下来，也都能好好说话了。"

这一招给大脑提供了冷静下来的时间，让大脑能够针对刚刚发生的事件和错误调整好情绪。

> **BOYS AND GIRLS LEARN DIFFERENTLY 男孩女孩教育箴言**
>
> 若想让一个需要纪律约束的孩子有清醒的头脑，先留给他一段时间总是好的，尤其是男孩，因为男孩通常需要相当长的时间才能收敛好心神跟你说话。

**友邦教室。**在丹尼丝的学校里，如果遇到某个学生不听管教，老师可以将他送去友邦教室，那是一个能和平解决问题的好地方。友邦教室是指另一位老师任教的教室，举例来说，新来的六年级老师常常把闹别扭的学生送到丹尼丝的教室去，因为丹尼丝是一位富有经验的老教师，而且和学生的关系一向很好。学生们通常会以敬重的态度回答她的问话。

丹尼丝给我们讲述了一个具体事例。一次，有个六年级的男孩跟他班上的老师犯了拧，那老师要送他去丹尼丝的教室，他也不肯听，于是那老师只好派另一个孩子去请丹尼丝亲自出马。丹尼丝来到那间教室，叫那个男孩跟她一块儿走，他当即顺从地跟了出来。等到了没人的地方，丹尼丝严肃地对那个孩子说："你以后也要像刚才对待我那样对待你的老师，否则下次我就把你直接送回家去。"她可不希望这样的事情再次出现。

使用友邦教室的时候有一点很重要，就是这位老师要有绝对的权威，肯定能得到学生的尊重。如果那位老师跟送去的学生之间没有足够紧密的情感联结，那很可能殃及那位老师的课堂，也就是说，被送去的学生不仅扰乱了自己的课堂，还可能会把另一个课堂也给扰乱。

**出门去办事。**简在她的日记中详细记录了让学生出门跑一趟差的做法，前面已经简要讲述过了，下面是更详尽的内容。

教学手记



我们教师团队发明了一个暗号代码，专门用于那些扰乱了课堂秩序、需要到外面去冷静一下的孩子。

我们会用一张卡片，上面写着："我需要《爱与逻辑》这本书。"其实并没有一本叫《爱与逻辑》的书，不过，你可以把这张卡片交给某个孩子，然后随便指定一个老师让他去找，而收到卡片的老师又会告诉他再去别的老师那里找这本书。等这孩子跑了一大圈回来时，早已平顺了下来，可以重新听课了。

最近我对班上一个有行为障碍的孩子使用了这一招，效果特别好。有一天，课间休息刚结束，正要回教室的他不巧被一个飞来的篮球砸了一下，当即怒火中烧，大发脾气。看着他那样对待身边的人，我知道自己需要赶紧出马帮他一下，好让他重新回归自我克制。

我带着他一起走回教室，边走边跟他说，我需要他帮忙去办点儿事。他拿到那张卡片，跑去找了 3 个不同的老师，回来之后告诉我没人有那本书。我说道："知道了。我们学到了第 32 页。"于是他坐下来，开始学习。这么跑一趟无非花了几分钟而已，可他的心境已经变得非常平顺了。

**一对一辅导。**艾莉森是一所小学的家长联络员，她告诉我们说，最好的管教模式是一对一的辅导。她特意讲述了一个成功案例。有一个二年级的学生是课堂里最能捣乱的孩子，人人都对他无计可施，后来艾莉森对他进行了 3 个星期的单独辅导，结果证明这项工作相当成功，这孩子很快就被转回正常班级上课了，不过艾莉森还需继续对他进行单独辅导。"他需要细心安排、认真关注和正面强化，”艾莉森说，“而这正是我对他进行一对一辅导所能给予的。”

男孩女孩都需要这样的辅导，不过老师们注意到，这种办法对那些最拧的男孩最为有效。从男性大脑的生理结构和功能上来考虑，这其实很有道理。男性大脑需要花更多时间去处理情绪上和人际交往上的各种信息，然后才能恢复到平顺状态。当然，如果是女孩在课堂上扰乱秩序，这样的一对一辅导也会是她们最容易接受的做法。一位来自缅因州的老师告诉我们说，有一个三年级的女孩，上课时格外闹腾，这位年轻的实习老师把自己整整一个星期的精力都投在了这个小女孩身上，发现原来她的父母刚刚离婚。等她终于能把这个秘密说出来之后，才总算是回到了稳定状态。有时，唯有这种一对一的辅导才能解决这类纪律问题，因为其他任何方法都无法令你跟孩子结成这样的信任关系，从而获得突破性的启示。

**增援队模式。**增援队的全称是“学生行为指导增援队”，这是由堪萨斯城奥扎南学校的教职员工发明的互助模式，他们现在已经把这一模式推荐给了其他学区。增援团队的主力是咨询顾问，当老师们遇到犯错的学生且认为自己很难顺利处理好问题时，就会向增援队求助。

如果学生触犯纪律的行为相当严重，比如扔椅子、朝老师吼叫或者谩骂、在课堂上殴打同学等，增援队会启用“康复室”。有些情况下，“增援队”的行动会导致学生缺课，不过这时候缺几堂课，却能减少孩子未来被停课甚至开除的风险。让这样的孩子在小学阶段就学会对自己的行为负责，学会自我克制，是多么值得的事情！

金伯莉曾在报告中描述过借助增援队来帮助学生纠正错误是多么有效的举措。比如她会让那位犯了严重错误的学生待在安全的地方或者康复室里，直到那个孩子愿意为自己的行为承担责任，他有可能一整天甚至好几天都待在那里。一旦学生认为自己准备好承担责任，他的老师便可以在方便的时候去“办理退房手续”，由此，违反纪律事件处理完毕，学生也做出保证要改进自己的行为。

如果学生在犯下严重错误之后不肯按老师的要求到指定的康复室或安全的地方去报到，老师就会通过校内广播请“应急队”（Crisis Response Team，简称 CRT）出面。“应急队”由几位经过专门培训的老师组成，举例来说，如果在 101 教室的老师需要应急队出马，她会在教室里打开校内广播，并呼叫“CRT 请到 101 教室来”。金伯莉在报告中写道，学校里的孩子们听过几次这样的呼叫之后，便一致猜测 CRT 的意思是“来救老师”（Come Rescue Teacher）。

应急队一旦出马，教室里其他学生就需要先离开教室。然后，应急队的老师会想办法说服那个犯错的学生跟他们走，必要时会强行把人扛走，因此，犯错的学生一般会乖乖地跟他们走，否则被人扛着从教学楼里招摇而过，实在是丢脸至极的事情。不过一般来说，学生都会自己离开教室去老师指定的处所，真需要用到应急队的时候并不多。

很显然，如果学生犯的只是小错误，那根本不需要启动增援队模式；但是，如果事态比较严重，需要采取更大规模行动的话，绝大多数老师都认为应该借助这一模式。

## 预防违纪行为的有效措施

金伯莉发现，在她负责的小学一年级课堂上，**如果在要求学生从一项活动转换到另一项活动之前，能提前给一个预告，那转换过程就会变得更加顺畅，而且在这一时段中，学生因不听指挥而受到斥责甚至处罚的情况也会大大减少**。每当还剩 3 分钟就该转换课堂内容时，她都会提前向全班发出通知，一则告诉学生用两三分钟时间把手上的事情收尾，二则预告接下来会是什么活动。如果没有这几分钟的准备时间，她班上的小男孩就总是拖拖拉拉跟不上，而她也总是要花更多时间来维持课堂秩序。

这实在是一个很好的例子，它让我们看到，老师在课堂上稍微花点力气就能取得很好的效果。男孩的确不太容易做到一心多用，因此当课堂教学需要从一项活动转换到另一项活动时，他们很难做到叫停就停、说开始就开始。

从脑科学的角度来说，这是因为女性大脑不像男性大脑那般会局限于局部的活跃，也就是说，在进行某项特定工作时，女性大脑中参与活动的区域比男性更多，从一项活动跳到另一项活动时，有不少区域本就在运作当中，因此也就更加容易转换。即便有这么明显的差异，金伯莉的这一做法对班上的女孩也一样是很好的事。

**友邦教室。**金伯莉对友邦教室的借助不仅限于有学生闹腾而需要增援的时候，还能防患未然。比如说，遇到她有事请假而需要代课老师帮忙的时候，为了预防班上某个特别的孩子不听从代课老师的要求，她就会提前安排这个孩子在这一天去奥德尔老师的教室上课，因为这孩子愿意听从奥德尔老师的指挥，如果是代课老师的话，他就总会闹别扭。

这是非常人性的做法。当一个老师知道学生的弱点，知道他在什么情况下会缺乏安全感时，看着他陷入困境而不做任何预防，任凭他到时候跟老师闹别扭、打扰全班上课的话，不论是对这个孩子、代课老师，还是对全班同学来说，都是没有好处的事。

**少来几次“如果你再……”。**我到课堂上担任指导时，常常发现老师的权威会在他们一再原谅孩子的过程中逐渐减弱。在教师生涯中，你是否注意到自己也常会这么说：

> “吉米，如果你再……”
> “吉米，我可是说了啊，如果你再……那我就要……”
> “吉米，我都已经告诉过你了，这么做很打扰我。”
> “吉米……”

跟焦头烂额的家长一样，老师也并没有意识到，其实有一个可以预防学生捣乱升级的最佳办法，有一把可以让课堂秩序保持良好的金钥匙，那就是好好利用老师在孩子心中的天然形象：老师是阿尔法[①]，是手握重权的老大。可是，这一高大形象却会随着孩子一而再再而三地被你放过而渐渐变得渺小，到了小

① 阿尔法（alpha）是希腊字母中的第一个字母，比喻居于领头地位的人。——译者注

学高年级以及初中阶段，就更是如此。尽管“零容忍”容易毁掉师生之间的情感联结，往往会起到有悖你良好愿望的反作用，但是“全容忍”也同样是对孩子的成长非常有害的做法。更好的做法是这样：“吉米，如果你再那么做，你就会失去某某资格。”这话说过之后，如果吉米当真又那么做了，你就必须要让他承担后果。

**抽卡片。**有一位小学老师用“抽卡片”的方法来记录学生违反纪律的次数，类似于上班族用“打卡”的方式记录出勤，这一发明获得了非常好的成效：

教学手记



最近，我班上的学生有了一个互相扔小东西的新毛病，每个人都觉得讨厌极了。真希望我能相信那些前来告状的孩子，可惜我不能，因为那些嚷嚷得最厉害的孩子，似乎也是最有捣蛋嫌疑的孩子。昨天，我亲眼看见一个小男生在上课时把蜡笔扔到自己身上，然后大喊说是班上其他同学拿蜡笔扔了他。

于是我们今天召开了一次班级会议，商讨解决方案。学生们建议用“抽卡片”的办法来约束班上的纪律。孩子们很依赖视觉，他们需要亲眼看见自己已经违反了多少次纪律，还剩下几次犯规机会。一旦超过了限度，那个学生就必须去见校长。

这个办法非常奏效，现在班上的课堂秩序变得相当好，而且最关键的是，这么做预防了各种像扔小东西这样新的犯规行为的出现。

**统统一起处罚！**爱迪生小学四年级老师卡萝尔有一个利用群体压力来解决问题的好办法。

教学手记



快到年终的时候，我班上的学生在操场上吵嘴的问题开始冒了出来，主要是女孩们。第一次出现这种情况时，我就把所有牵涉其中的学生名字统统记下来，扔到了一个罐子里。我告诉她们说，这是因为我很难判断到底是谁跟谁在闹矛盾。女孩倾向于频繁变换最好的朋友，因此每天都有可能出现新的矛盾。等到下一次她们中的任何人又跟人吵起来时，我就会从罐子里随机抽取 3 个人的名字出来，不论她们这次有没有牵扯其中，都由她们承担后果。

有些人可能会觉得这太苛刻了，但是据我观察，迄今为止，每次这么做都能有效地解决她们那些鸡毛蒜皮的纠纷，而且还能避免我出面做恶人，因为名字先前就存在了罐子里。我还会让某个学生去把那些名单给取出来，看看是由谁来承担行为后果。

许多最有效果的管教手段都是大家在有意无意中针对男性大脑及男性行为设计的，因为学校里 90% 的违纪行为都是男孩干的。这并非意味着那些好办法用在女孩身上就毫无用处，而是恰恰相反。不过另一方面，根据我们的调研，不少老师都注意到女孩需要的冷静时间比男孩要短得多，而且女孩也能更快地用语言把事情说明白，因此不怎么需要老师动用权威去追问。还有一点也很关键，那就是女孩非常需要老师鼓励她们把藏在心中的想法和感受说出来。

## 激励男孩女孩积极上进的好办法

老师们常常凭直觉就知道，那些学习吃力的男孩需要帮助的另一个领域，是培养上进心。大家经常提及班上有些学生上进心不足，而且大多都是男孩。因此，和寻找有效管教的措施一样，我们需要从男性大脑的角度出发寻找答案。对此所做的研究表明，老师们发明的许多激励上进心的好办法最初虽是针对男孩的举措，不过后来发现，男孩女孩都适用。

卡丽找到的一种好办法是限制时间，这对激励那些特别不肯努力的学生十分有效。“我让他们挑战自己，”卡丽写道，“看能不能在一定时间内完成一定的任务，比如‘让我们来看看，你能不能在两分钟之内完成这 3 道算术题’，这办法可有效了。”

小学老师丽塔则表示，自豪与难堪是她所在学校用来激励孩子的杠杆，尤其是激励男孩为自己的行为承担责任。她所在的学校从小学低年级选拔出了一些在低年级任教多年、因管教尺度公正而深受学生爱戴的老师。如果哪个班上有不守纪律、不肯努力的男孩，就让他去找这些自己低年级时的老师接受辅导。丽塔认为这种办法很有效，她写道：“一部分原因是，这些老师都是那些男孩曾经最为敬重的老师，如果因为自己表现不好而被指定去找这些老师报到，会令他们觉得丢人；另一部分原因是，去低年级教室上课会令他们在小同学面前很没面子。”

## 为孩子打下良好品德的基础

上述课堂纪律及上进心的激励等问题，固然可以通过各种举措根据实际情况即时纠正，不过，如果能让品德教育成为完美课堂中各种教学活动的基础，学校必能取得更大成果。最近二三十年来，学校一直在强调“软性”价值观，比如“自尊”。培养孩子的自尊心固然是非常重要的事情，但如果没有其他“硬性”价值观打基础，比如尊重、诚实、正直等，“培养自尊”就很容易变味，成为孩子对自己的放纵。学校或者课堂如果不强调基本的品德培养，就无法充分对道德意识正处于成长中的孩子起到应有的教育作用。

在美国，有不少优秀的品德教育模式。全美有 28 个州要求或者鼓励品德教育。本节将为大家介绍的品德教育模式叫“品德 +”，由古里安研究所的密苏里中心最先推出，现已遍及全美。选择这套模式不仅是因为它体系完善且卓有成效，更是因为这套模式和古里安研究所以及密苏里学区所推行的以大脑为依据的教学研究相互兼容。

### “品德 +”培训模式

这套培训模式最早是由密苏里州圣路易斯市的一位商人，麦克唐奈 · 道格拉斯公司的桑福德·麦克唐奈（Sanford McDonnell）率先促成并支持的一个项目。他注意到，公司新聘请的许多员工都缺乏良好的品德基础，于是他找到了弗格森－弗洛里森特学区，主动出资与学区合作，最终创办了“品德＋培训中心”。通过培训中心的努力，附近几十个学区和社区都一起响应，共同致力于培养少年儿童的品德基础。

品德＋培训中心的主管琳达·麦凯（Linda McKay）介绍说：“品德教育为学校创造了良好的学习环境，因为孩子学习的内在动力和向学之心来自品德教育。”下面就来详细介绍一下“品德＋”培训模式。

首先是社区里的各方成员，包括教育工作者，须通过一系列协商会议筛选并决定哪些品德要素是他们希望孩子具备的。一旦大家就此达成一致，就须指导教师如何把这些品德的培养融入日常教学中去，而社区成员则须承诺不但要支持学校这么做，还会以身作则，为孩子做出表率。

帕特里夏·亨利亲手促成了几个社区的进程，见证了社区成员从互不信任、也不相信他们能为孩子创建一套“价值体系”，转变成彼此间相互尊重并信任的过程。希克曼米尔斯学区就是一个例子，那里的社区成员曾经一直和社区近些年来的变化苦苦抗争，随着内城许多家庭的涌入，社区的构成及互动模式也变得不同以往。为此，社区成员通过协商，最终确定把尊重多元化列为该学区应注重的品德之一，在这个过程中，来自社区各方的参与者对彼此所处的地位、所怀的希望以及担忧等，都有了更深入的了解。

该社区人数庞大的社区委员会还就应该注重提倡哪些品德及如何落实达成了一致意见。在选定了大家都认同的品德之后，他们还共同确定了对每一项品德的详细定义。

- 尊重：对自己、他人及财物的尊敬心态。
- 担当：愿意为自己的行为承担责任，承受该承受的行为后果。
- 共情：以同理心理解他人的感受。
- 负责：言必信，行必果。

- 尊重多元化：以平等的态度，理解并尊重社区中不同成员之间的差异[①]。
- 诚实：不论说话还是做事，都愿意以事实为据。
- 热忱：以热心和同情心帮助他人。
- 协作：为了共同利益齐心协力奔向同一目标。
- 自信：以积极的心态相信自己有能力达成目标。
- 善于动脑：善于寻找解决问题或是达成目标的积极途径。

不同的社区因地理位置、人口密度、文化构成等的不同而各有不同，各个社区选定的品德以及做出的定义也会有所不同，但是，相同点肯定会多于不同点。举例来说，几乎所有社区都认为诚实、尊重、负责是他们看重的品德特质。

### | 品德教育与学校教育相结合

品德教育如果能与学校教育的方方面面相结合，便能获得最佳效果。比如说，一位教科学课的老师可以要求学生分析课程中涉及的科学技术是否符合社会道德，或在另一个场合下要求学生针对某些科学家做综合评论，包括品德上的分析。学区主管和校长们应从总体上筹划该如何把品德教育自上而下层层落实，包括在教师培训中加入如何培养学生品德的内容，以及加强艺术课和历史课的教学，因为这样的课程中天生就少不了与品德相关的课题。

## 暴力霸凌行为的终结策略

洛厄尔学校是华盛顿一所私立学校，那里的教职员工从 1996 年开始就有意识地针对“取笑同学”采取了一定的约束措施。大家注意到，不论是公立学校还是私立学校，这样的行为近年来有愈演愈烈的趋势。学校就如何遏制取笑同学的行为对教职员工进行了培训，从此那些取笑同学的学生就必须为他们的行为负责。被取笑的学生要清楚地报告是如何遭人取笑的，而取笑甚至欺负他人的学生就必须为此承担后果，包括要学习究竟什么是正常的开玩笑，什么是

① 指不同教育程度、不同富裕程度、不同种族文化等。——译者注

伤人的行为。该校颁布了特别校规，从而取缔了绝大部分男女生之间相互取笑的行为，更是杜绝了针对种族的取笑行为。

最近，连法庭都被牵扯到了校园中取笑及侮辱同学的行为裁决中来，尽管表面上看是由于校园枪击案引起的，但是教育工作者及家长早就注意到了全美各地学校中不应有的侮辱行为已经越来越多。现在人们都已意识到，这样的行为可能是品德教育缺失造成的。

取笑在什么情况下会变成侮辱，侮辱在什么情况下会变成非法骚扰？这些行为又会在什么情况下变成暴力行为？法庭针对这些问题的定义做出了一次又一次的裁决，然而完美课堂必须在有安全保障的前提下存在，因此需要有一套切实可行的行为规范来对学生进行约束。

## 对几个行为的界定

根据从大脑层面来探索霸凌行为起因的研究结果，我们总结出了以下观点，希望能有助于学校制定必要的政策。

**取笑。**取笑是同龄人中常见的行为，一般来说是一个孩子针对另一个或另一群孩子的弱点做出的。这里所谓的弱点，可以是真实的，也可以是想当然的。在小学阶段，孩子间的友情常因取笑而建立，也常因取笑而闹崩。取笑可以是一种显摆自己占上风的方式，也可能是挑逗异性的方式。取笑是人际交往的一种工具，目的是让自己在群体中显得更加强悍。大多数孩子都能受得了取笑，而且承受能力还会越来越强。不过有些孩子，尤其是对自己信心不足的孩子，却比较容易因被人取笑而受伤。

**侮辱。**侮辱也是同龄人中常见的行为，但通常来说是一个被看作或者把自己看作高高在上的孩子针对他人的行为。这些孩子常会针对不同的目标。

**骚扰。**骚扰是指在相当长一段时间里反复针对同一个人或一群人的行为，而且主要以别人的一种或几种社会心理特征为攻击对象，比如体貌、种族、性别、某种性别特征、社会阶层、智商低下、感情脆弱等。

总的来说，取笑和侮辱尽管会很伤人，但还属于人类常规好斗行为的范畴，男孩和女孩会因各自性别的不同而有不同的做法。但骚扰却是暴力行为的一种模式，往往能升级为对特定目标的人身攻击。

**攻击性和暴力行为。**我们针对攻击性的解释，是一个人想要控制或操纵另一个人或某个体系的行为，这是所有人类的常规行为。而我们针对暴力行为的解释，则是一个人想要摧毁自己、他人或某个体系的行为。暴力行为的具体范畴很广泛，从对一个人无休止地耻笑到身体攻击，最极端的是系统性地毁灭。

## “零容忍”

当今的学校文化已经比我们希望的要更为残忍，与此同时，许多老师和家长却因缺乏学习而不了解儿童大脑发育及人类发展的基本知识，更不用说了解男孩和女孩对攻击性行为的不同感受力了。而决策者又同样在缺乏知识的情况下，制定了极其严苛的规则。

“零容忍”的做法现在已经相当流行了。这样的法规的确很有用，但同时也太过严苛、太缺乏人性。比如禁止带武器进学校的规定，的确很有必要，可即便是这样的规定，也一样会有过度的时候。举例来说，我们最近听说，某五年级学生因为一把小刀被驱逐出校，而那把小刀是周末时爸爸给的，他顺手放在了书包里，然后就忘记了。他违反了校规，却不是因为要干坏事，无非是忘记了而已。

从脑科学及性别差异的角度来说，在小型私立学校施行“零容忍”规定，比在大型公立学校施行要现实得多。这些私立学校及小型公立学校从体制上来说更容易形成关系相对亲密的小集体，因为每个班级的人数相对更少，老师的指导更为密切，一对一的关注机会也更多。因此，学生的行为通常不会像大型公立学校里那般难以约束。

最近，广播电台的论坛节目中讨论到学校纪律问题，有人提出了这样的论调：“既然私立学校实施‘零容忍’能卓有成效，为何不可以在公立学校中也这么做呢？”要回答这样的问题，我们首先要睁大眼睛看清楚，那些学校从体制上都能提供些什么样的安排以确保老师对学生的关怀。如果学生本身的体验表明学校的确能以时时刻刻的密切关怀与督促来确保学生不会违反纪律，那么“零容忍”的规定就可以算是与学校的体制相匹配；可如果是在 2 000 人以上规模的大型学校，许多学生很难得到成长所需的来自年长者的关怀，那么，跟让孩子服用利他林等精神药物的政策一样，“零容忍”所体现的就是学校有多么顾此失彼，而不是多么人性化。

但是，以“零容忍”来杜绝真正的暴力行为、帮派活动却是很有必要的，而且不必考虑什么不公平的过度严苛。圣迭戈附近的帮派研究专家赫苏斯·比利亚埃莫萨（Jesus Villahermosa）针对如何鉴别帮派成员为我们提供了下列参照依据。

- 学习成绩很差。
- 经常逃学。
- 帮派装扮，包括头巾戴在头上或者插在后裤兜中、穿着松松垮垮的裤子、戴着帽檐里写着绰号或满是涂鸦的棒球帽等。
- 比画威胁人的姿势。
- 用街名充作帮派名。
- 用粗体字画帮派标记、用手比画帮派标记。

牵扯上帮派对学校和学生来说是很可怕的事，与向学校寻求情感联结完全相反，这些学生会转而向基于孤立主义和暴力的帮派体系寻求情感联结。

**防止暴力的培训。**要配合品德教育对全校师生进行防止暴力的培训。这样的培训不但对学校教职员工非常重要，对全校学生也同样重要。发生在过去 20 年间的不少校园枪击案其实都是可以预防的。这并非一定只能靠老师，因为老师有太多学生需要关注，不太可能解读出某个学生心中的暴力念头，但接受了防止暴力培训的学生，如果他们恰好和那位可能会铤而走险的同学很有交情，那么，在懂得了自己作为社区一员的责任、了解了有哪些渠道可资利用之后，凭着一颗乐于助人之心以及对那位满心痛苦的同学的同情，还有为整个学校师生负责的责任心，他们就可以站出来制止这样的事情出现。

**侮辱及暴力禁令。**为了保护学生，每一所学校都有必要针对侮辱及欺负同学的行为颁布禁令并全校公示。我们建议可以按照以下思路颁布禁令。

- 任何学生不得反复嘲弄其他学生。
- 任何学生不得打其他学生。
- 任何学生看见侮辱和暴力行为，必须向老师报告。

在颁布了类似禁令之后，还应针对学校的情况，制定相应落实禁令的具体要求及措施，而且同样应向全校颁布并公示。

然后配合禁令的颁发，对全校学生进行培训，帮助他们了解“攻击性”“取笑”“侮辱”“暴力”等行为的定义，这有助于学校做到令行禁止，否则新的规矩很难落到实处。

**行为准则。**所有学校都应该考虑颁布行为准则，并对全校学生进行培训。得克萨斯州的圣马克学校就有一套自己的行为准则和培训制度。可能的话，校方最好能请全校学生一起参与行为准则的制定，并全体签名认可。目前有些家长及学生反对学校里的行为准则，认为太过严苛，可是在几年以前，他们同样反对在学校里进行品德教育。一旦我们真正付出努力促使所有学校都把行为准则当作学校体制的一部分，那么几年后定能看到成效。

**反霸凌培训。**目前已有不少卓有成效的培训项目可供社区及教育工作者教导学生，防止校园暴力行为。其中有一套叫作“停止霸凌”，由密苏里州安全学校联盟（Missouri Safe Schools Coalition）首创，我们认为非常值得推荐。这套项目的总原则与人的大脑及生理原理相符，已由堪萨斯城的停止暴力联盟（Stop Violence Coalition）向全美推广。

不论一所学校打算采取何种培训项目，有一点非常重要，那就是所有老师都要首先经过培训，要从理解男孩和女孩对暴力行为的看法及感受出发，来教导孩子如何防止暴力行为。接受过这类培训的教职员工普遍认为这样的培训很有必要。通过培训，他们不但学到了如何处理学生的不当行为，更就如何理解学生那些不可思议的行为获得了新的启发。

**媒体的角色。**对于媒体带来的负面影响，尤其是男性暴力，每个学区都应该勇敢地站出来抵制。根据尼尔森公司（A.C. Neilsen Co.）的研究数据，美国儿童每年通过电视平均会看到2万次长度为30秒的商业广告；在小学毕业之前，看到过8 000次谋杀镜头；到孩子18岁时，他们通过电视平均看到过20万次暴力镜头，其中包括4万次谋杀镜头。“全美一周无电视”的倡议人、美国医学协会的约翰·纳尔逊（John Nelson）博士说：“如果3 000次调查中有2 888次调查的结论都认为电视暴力就是真实生活中伤人毁物事件的导因，那这肯定是影响社会健康的问题。”

针对媒体是否会对成长中的孩子带来负面影响，多年来人们争论不休，因为人们对儿童大脑发育的常识所知甚少。现在我们已经明白，**儿童大脑的发育的确会因这类图像而受到负面影响。**我和特里·特鲁曼对这些研究做出分析，写成了一本书，名叫《我儿子需要什么样的故事》（*What Stories Does My Son Need*），并列出了100本书及100部电影，以帮助男孩，当然也包括女孩，培养良好品德。这是把媒体文学与品德培养相结合的一种尝试，如果能把媒体文学的内容添加到学校课程中去，相信所有学校都能从中获益。

媒体自身也能从诸多方面促进孩子的品德培养。比如说，来自日本而风靡美国的“口袋妖怪”（Pokemon）卡片及电影，就是价值观内涵非常丰富的游戏。日本小学用这套游戏来向学生灌输同理心、责任心及合作精神。学校也可以开发一些类似的做法，比如让学生回答卡片中的那些品德意味着什么、能怎样帮助他们取得进步等。

美国的少年儿童每年花在学校的时间平均有900个小时，可是他们每年花在看电视上的时间平均达1 500个小时。在这方面，社区合作显得至关重要：老师和家长都需要而且想要接受有关媒体文学的培训。因为，如果家长允许孩子毫无限制地看电视、上网以及看不适合他们发育程度的电影，那么，媒体的负面影响，尤其是那些带有暴力以及不道德内容的东西，就会阴魂不散地跟随着孩子们，从家庭带到学校，进而波及校园生活。希望在不远的将来，学校能主动承担起培训家长的责任，来帮助他们了解该如何正确评判并利用媒体，从而确保学校的教育环境更加安全可靠。

## 有效提高学业成绩的创新举措

取笑同学、欺负同学及其他社会心理学范畴的问题，是老师们针对小学阶段的管教困难讨论得最多的话题。而在学业成绩方面最为困难的两个方面，也是人们在脑科学及社会学研究中探讨得最多的方面，很显然，一个是读与写，一个是数学与科学。

### | 文科课程及读写技能的教学创新

学好读与写，是学好文化课及与人交往的第一步。

BOYS AND GIRLS LEARN DIFFERENTLY 男孩女孩教育箴言

如果一个学生在语文读写上成绩出色，那么再教他任何其他课程都不会有多大难度。相反，如果一个学生学不好读与写，那提高学习成绩对他来说必将是一条漫长的路。

每个老师都希望看到学生在社会科学的课堂上运用批判性思维，或者在历史课上对历史事件做出分析。如果看到一个学生在这类课堂上感到无聊，那一定会令老师士气低落。

总的来说，男孩在这类课程上更为吃力，前文已从脑神经科学的角度做过分析，可也有不少女孩在读写方面显得吃力，或是对社科和历史课的内容不感兴趣。研究中，我们将这类不涉及数学及科学的科目全部划归到“文科”的类别里。下面是在这类课程的教学中很有成效的创新案例，而且是在考虑到大脑发育及性别差异基础之上的好案例。

**读书与绘画。**有一位二年级的老师跟我们分享了她的有趣做法。她在报告中说，尽管班上的一些学生尤其是男孩特别不愿意读书，但他们特别喜欢听她读书。自从她学习了大脑运作知识之后，便决定允许孩子们在听她读书的时候画画。这样一来，许多孩子在学习过程中就变得特别专心，而且画得很有创意。

她写道："孩子们画出来的东西真是赏心悦目，这是他们对生活的感悟。我注意到，男孩喜欢画军队或暴力的场景，还喜欢与机器人或体育相关的主题；女孩则喜欢画带有花朵的自然场景，以及现实生活中的情景。"

这样的做法，小学低年级老师不妨尝试一下。课堂阅读本身就是课堂教学中的重要一环，这样一来又加进了空间及艺术功能的发挥，更扩大了教学效果。绘画在这里不是替代了阅读，而是在帮助阅读水平偏低的孩子消减心理压力的同时，通过听觉和言语的刺激来帮助他们更好地理解和运用字词。

**读写时利用教具。**小学教师简说，她在学习了儿童大脑如何学习语言的知识之后，便在语文教学中增加了对教具的运用："今天讲解拼写时，我在黑板上用了磁吸字母，学生们喜欢极了。"她还配合阅读给每个孩子准备了一小袋字母："我们用这些字母来拼写故事中遇到的新单词，孩子们显得更加投入，并且因为能从故事中找出新单词而感到非常开心。"学习拼写变成了拼字母游戏，取得了很好的教学效果。她说："每个孩子都有一张色彩明亮的单词索引卡，我让他们依序列出故事中出现的新单词。这样的办法看来能促使孩子的心思一直跟着故事走。"简还允许孩子在听她大声朗读或者自己读书时，手上把玩一个压力球。她发现对许多男孩来说，手上有点东西把玩能让学习效果更好。

前面介绍过卡萝尔"喜欢和讨厌"的活动，借助这样的思路，简让学生每天记录"好吃和难吃"的东西，写下他们一天里都有哪些喜欢的、不喜欢的东西。对那些写作能力较差的孩子来说，这当然有一定的难度，可这不但让他们得到了练习，也培养了好习惯。

简还用不同形状的意大利通心粉作为教具，用来代表撇号、引号、逗号等。她在报告中写道："这些需要动手的活动使得写字课变成了一件有趣的事，男孩们因为手上有了实物而更容易弄明白这些标点符号的用途，他们的写作能力也进步得更快了。"

**等待答案。**丹尼丝说，她注意到有些学生，尤其是那些语言能力发展得不太好的男孩，花在思考上的时间比别人更长。“从最近开始，当我向一个男孩提出问题之后，我会让自己等上 60 秒钟，”她说，“我注意到这样做不但会让我更有耐心，也常常能听到更好的答案。”有些女孩也会在老师要求她针对一个故事或某件事回答问题时，反应迟缓难以开口，这时，用这个办法一样会有很好的效果。

**多重感官刺激。**丹尼丝还尝试了多重感官刺激的教学方法，值得推荐。她在日记里写道：“我布置了一份课堂作业，让学生写一篇关于万圣节的故事，然后开始播放吓人的音乐，还点了蜡烛，好让气氛更逼真一些。他们都很喜欢，而且从后来收到的作文来看，一些男生写得真不错。在听到那样的音乐之后，他们用了好些详细的描述性词语。”多重感官的刺激使得学生写出了更出色的文字。

关于如何提高指导学生读写的教学能力，我们能找到的最详尽的参考书是安东尼·曼佐（Anthony V. Manzo）和乌拉·曼佐（Vla C. Manzo）的著作《教孩子能读会写》(*Teaching Children to Be Literate*)。

**学习方式多样化。**我们的研究发现，尽管男孩和女孩都喜欢多样化的教学模式，不过，如果能为女孩提供多样化的学习方式，她们就能发挥得更加出色。密苏里州春枝小学的老师安吉对此提供了借鉴：

> 我班上的女孩喜欢帮助其他学生做功课，不论对方是男生还是女生、是同龄孩子还是年幼孩子。她们还喜欢把自己的想法写进日记，因此每天我都会在黑板上写下一个日记主题，可能跟功课有关，也可能跟孩子们在课堂外做的事情有关。她们喜欢辩论，而我也需要教她们社会科学，因此我们常常针对学生的需求或是兴趣，提出一些有争议性的问题，大家一起讨论乃至辩论。比如：你更愿意上体育课还是课间休息？我们的很多课题都以小组形式进行，因为女孩在小组合作中往往会变得更加自信，也更有创意。

不仅是安吉对女孩有这样的感觉，其他许多注重学习方式多样化的老师也都一样。这么做固然对男孩也颇有效果，不过老师们发现，**男孩常常在找到他们喜欢的一种模式之后，就一直沿用下去，而女孩则喜欢在不同的模式之间来**

**回变换。**根据前面讲解过的女性大脑更善于一心多用这一特点，女孩和男孩各自不同的行为倾向很可能跟他们大脑结构的不同有直接关系。

**单性别课堂。**在过去的 20 年间，针对学校系统的深入研究已经显现出了单性别课堂教学对女孩的好处。在后面针对中学阶段的章节中还会专门讲解。许多接受过脑科学培训的小学老师在他们的课堂实践中都体会到了这种做法的巨大优势。露丝将此做法排在了她指导女生学习的首位："今年开始，我们学校让女生在女生班上课，不跟男生在一起，这有助于她们集中注意力。她们学得更加专心致志，而我也注意到了一些之前不曾留意到的女孩的行为。"

**对女生的格外激励。**露丝还更进了一步，"努力做到每天都点到每个女孩的名字"。有不少像露丝这样的老师注意到，女孩其实希望得到老师更多的口头激励。也许每位老师都教过怎么都不相信自己有足够能力的女孩，除非再三地激励她。老师必须懂得，女孩有可能特别受不了失败，因此，不论是学业上还是人际关系上，只要她觉得可能会遭到失败，就会畏缩不前。

帕特里夏·亨利跟我们分享了她在自己的教学中领悟到的智慧。

教学手记

BOYS AND GIRLS LEARN DIFFERENTLY

每个人都有可能在某件事情上比别人强，关键在于老师要帮助一个女孩找到自己的长项，并鼓励她坚持不懈付出努力去赢得最后的胜利。如果我的老师不曾逼着我努力超越给自己设定的目标，我根本就不会相信自己真能达到那样的高度。

我记得有一个学生，小学的时候她怎么都不敢在公众场合发言，我不断创造机会让她能跟我说话、跟一组同学乃至一组老师说话。到后来，同学们选她做纠纷调解员，她做得有声有色。可是，如果我们不曾一直激励她，为她的每一点进步称赞她，她不可能走到这样的高度。以我的体验来说，女孩如果觉得自己可能做不到的话，通常不太会冒着失败的风险向前努力，而多半会是向后退却。

**提供女性榜样及无偏见的阅读材料。**爱迪生小学的老师洛伊丝对提供给女孩的课堂阅读材料非常在意：

> 因为我自己是女性，所以希望能为全班学生，尤其是女生，树立女性榜样。在游戏时确保双方力量均衡是一个能让女孩乐于参与的好办法。我挑选的阅读材料都是不带性别偏见的内容。让女孩多看看女性在生活中扮演的正面角色，是另一个有助于她们认识女性价值的好办法。女孩喜欢在一起做事情，而且喜欢帮助其他同学，我会寻找她们的强项，帮助她们找到各自的兴趣所在。任何一件能激励她们的小事，都可能变成一桩很重要的事。

希克曼米尔斯学区的小学老师珍妮弗和洛伊丝的想法不约而同：

> 我教的是语文，这常常是女孩的强项。上课时，我会在行为、着装乃至勇气上为学生做出表率。我会刻意向女孩展现如何做一个坚强、智慧、充满女性气质的人。上课时，我让孩子们结成小型的学习小组，并注意让自己说话的语气能让她们感到舒服。每组女孩轮流环绕在我的讲桌周围，她们都喜欢跟我一起谈论书中角色对自己的影响，以及书中故事跟自己的生活有何联系。她们很愿意讲述自己的故事，我总是认真倾听。①

跟女孩一对一地聊天、一对一地进行鼓励，为她们树立行为榜样，这其中的重要性怎么强调都不为过。

## 数学和科学课的教学创新

数学课和科学课，同文科课程一样，也是会令一部分学生感到头疼的课程。一些接受过大脑知识及性别差异培训的老师为此想出了不少好的教学策略，可供大家参考。其中有些办法很多老师已经耳熟能详，不过更多的是鲜为人知的新举措。

① 以我儿子所在的小学为例，课堂里有一张很大的凹形讲桌，老师坐在中心，一组学生环绕在讲桌周围，老师针对小组进行指导。这时，其他学生做自习、写课堂作业。——译者注

**将数学的思维过程展现出来。**春枝小学的老师吉尔为了能让学生明白大脑思考数学问题的过程，在上课时刻意把这一思维过程展示给大家看。

> 为了帮助学生学好数学和科学，特别是女孩，我特意把思考问题的过程以及自我设问的策略讲给他们听。比如说，该怎么计算带有小数点的算术题。学生首先要自问："这是不是整数？"然后再确定小数点的位置。学生要一边说出自己大脑中的思考步骤，一边写下每一步的答案，或是"看清"每一步的图示。这种逻辑思维对男孩来说就像第二本能那么简单，而我发现，把思路说出来，或者在黑板上摆出思路示意图，能有助于女孩通过形象思维更好地理解逻辑思维。各种图表也是对女孩很有用的形象思维工具。

**多种策略混合使用。**在讨论如何教好文科课程时，我们讲到许多女孩都很喜欢多种教学方式混合使用，其实教数学和科学课的时候也是一样。通常来说，当一个学生对遣词造句或是某个数学、科学、社会科学等学科的问题或课题感到困难时，他就会觉得相当无聊。这其实是大脑用来抵挡难以处理的信息的一种自我保护方式，从这个角度来说，无聊等于是一个保护罩。而多样化的教学方法能击穿这个保护罩，刺激大脑，让其活跃起来，从而使学习能真正进行下去。对此，我们培训时要求部分老师谈谈自己都用过哪些能促使女生集中注意力的办法。

一位来自圣约瑟夫学区的小学老师说："我尽量混合使用几种不同策略。班上许多女孩都比较喜欢以交谈的方式来拓展思路，所以我在各科教学中都尽量采用小组合作和角色扮演的方式。还有，不少学生在同学间相互辅导或帮助别人学习时，能自己学到不少东西。对那些抽象思维和空间思维欠佳的学生，我会用各种实物操作来辅助教学。我还尽量保证所有学生都能得到均等的参与课堂活动的机会，让他们都能感受到自己的价值。"丹尼丝也说了自己的方法。

教学手记



我尽量创造各种机会，让女孩以角色扮演等形式参与教学活动。她们看来很喜欢在学习话剧、诗歌、故事的时候“上台”朗读。她们还喜欢做一些小道具来助兴。

我还尽量把多种办法混合在一起使用，这显然很适用于女孩。若是发现一小组女孩针对某个课题有畏难情绪，我就会让一两个男孩过去加入她们。比如在科学课上学习某种简单机械的时候，因为有了男孩的带动，女孩们往往就能活跃起来。

多样化教学的方式还包括以身作则。给女孩做出表率对她们来说非常重要。我自己去学了跆拳道，常常跟班上学生讲述自己的学习经历。我还经常挑选女孩去做那些通常由男孩担当的事情，比如搬东西什么的。

对于那些关注大脑发育、性别差异及女生学习特点的老师来说，像这种以自身为表率激励学生上进的事情，要比传授学业知识更为重要。一位老师最近对我说：“我觉得，如果我们能好好激励女孩，真正激发出她的意愿和精神头来，那她就真能做到我们要求她做的任何事情。”不少老师都对此深有同感。他们也相信女孩是很有能力的，只是需要不断地从心底里真正激发出自信来。

我后来反复琢磨这句话。没有谁愿意忽视女孩因大脑结构而带来的学习上的天生困难，也没有谁愿意忽视男孩同样渴求着老师的激励。但如果没有以诚实的态度，从神经科学的角度认真面对课堂中男女生不同的长处与短处，我们就真会看不见。如果你是一位下班后会静静坐在那里，一边啜着咖啡一边思索班上学生表现的老师，那么不必奇怪，你肯定能看明白女生的大脑并不天生比男生差。一方面，统计数据把大家已知的一个事实摆在了面前，即遭受学习障碍困扰的学生大多是男孩；另一方面，女孩在勇于冒险这方面显得不如男孩，也并不值得奇怪，这总的来说与她们天生就不同于男孩这一基点恰相吻合。老师在课堂上把握住每一个激励女孩勇敢迎接挑战的机会，就是在促进这个孩子的成长，也是在促进全班学生的成长。

**尽量多用教具。**最近从教学角度针对大脑的研究得出的最为重要的结论，就是要在数学课与科学课的教学中多多利用实物和教具，这对女孩来说尤其重要，因为学习数学和科学并非她们的长项。简针对教具的使用取得了非常好的成效。

**教学手记**

在四年级的一次课堂教学中，我用呼啦圈做成维恩图来讲解集合概念。呼啦圈靠在黑板的粉笔槽里，学生们拿着便利贴，贴到圈里正确的位置上，就做成了维恩图解。之后他们还要在学习笔记中写下维恩图告诉了他们什么。所有学生都参与到了其中，不但有针对实物的动手操作，还要动笔做笔记，这让学生在不知不觉中既学习了数学，又练习了写作，而且还学得很开心。

这样的教学活动既用到了男性大脑的强项，也用到了女性大脑的强项，不但使得以空间思维为主的大脑活跃了起来，也使得以语言思维为主的大脑活跃了起来，更使孩子们在愉快中完成了学习。

针对那些需要一点额外帮助才能弄明白科学概念的女孩，也可以运用类似的方法。在三年级一堂讲解简单机械原理的科学课上，我把所有需要的东西都拿到了课堂上，让学生们动手实验。我拿了一些实物材料，分别充当杠杆、支点和重物，学生们要自己摆弄这 3 样东西，想办法用杠杆撬动重物，要自己琢磨什么情况下撬得动、什么情况下撬不动，以及什么情况下很难撬、什么情况下容易撬。我让孩子们组成一个个 3 人小组，一起动脑筋。由 3 个男孩组成的小组很快就能弄清楚该怎么做以及为什么这样做；可是，由 3 个女孩组成的小组却怎么都弄不明白，直到最后有人给出提示。



为了提高音乐教学的效果，小学老师丽塔发明了一个很有效的办法来帮助学生理解音符的音长。她用切割成一块块的圆饼来讲解音长，比如说用 1/4 块圆饼来表示 1/4 音符，用 1/2 块圆饼来表示 1/2 音符。她用这些实物教具代替了过去的五线谱图示，而这么做的效果实在棒极了，尤其是那些一向对此感到无聊或是有些吃力的男孩们，他们很容易就理解了实物教具所代表的概念，而且每个人都深为自己的成就感到自豪，甚至还在解答各种音长组合时争强好胜地展开了比赛。引入这么一个需要空间思维的活动，就能抓住男孩的好奇心和注意力，恰是因为这样的活动与他们以空间思维为主导的大脑契合得天衣无缝。

简还讲了她的另一个教学创新，就是在三年级的课堂上使用钟表："我们正在学习读钟表和数钱的那个单元。我们给学生准备了可以拨动指针的钟表，以及一些装着零钱的小袋子。在这天的课程中，我们时不时地要求学生把钟表摆成几点几分、拿出多少零钱来，而学生则需要首先把要求的时间和金额写下来，然后用钟表摆出正确的时间、拿出正确数额的零钱来。"这样的学法让孩子们在快乐中既学了数学又学了科学，用简的话来说："这样的动手操作并没有多少难度，几下子就能摆弄出来。而且这种学习方法对所有学生都有帮助。"这些活动不但让孩子们在课堂进程中能时不时地换换脑筋，去完成一个个几下子就能完成的小任务，还让他们练习了复杂的计算。

丹尼丝也在课堂上运用了类似的教学法。"我们这一整个星期都在学习怎么数钱，"她在报告中写道，"每个学生我都给了他们一袋钱币，在这个星期以及接下来的一个星期里，我时不时地在黑板上摆出一组钱币来，学生们必须数清楚那是多少钱，还要把正确的金额写下来。到了这一星期结束的时候，他们就可以用记录下来的正确答案换取一段额外的课间休息时间，或者是一段自由阅读时间。"

这样的教学方法把语言能力与空间能力很好地结合了起来。对于那些在学习数学时需要把黑板上的抽象数据转换成实体才能明白的女孩来说，这么做实在是太棒了；而对于那些需要与无聊相抗争的男孩来说，这样的摆弄不但好玩有趣，而且还给了他们时不时动一动的机会。

丹尼丝还讲了另一个例子："有一个单元讲解磁铁。在课堂上，我安排了许多动手操作的活动，让孩子们亲手尝试各种物质的不同吸磁效果，这令他们对磁铁的作用有了真正的理解。这样的教学法不但让男孩有了更多肢体活动的机会，也让他们在学习时能保持浓厚的兴趣。”

**小组合作。**丹尼丝还注意到，让学生们结成小队或者小组进行学习，也能提高数学课和科学课的教学效果。“我还发现，不只有动手操作能帮助孩子更清楚地理解抽象概念，小组合作也很有效果，特别是学习数学的时候。比如说，我们最近在讲估算这一单元，我在课堂上用了一些装着实物的罐子来帮助孩子们了解如何正确估算罐子中哪种物品更多，哪种物品更少。利用小组合作的形式拿这些罐子做练习，结果不论男孩还是女孩都更好地理解了这一概念。”

在数学和科学的教学上最讲究亲自动手体验的课堂之一是蒙台梭利风格的课堂。任何一个希望在数学和科学课的教学方式上更加形象化、更便于学生动手操作的老师，都可以去参观蒙台梭利的课堂，看看他们的数轴、数链及其他教具，一定能得到启发。不仅如此，蒙台梭利的小组互助及学习伙伴的教学模式也非常有效。

## 丨标准化考试

在任何有关小学教学水平的讨论中，我们都必须拿出勇气来质疑当前的标准化考试。目前，针对三年级、四年级、六年级以及初中、高中的教学水平问责制考试已经遍及全美。这种一年到头考个没完，而且越来越向低年级发展的标准化考试，在完美课堂中，应该占有什么样的位置呢？

近些年来，越来越多不同年级的学生被立法者指定参加学校教学水平和学习能力的考试。老师、学生和家长每次都要花好几周时间来准备这样的考试，学校行政人员和老师因作弊丑闻而被开除或勒令退休的事件不断出现。对于没有孩子或者孩子不在公立学校上学的人来说，这样的事情听上去似乎有些荒诞不经，可是对于任何一名关心公立学校的老师和家长来说，目前的统考制度实在弊端重重。老师作弊，学生作弊，为了备考而停下正常的教学及家庭作业，社会舆论给学生和家长带来更大压力……还有，让人最为心痛的是，考试成绩上去了，可真正的学习却下来了，这完全和教育工作者的追求南辕北辙。

我家孩子的一位老师跟我说："这种没完没了的教学水平考试，是我从教20多年来见识过的最打扰正常教学的政策之一。"没有人会质疑确保学校和老师对教育负责的必要性，也没有人愿意看到一所学校的教育水平总也上不去，但目前这种歇斯底里的统考做派，难道就是有益于儿童大脑汲取知识的健康做法吗？

我们的研究表明，这种统考所带来的结果绝大部分都是不健康的。在这一点上，我们显然在最高层面上驳斥了立法者们的智慧。以现在的情况来说，统考制度非但没有帮助学校提高教学水平，反而对学校正常的教育构成了严重侵害，若真希望它能起到正面作用的话，目前的统考标准就必须要修改得更加灵活才行。那些立法者因担心美国在教育标准上落后于其他国家，对学业水平不够好的学校全无耐心，而且在确立统考标准前，完全没有咨询过儿童大脑发育方面的研究专家。10岁孩子的大脑发育水平及智力水平有很大的个体差异，这一事实本身就使得现行四年级统考标准成了对学校教学的桎梏，不但给了家长一个完全不切实际的成绩标准，更是令学校和老师为此耗费无数精力。

政治家和立法者们也许相信，他们设立教学水平考试的本心是最为善意而美好的，但是，教育工作者可以根据儿童大脑发育的实际状况，给这些制定法规的人好好上一堂课。

## 学习障碍、行为障碍与特殊教育

在美国的教育文化中，膨胀得最快的领域之一就是学习障碍、行为障碍及与之对应的特殊教育。一方面，男性大脑很容易出现学习障碍和行为障碍等问题，绝大多数特殊教育的课堂里，男孩的数量是女孩的3倍；可另一方面，许多女孩易患的障碍又因脑神经的原因表现得似乎"不够厉害"，使得老师的"雷达"无法捕捉到。但有一点我们知道，当今社会中，破碎的家庭越来越多，成长中的孩子因承受的情绪压力过大，致使各种学习障碍和行为障碍越来越多。再加上家长和老师因缺乏培训而不懂得如何"滋养"孩子的大脑，生活环境中的过度刺激，从媒体刺激到其他文化刺激都越来越多，已超越孩子大脑的发育进程，迫使他们更早地开始学习乃至过早承受社会的竞争压力，事情就更是雪上加霜了。

这里要提供给大家的，是来自老师们的故事以及他们的教学创新方法，希望这些内容能帮你填补在教育“特殊”孩子时的不足。在下面的内容中，我们将以黑体字来标明这些创新方法。

有一位资深老教师，负责指导好几个有行为障碍的学生。她在写给我们的报告中，用一件事深刻地描述了班上的问题：

> 今天，我没收了一个学生画的草图。那是一张班上学生的座位图，他在谋划一场铅笔大战。在这张座位图里，每张课桌上都写着该座位小主人的代号。他还画出了用铅笔头轰炸每个座位的飞行线路。最让我震惊的是，这孩子跟其他同学之间毫无情感联结可言。这些学生经常以粗鲁而毫无尊重的态度对待彼此，乃至对待成人。他们太过沉迷于在同学面前做些标新立异的事情，有时甚至把是非观念都远远地抛在了脑后。

这位老师采用了我们前面讲过的**等待 60 秒钟**的策略。她写道：“等待 60 秒钟的做法，尤其是你要没收东西，让学生把东西交给你的时候，非常有用。我让他把铅笔及其他武器交给我，然后就开始了 60 秒的等待。通常用不了 60 秒，孩子就已经把东西交上来了。还有，我要求学生离开教室时，也是在发令之后等上 60 秒。”当大脑被激怒之后，你需要一定的时间才能让其沉静下来。如果你发令之后要求学生当即行动，结果往往只会令事态更加糟糕。而从学生的角度来说，他也同样需要时间来想办法找回面子、权衡后果、控制胸中的怒火。

这位老师还曾把“取消课间休息”当作管教手段，不过她后来是这么做的：“对于课间休息，有段时间我感到很挣扎。有些学生会因为犯错而被取消课间休息，他们到时候只能靠墙坐着，看着其他同学玩耍。可是，他们往往是最需要以活动的方式来释放精力的孩子。所以，我决定寻找其他办法。后来，我开始给每个孩子的犯规行为计分，每犯一次错，就**跑操场一圈**。这办法不错，他们需要折腾折腾，而犯了错就不是由他们来决定该怎么折腾了，他们犯几次错，就必须跑几圈。”

小学老师洛伊丝也跟我们分享了她的创新方法。

做好**压力球**之后，我就开始留心课堂上哪些学生可能最需要这东西。没多久我就注意到杰克，一个需要靠利他林来控制过度躁动的男孩，上课时用铅笔一个劲儿地敲打桌子，还有另外两个同样在服药的男孩，也在往自己的课桌上铺撒撕碎的卫生纸。这是在五年级的课堂上，我们正在以小组形式学习社会科学。班上的男孩占绝大多数，差不多是女孩的 5 倍。编组的时候，男生们为了争夺某几个男同学加入自己的小组，几乎闹翻了天，看起来是因为他们觉得只有这几个孩子的加入才会令他们完成我布置的任务。我需要帮他们消减掉学习中的这些压力。

我带的这个五年级的班上有一个患有学习障碍的男孩，他特别喜欢数学，可是其他科目的作业都不愿意做。我后来发现，如果分派给他一些特别的作业，倒是能取得特别的效果。他喜欢**文字少的作业**，比如说，只需整理图表然后**简单作答或绘图作答**的作业就很合他的胃口。因此我为他及另外几个学生专门准备了不同于其他学生的作业。这几个孩子现在终于愿意把更多的时间花在做作业上了，而且上课的时候也更少出现扰乱课堂纪律的问题了。

我班上还有一个男孩被确诊为行为障碍，可是，他的父母不同意送他去特殊教育班级，还是把他留在了我的班里。我每天都会为他换用各种不同的教学策略，其实特殊教育班里的老师也是这么做的。**一对一辅导**对他很有效果，我还刻意在他**做功课时陪在他身边**。他不喜欢用手写字，我就让他**用电脑打字**。

我还会安排他做一些需要**几分钟跑腿的差使**。这么做让他有了一种被信任感和责任感。有时我们会一起在教学楼的走廊里坐一坐，我会以尊重、平和的口吻跟他说话。他似乎很珍惜这样的机会，他也不是一个暴力的人。由于班上还有一名学生小助教，我就有了更多的机会一对一地帮助他，以及其他几个孩子。

洛伊丝为教好这位行为障碍学生所用的多重不同策略，勾勒出了以脑科学为依据的新式特殊教育的关键所在：用多重教学策略和技巧来促成孩子的全脑活动。

## 班级里的小班级

有了在班级里设立小班级这一创新举措，学生就不必被抽调出来送去特殊教育班级了，而变成负责特殊教育的老师进入正常课堂，和所有学生，包括需要特殊教育的学生一起学习。在这种情况下，有时候同学们都不知道谁是那个需要特殊教育的学生，所有学生都得到了额外的辅导机会，享受到了特殊教育老师的特殊帮助和指点。需要特殊教育的学生也不必担心去到新班级要和新同学打交道，只需留在原有班级就好。

简就在这样的模式中任教，她觉得这种做法很好。这是一种既包括了特殊教育，又不完全是特殊教育的模式。有些人批评这种做法没有给需要的学生以充分的特殊教育，对那些症状非常严重的孩子来说，的确如此，不过这也使得简对这样的模式又做了进一步改进。

教学手记



特殊教育教学组采用了一种双层复写笔记本，方便那些需要做笔记，却又因特殊困难而无法写下来的特殊学生使用。有了这东西，他们的学习伙伴就可以先把笔记写下来，然后撕下一联来给那些孩子学习或者带回家。

今年，特殊教育教学组又设计出了一种三层复写的**冷处理记录卡**，给那些违反了纪律、需要被送到其他办公室的学生填写，填好后，有一联会送去校长那里、一联送去家长那里，让他们了解孩子的情况，还有一联作为班级留底。这不但方便知会有关方面记录备案，还方便学生对自己犯过的错误心中有数，敦促他们对自己的行为负责并加以改进。

我们特殊教育教学组还常常让学生按性别分别**结成合作小**

> **组**。比如说，读完一段故事之后，就到了分析故事的问答时段，这时会让孩子们一起动手制作一个提问转轮。有一个小男孩请求跟他的小伙伴一起来解答问题，我当然会允许这样的好主意。他**在另一个孩子的帮助下**跃跃欲试，效果好得出奇。而且，需要动手转动的带有6个问题的提问转轮，也一直吸引着他们的注意力。

简凭借她的直觉在特殊教育教学中给了孩子们男女分组学习的机会，这样的做法和全美各地其他老师的做法不谋而合。在常规班级中，可以有很多机会让孩子按性别结成合作小组，对需要特殊教育的学生来说，无论是在常规班级中还是在特殊教育班级中，同性别的孩子在一起学习会更有意义，因为这样可以减少孩子在学习过程中大脑的分神，让他们更容易把心思集中到学习上，而不再花额外功夫去应付那些男女生的不同。

### 快速认字法

快速认字法是以科学研究为基础，针对有学习困难，尤其是阅读困难的学生设计的一种教学方法，设计者是脑神经科学家葆拉·塔拉（Paula Talla）和迈克尔·默策尼希（Michael Merzenich）。这一方法主要由电脑游戏组成。学习指导师罗恩·勃兰特（Ron Brandt）在他的报告中写道："这种做法首先以刻意延长时间的慢速度教学生分辨相似的音素，然后再慢慢提速以增加不同音素的辨识难度。"在全美学习障碍统计数据中，问题最严重的就是阅读和写作，这主要是男性大脑的问题，而使用类似这样的电脑游戏恰是非常对症的。音素辨识对有读写困难的人来说至关重要，而电脑游戏能借助屏幕上的空间刺激来强化大脑对音素的辨识能力。

### 身体活动及空间刺激

对所有学生来说，把身体活动当成学习过程中的组成部分，并在教学中利用实物做教具，远比让他们成天埋头在纸堆中效果要好得多，对于需要特殊教育的学生来说，就更是如此。

我们的研究表明，如果老师有条件**在教室前面播放幻灯片**，而不只是单纯讲解，教学效果会好很多。这等于是把视觉和空间的刺激叠加到了语言刺激之上。对大多数需要特殊教育的男孩来说，这种**多重感官刺激法**不但有效，而且至关重要，尤其对小学一二年级的小男孩来说更是如此，因为他们这时的语言发展水平往往赶不上女孩，不但需要以视觉刺激来让他们看得更清楚，还需要通过空间刺激来促进脑神经元之间产生更多连接。

让学生**在课堂上做演示**也是对需要特殊教育的学生非常重要的教学方法，因为做演示时，大脑中的更多部位会被调动起来，学生也就更容易记住他们做过的事情。我们尚不清楚脑神经到底是怎么做到这一点的，即为何身体的活动能使记忆加深。不过有一种说法认为，当孩子的整个身体都在活动时，大脑里的海马也很活跃，因此比较容易形成新的记忆。不论是讲解液体蒸发、光合作用、地理地貌还是表演故事情节，甚至是单词拼写，比如让学生“变成字母”具体形象地学习拼写，都可以通过身体活动的方式来增加记忆内容，而增加了的记忆内容自然能使孩子学到更多的东西。

## 以多重感官刺激法来应对阅读困难

最为知名的两种多重感官刺激阅读法是琳达穆德贝尔法（Lindamood-Bell）和斯金德灵法（Schinderling）。这两种方法都特别适合男孩，因为他们针对感官信息的加工比女孩要慢。许多老师都熟悉这两种方法，不过家长和保育员却不见得知道。

一个孩子有阅读困难，往往是因为他在学习字母、音素及其他阅读元素时，接受的是只有视觉或听觉的指导。而多重感官刺激法则要求孩子先用手指顺着字模的沟槽摸一遍，以触觉来“感受”字母，然后再听字母怎么念、看字母的形状、自己跟着念出来，最后还要描述他说出这个字母时，嘴巴里有什么感觉。通过这样一套路径下来，这个孩子在学习字母时便用到了不止一个感觉器官的感知功能。

## 合作式学习与竞争式学习

假如人类不曾通过合作式学习及竞争式学习来完成进化，我们也就永远不可能达到现在人类在进化界中所占据的高度。以脑科学为依据的教学研究表明，这两种学习方式都是创建完美课堂的根基。

合作式学习，不言而喻，就是大家齐心协力一起参与。这对促进男女生大脑的发育具有重要价值，怎么强调都不过分。

朱莉是一位三四年级的老师，她以各种方式来推行这样的教学方法。

教学手记



星期二的课堂上，我们的任务是讨论学校品德教育中倡导的那些好品德应该怎么定义。学生们组成了好几个合作小组，各自写下他们对这些好品德的看法。然后我们集合到一起，分享各自的见解，之后又把最核心的好品德做成标语贴在教室四周。这一星期里，我们班上有不少小组活动，通过这些活动，大家建立起了同学间的友谊，形成了一个团结的集体。

我们从上个星期开始排演一部话剧。学生们决定邀请残疾班的同学、老师，还有一年级的小伙伴一起来参与。他们为此做了好多的筹备和练习，现在终于可以上台表演了。话剧的编导由班上的3个学生负责，所有同学都做得非常用心。

查理，一个平常总是违反纪律的学生，是这个话剧的总导演，他在率领大家排练的过程中，对自己的行为控制得相当好。看着他两眼放光充满自信地做着那些事，我由衷地替他感到高兴。话剧上演的那一天，查理过来给了我一个拥抱，这可是一件不同寻常的事，因为他平常不许任何人触碰他。这4个星期以来，他有了长足的进步，我为他感到骄傲!

在这一学年里，我觉得对促进我们全班师生关系最为重要的一件事，就是我们每个人之间都能敞开心扉。我们，也就是我和每一个孩子，有什么话总是开诚布公地相互交流。

这样的合作体验构成了每一位小学生成长经历中的核心，对那些有学习困难和行为问题的学生来说，其中的正面影响更是不可估量。

但凡参加过脑科学培训的教师，通常都能认识到人与人之间的开诚布公与密切合作对儿童大脑的成长有多么重要的促进作用，他们同样也能认识到竞争对大脑发育的促进作用。琳达是纽约长岛市的一位四年级教师，她对此深有感触。

教学手记



我班上曾有三四个男孩很让人头疼。实际上，在长达 25 年的教学生涯中，我的班里常常有那么几个男孩，要么总是觉得很无聊，要么老是学不好，要么常常调皮捣蛋。

我曾接受过合作式学习的培训，也曾亲自养大了两个儿子，但我一直避免在课堂上制造竞争。直到通过学习了解到，自然而然的竞争有助于男孩大脑的发育之后，我开始在班上尝试一些竞赛游戏。

结果真的很见效，有些上课时总是很无聊甚至爱捣蛋的男孩，格外喜欢这样的活动。我还发现，这样的竞赛游戏不但对男孩很有帮助，女孩也能通过健康的竞争式学习而大有收获。

许多教师都曾像琳达这样，虽然接受过合作式学习的培训，但是不了解还可以利用各种竞赛游戏来促进教学，现在总算是明白了，游戏和竞赛也是帮助男孩学习的好办法。

有一位来自得克萨斯州的老师，一至五年级都教过，她对竞争式学习很有心得。

自从学习了脑科学中有关性别差异的最新知识后，我决定在我负责的三年级课堂中增加更多的游戏活动。比如说，有一个算术游戏是让学生们比赛谁算得最快。我会对获胜的学生说："恭喜你！"虽然在数学课上一般是某个男孩最能干，可我这次遇到了一个谁都打不败的女孩。我们还有些拼写游戏，这些游戏一般赢的都是女孩，可班上竟有两个男孩占据了优势。所有孩子都喜欢这样的比赛，尤其这样的比赛还很在乎"团队精神"，我们要的不是看谁最笨，而是如何让每个人都绽放光彩。班上倒是有几个孩子总也赢不了，我就不断地想出些我觉得他们能赢的游戏来。到了本学年末的时候，他们每个人都至少赢过两三次。

每个孩子都不觉得那么无聊了，因为上课变得很有意思。虽然有时候吵闹在所难免，不过也容易控制多了。我还注意到，孩子们开始越来越在乎"公平"了。我以前认为，没有谁会输、人人皆大欢喜才能教孩子们学得公平二字，可现在我发现，更重要的是让孩子们认识到，生活中不可能时时处处都是公平的，要获得成功就必须付出努力。

有个女孩平常很难得赢一次，这一天她又输得很难过，于是我跟她聊了聊。在谈话中我问她："这些游戏是不是伤了你的信心？你觉得我们要不要取消？"她的回答很出乎我的意料，她说："没事儿，我觉得这些游戏挺好，我只要再努力些就可以了。"她很明白自己需要做什么，也知道要为自己的行为负责。

## 体育运动

虽然我们在课堂中不妨多运用一些比赛、游戏及其他竞争性的手法，不过总的来说，我们认为目前小学阶段的体育运动太偏重于竞争色彩，而合作色彩太少了些。许多教练和家长都太过看重孩子在体育运动方面的竞争精神，有些家长在孩子很小的时候就把他们强行推到竞争性的体育运动之中，然而这些家长以及他们所在的社区往往又并不在乎成年人的体育运动。

在完美课堂里，在孩子六七岁之前，除非他自己特别要求，否则不应安排课余的体育竞赛。学校体育课之外的体育竞赛对六七岁之前幼儿的大脑发育并没有多大的促进作用，而竞争所造成的压力对孩子有害无益。幼小的孩子更愿意享受无拘无束的身体活动，我们不应施加压力迫使他们过于目的性地“使用”他们的小身体，可体育竞赛会过早地把对竞争的过分强调印刻到孩子心里。

BOYS AND GIRLS LEARN DIFFERENTLY 男孩女孩教育箴言

等孩子满 7 岁之后，可以在每天或者每周的体育活动中加入一些竞赛内容；到了四年级，许多孩子，主要是男孩，也包括一些喜欢竞争的女孩，便会主动寻找机会参与各种体育竞赛。不过，在小学低年级，不论老师还是家长，都应该对孩子参加体育竞赛所承受的心理压力保持警惕。

有些孩子喜欢团队形式的体育活动，可有些孩子并不喜欢，这样的孩子到了四年级以后，可以选择学功夫或者打网球之类的运动。体育运动，哪怕是最简单的跑步，对 10 岁以上的男孩来说都非常重要，因为这时候，男孩的身体里已经开始分泌睾酮了，我们应该多为他们提供机会，让他们每天都能有充足的大运动量体育活动，最好能比常规体育课的时间更长一些，来帮助他们平衡身体里的睾酮。有组织的体育活动对 10 岁以上的女孩也很有好处，不但可以让她们学到竞技本领，还能改善她们身体中肌肉和脂肪的比例。

在华盛顿州的斯波坎市，几年前成立了一个少年摔跤协会，一开始只有 50 名 5 ～ 12 岁的孩子参加，现在已经发展到了 800 名。这个协会成立的起因是一群男孩的爸爸想让孩子学习摔跤，而这个协会的兴旺则是因为它有这么一个特点：尽管这是一项竞技性的活动，毕竟两个孩子相互摔跤时，总会有一个人输，一个人赢，可是不论输赢，每个参与其中的孩子都能得到各种名目的奖励。家长们也参加了这个协会主办的培训，学习不对孩子发号施令，而是请求孩子予以帮助。这样的体育活动，就是竞争与合作平衡得很好的一个例子。

## 男孩女孩科学教养
## —— 小窍门 ——

在本章中我们探讨了小学阶段的教学创新，看到了不少或大或小、既能帮助男孩也能帮助女孩的好办法。作为总结，我们来简要回顾一下其中一些让课堂教学能更适合男孩和女孩的不同学习方式的关键要素，也就是给教职员工的建议。还请各位牢记，一种适用于男孩的好方法，往往也有可能适用于女孩，反之亦然。

### 针对男孩的建议

☆支持老师参加培训，学习男孩大脑的发育特点，了解男孩大脑的学习节奏，明白他们的发育进度往往不同于女孩。

☆在需要的时候，结成单纯由男孩组成的合作小组。

☆鼓励老师与学生建立紧密的情感联结。

☆懂得欣赏像小淘气哈克贝利·费恩这样的旺盛精力，并动脑筋将其引到学习及优良品德的培养上。

☆对班上那些天性较为敏感、不太愿意竞争、不太好斗的男孩，要格外关照。

☆倡议社区和学校多多关注男孩的困扰。

☆允许孩子在课堂上多活动，多给他们机会参加体育活动，多一些拍手、拥抱等身体上的接触，在课间休息时允许孩子偶尔“撒撒野”。

☆确保孩子在校园生活中有与成年男性接触的机会，五年级以上的男孩更需如此。

☆三年级以下的教室里，课桌椅千万不要固定成直线，更不要钉死在地板上。尽量多给孩子一些宽裕的空间。

☆在课堂上多给孩子一些讲故事、编故事的机会，借此帮助男孩更好地开发大脑的想象功能和言语技能。

☆多提供一些实物供他们触摸以及看、嗅、听等，尤其是在上语文课的时候。

### 针对女孩的建议

☆老师们需要了解女孩的大脑是如何学习的。

☆小学低年级的课堂上要多使用教具和实物；小学高年级的数学课不能仅在黑板上做讲解，这种方式只适合男性大脑所擅长的抽象思维能力，还要多采用图解、图表及书面文字解释。

☆多提供一些实物供学生触摸以及看、嗅、听，尤其是在上科学课的时候。

☆借助故事中及现实生活中各种能力突出的女孩或成熟女性，为她们树立女性行为的榜样。

☆在需要的时候，结成单纯由女孩组成的合作小组。

☆多提供一些机会让她们接触电脑和网络技术，多鼓励她们学习、掌握并应用这类技能。可以从小学三年级开始，同时请记得，9岁之前的孩子大量使用电脑有可能对大脑发育造成负面影响。

☆把数学及科学的教学与写学习日志结合起来，这既能发挥她们在写作上的长项，也能让她们通过书写帮助大脑处理数学计算、吸收科学数据。

☆鼓励女孩参与健康的竞争式学习，以免她们因为不像男孩那般天生喜欢争强好胜而落后于男孩。

☆多和她们保持健康、开诚布公的交流，让她们随时感受到老师的殷切期望，得到老师的不断鼓励。

完美的小学课堂应该是一个很温和且充满学习气氛的学习环境，老师们不是在教“孩子们”学习，而是在教男孩学习、教女孩学习。在美国公立体系的学校里，通常是男孩女孩一起在老师和辅导员的指导下共同学习的，也需要大量同学间的相互学习。在完美课堂里，师生会紧密联结，冲突会妥善解决，没有哪个孩子会落后，所有男孩女孩之间的性别差异都会得到关注，老师更是要接受过良好的培训，对男孩和女孩都不存在任何哪怕隐晦的偏见。

古里安研究所的分析发现，虽然教师培训多种多样，可是对小学老师来说，最有帮助的培训当数男孩和女孩学习方式的不同。到学校来上学的孩子自然以为老师什么都知道，可他们哪里知道，有不少老师跟他们的父母一样，从课堂结构到教学手段，在很大程度上都不知道该怎么教男生、怎么教女生。幸运的是，以脑科学为依据的教学研究已经有了长足的进步，如今老师和家长们在教育孩子的过程中，都不必再盲目地胡乱尝试，因为已经有了切实可行的培训可供他们提高能力。

许多老师在小学阶段使用的教学创新方法都可以在中学阶段继续使用。在进入下一学习阶段之前，请把本章所学到的教学创新方法记在心中，然后和我们一起前行，继续探讨新的教学方式，以满足孩子们在下一成长阶段中的需求。这一阶段被称为“中学”，是一段既疯狂又混乱、却能令孩子收获巨大的阶段。

在进入中学阶段之前，跟上一章一样，让我们以对孩子家长及其他养育者的建议来结束这一章。

### 给家长的建议

☆请倡议并支持学校体制上的创新，比如全年上学、小型学校、混龄课堂、更低的师生人数比例，等等。

☆请倡议乃至帮忙集资，支持教师参加培训，使更多教师懂得男孩和女孩在大脑发育上的不同进程及差异。

☆在同意孩子服用利他林、百忧解及其他精神药物之前，请多找两三个专业人士，好好咨询一番。

☆继续保持在家和孩子一起读书的习惯，并逐渐增加孩子的写作任务，比如写感谢卡、生日会邀请卡、书信、电子邮件，也许还可以让他写写日记。

☆在家里也要注重品德培养，包括为孩子树立榜样、给孩子讲人生道理、读励志故事等。

☆家中制定的管教规则要坚守如一，而且还应该了解学校里有哪些管教规则，尽量跟学校的规矩保持一致。

☆多运用一些符合大脑发育的小技巧，比如对于有些男孩，在你下达某个指令后，需要耐心等待 60 秒钟，又比如对于有些女孩，需要你多给她打打气。

☆请与学校老师保持密切联系，多参加学校的义工活动，做学校的好朋友。

☆家中电脑、电视等媒体的应用，要根据孩子大脑发育的程度，做出最有利于孩子成长的合理规划。

☆更充分地了解勇狠滋养的价值，要像对共情滋养的善加利用一样，好好引导和发挥勇狠滋养的作用。

最后，也是最重要的一条忠告是，请家长们记得要“跟孩子在一起”。这固然是陈词滥调，可也是最实际的忠告。从脑科学的角度来说，这意味着家长要和老师一起接受关于儿童大脑发育及性别差异的知识，从而使得家庭与学校联合起来，共同构成孩子的完美课堂。

# 05 BOYS AND GIRLS LEARN DIFFERENTLY

## 创建完美的初中课堂

“理性思维与道德观念一旦结合起来，就能成为这个世界上我们所知的最为有力的工具。”这句话，我已经不记得是谁说的了，是沃尔特·惠特曼，还是拉尔夫·沃尔多·爱默生？不记得了。但是，自从几年前读到了这句话，它便始终驻留在我这个中学教师的脑海里。这句话说的恰是我要去做的事。我想把我所知道的一切都教给学生们，好让他们成为善于理性思考、富有人性智慧的年轻人；我还要强调品德和行为的培养，好让他们把聪明才智用到正道上去。有些人害怕教中学的孩子，但我不怕。我喜欢挑战自己，并以自己的能力来影响这些年轻的男男女女。

——克拉伦斯

中学教师及教练

我正在参观一所中学，一名八年级的女孩知道我很喜欢听学生们爱说的那些笑话，所以递给我一张纸条，跟我分享了一个在互联网上长盛不衰的故事：

这是一段无线电通信的真实记录，内容是美国海军军舰与加拿大官方在纽芬兰海域的一番交涉。

美国军舰：请将航线向南转舵 15 度，以避免碰撞。

加拿大官方回应：建议你将航线向南转舵 15 度，以避免碰撞。

美国军舰：这里是美国海军军舰舰长，我重申一遍，掉转你的航向。

加拿大官方回应：不行。我重申一遍，掉转你的航向。

美国军舰：这里是珊瑚海号航空母舰！我们是美国海军的大型战舰！立即掉转你的航向！

加拿大官方回应：这里是一座灯塔……请回答。

这段笑话的作者自然不是美国海军，不过他显然也并没有打算借此来比喻中学的校园生活，但这讲的不就是中学里的情形吗？妄下结论、隐含威胁、极其固执、沟通不畅，我们和学生似乎每天都生活在紧绷的压力，甚至是超出预料的对抗之中。即便中学校园并非一片战场，那里也真的充满了压力与紧张。青春期孩子的大脑正经历着又一轮的飞速成长，与人生最初的那 3 年不相上下，不但发展速度令人吃惊，其中蕴含的潜力也同样令人吃惊。

这一阶段，不仅孩子的大脑新皮层在认知水平和抽象思维方面出现了飞跃，就连他们的身体也开始进入成熟期，跟大脑一起从儿童跃向成年人的高度。而这一切，又使得初中阶段成为一个充满感悟、梦想、痛苦，也充满了诸如“哎哟，看来这一次你就是那个灯塔了，我还是绕道得了”之类冲突的阶段。

BOYS AND GIRLS LEARN DIFFERENTLY 男孩女孩教育箴言

所有青春期早期的孩子都经历着明显的人际关系变化，同时，男孩和女孩也正经历着基于性别差异以及性差异的大脑重建。男孩向前迈出了一步，他的行为和思维方式都变得更像个年轻男性了；女孩也向前迈出了一步，她的行为和思维方式也都变得更像个年轻女性了。男性和女性的相同和不同之处都得到了更为充分的展现。

那么，既适合中学男生也适合中学女生的完美课堂又该是什么样子呢？在他们向成人世界迈进的过程中，我们又该如何教给他们知识、培养他们的品德呢？在整个探索过程中，来自全美各地的老师向我们提供了他们对这些问题的答案。

## 教学体制上的革新建议

不同的初中学校在年级结构上有着很大差异：有的是六至八年级，有的是七至八年级，有的是五至八年级，还有的是六至九年级。在参考我们有关中学教学体制上的革新措施时，请根据你所在学校的实际情况灵活掌握。

下面的第一条革新措施，是一个相当有争议的做法。

## 单性别课堂

少男少女们天生既乐于男女同班学习，以便能多花点时间在异性身上，又乐于跟自己的同性结伴，以便能更专心地学习。而美国的教育界针对男女生该不该分班学习的争议一直不断，因为事实上不论男孩还是女孩，他们的心理都既需要男女同班学习，又需要男女分班学习。

其实，孩子按照性别分群活动的倾向从他们很小的时候就开始了。人们早就发现，幼儿园的小男孩倾向于跟班上其他小男孩一起玩，甚至根本不跟女孩玩；同样，幼儿园的小女孩也喜欢找小女孩一起玩，做游戏或做事情时会刻意回避男孩子。这样的行为会从上小学一直延续到高中毕业，实际上贯穿了人的整个一生。男人和女人固然都很乐意有异性的陪伴，可他们也同样会觉得跟同性伙伴一起做事要容易得多。

对教育工作者来说，这样司空见惯的自然现象使得我们自然而然会把单性别课堂的做法当作诸多提高教学效果的举措之一，就好比盛宴上诸多美味佳肴中的一味。实施这样的教学措施并不会以任何方式伤害到任何孩子，因为他们天生倾向于这么做，更何况这么做还很有可能帮到数以百万计在男女同班的环境中因男女天生的竞争而感到学习吃力的孩子。

BOYS AND GIRLS LEARN DIFFERENTLY 男孩女孩教育箴言

多年来有不少研究数据都表明，在女生班或女校里，女孩的成绩能更好地提高，特别是在数学和科学这两个科目上。而最近又有新的研究数据表明，在单纯的男生环境中，情形也是类似，男生的读写成绩和行为表现均得到了改善。

这样的研究结果当然不值得吃惊，毕竟人类的大脑天生就因性别的不同而不同：男性有男性大脑，女性有女性大脑。比如说在语言学习方面，女性大脑往往发育得更早，而且有更多大脑皮层组织负责处理语言信息，而男性从小就在这方面落后一些，甚至有些男性最终也没能赶上来；反之，在空间信息处理以及高等数学和科学的学习能力上，女性往往又落后于男性。

美国一些男女同班的学校已经开始尝试单性别课堂的做法了，当然，还有一些原本就是男女分班的学校则继续保持着他们的传统。比如位于北卡罗来纳州阿什维尔市的卡罗来纳走读学校，也是古里安研究所的一所样板学校，最近就针对六年级和七年级的关键科目实施了男女分班教学，对体育课和艺术课也进行了分班。他们还特意成立了一个分班教育顾问小组，以充分的灵活度来满足那些有特别需要的青春期孩子。

密歇根州中心线市的沃尔夫中学，在 2007—2008 学年针对六年级的语文、社会学、数学和科学这几门课程试行了男女分班教学。由于试行期间男孩和女孩的成绩都有了显著提高，因而在 2008—2009 学年，他们继续在语文和社会学课程上采用分班教学模式。2007 年，南卡罗来纳州设立了全美第一个州政府教育部所属的特别办公室，推动在全州试行单性别课堂教学的做法。研究者们密切关注着这一首创措施，准备对实施过程及结果做出相应评估。如果你想知道有关男女分班和分校教育的成果，以及如何建立男班女班、男校女校的详细步骤，请参照古里安研究所的另一本书：《单性别课堂的成功之道》。

在建设完美课堂及完美学校时，我们要尊重儿童大脑的自然倾向。这并不意味着应该在社区里强行落实男女分班教育的措施，而是应该向社区成员指出分班教育的好处，并由社区成员自己评估是否愿意做这样的尝试。

我们的研究结果吸引了不少教师前来参加专业培训，尝试实践男女分班教学的做法。他们所取得的教学效果，你将通过下面的故事有所了解。单性别课堂能有效消除各个不同年级的许多问题，而我们之所以在中学这一章里专门讲解这一措施，是因为我们相信，中学生在学习和纪律上的很大一部分问题都将因这一举措的采用而得以消除。

下面就来看看这一举措为何能有如此成效。

**在初中阶段实行男女分班教育的逻辑。**初中阶段是雄性激素和雌性激素分泌最为旺盛的时期。男孩性成熟的开始就伴随着睾酮的大量分泌。在短短几年内，他们身体内分泌的睾酮甚至要比女孩高出 20 倍，因此他们必须学会如何应对这样巨大的变化。这种激素不仅是性激素，还是“攻击性”激素，因此中学时期的男孩常常觉得自己难以控制情绪，比如感到义愤填膺、蛮横霸道、笨拙毛躁、别扭尴尬，或者心里有话却不知该怎么表达，想接近女孩却又害怕，总想跟其他同伴争夺女孩对自己的关注，同时还不太能说得明白自己身体发育的复杂性等。

女孩性成熟的开端伴随着孕酮、雌激素和催乳素的大量分泌，这些使得她们的身心发育比男孩还要复杂，需要她们花上好几年的时间来学习如何把握自己全新的身心状况。她们的情绪时晴时阴，自信心时高时低，对自己是否能融入其他女孩的世界敏感至极，而且会跟其他同伴争夺男生对自己的关注。她们常因男孩的成熟度远远跟不上自己而感到懊恼，只好把自己装扮一番以讨得男孩的喜欢。她们也常因胸部的隆起、体重的增加、体型的变化等外表发育特征而遭到男生的骚扰。

在经历这种认知及身体上的巨大变化时，孩子们总会以极端的做法来掩饰自己的真实状况，要么尽可能地让自己隐形或透明，要么招摇过市以引人注目。他们的这些极端反应既可能是严重的病理问题，如进食障碍和暴力行为，也可能是影响上课的行为问题，如自卑自怯、不肯举手，或者胡乱举手、讨论时滔滔不绝、故意违反纪律以获得他人的关注等。这些问题往往会给青少年的学习带来诸多压力，令许多少男少女达不到他们本来能够达到的学业成绩水平。在一个由 30 ～ 35 名学生组成的班级里，这群 12 ～ 14 岁的青少年之间通过言语及非言语的方式进行的社会心理层面上的交流远比我们想象得要多，既有暗地里的社群排位，也有情窦初开的爱慕之情，这些使得他们的心思常常无法集中在学习上。

我们都知道，当今的社会文化，尤其是众多媒体形象向青少年灌输了大量关于早恋、浪漫幻想及性幻想的信息，导致孩子在青春期时正常的身心迷乱状况被大大加重了，因而中学的老师更需要认真思考应对青春期问题的好办法。少年们在生活中所承受的社会心理压力远比我们想象的要大，因为美国几乎是世界上竞争最激烈、男女对抗最强烈的地方。

成年人在生活中常把自己武装到牙齿，彼此争夺生存资源以及他人的关注。而学校里的少男少女们也一样充满着对抗，不但有男生之间的对抗和女生之间的对抗，而且还有男生和女生之间的对抗。要想让脆弱的少男少女成长为敢拼敢闯的成年人，同龄人之间的压力便成了社会化进程中的首要工具。虽然同龄人压力和社会竞争始终存在，但是像现在这么高强度的男女对抗，却是过去不曾有过的。

如果你回想一下你曾祖父那一辈人的生活，也许就能想象得到，那时的社会环境是这样的：男性有男性的成长之路，女性有女性的成长之路。他们的劳动分工不同于今天，而且他们对男女感情的预期也不同于今天。他们的生活规则基本上是男主外、女主内；他们的婚姻主要以生存为根基，家庭职责远比浪漫情怀重要得多。从生物学角度来说，那时的家长按男人的模式来养育男孩，按女人的模式来养育女孩；男女婚配靠的是社会环境对生理激素的控制，而并非任青春期时的生理激素以爱恋为据恣意横流。

可是在当今社会，浪漫情怀主导了年轻人对生活的向往，如果不是因为爱情而结合，婚姻就成了有瑕疵的甚至是降了格的；此外，男主外、女主内的劳动分工方式在年轻人当中也几乎不存在了。

现代人对待爱情、婚姻和工作的态度难道就是彻头彻尾的错误吗？对此，每个人都有自己的看法，但这不属于本书要讨论的范畴。我们只是在这里通过回顾历史，来说明当今年轻一代所承受的压力已经今非昔比。过去，12 ～ 14 岁的孩子会在来自文化、家庭及个人的守护之下，学习如何应对自己身体上和心理上的巨大变化，可是现在再也没有这样的条件了。男孩和女孩被扔进了一个大集体中，不但缺少应有的监护，还须自己弄明白几乎所有的事情，比如说该如何婚配、该选择什么样的职业、与人交往该遵守什么样的行为准则、男女之间的明显不同该如何去适应、怎么与异性竞争却又不伤害到自己理想中的另一半……在当今自由落体式的社会文化中，这类在社会心理层面对少男少女的挑战还远不止这些。中学课堂里的少年们不得不抽出大量精力来应付这些挑战，课堂纪律也比我们希望的要糟糕得多。在这样的环境下，我们不得不为学生们的学习质量以及他们所能达到的学业高度感到担忧。

因此，男女分班实在是个好办法。在分班学习的过程中，社会心理层面的压力很大程度上被消除了，男性与女性之间的竞争也被免除了。天生对数学、科学、技术等课程不那么感兴趣、不那么得心应手的女生们不必在那些从来就在这些方面更有能耐的男生面前丢脸了，而大脑结构天生不那么善于运用语言的男生，也不必在生来就擅长语言的女生面前丢脸了。

BOYS AND GIRLS LEARN DIFFERENTLY 男孩女孩教育箴言

在这个身心都很脆弱的年龄段里，女孩只和女孩一起学习不但会增加她们的自信心，还能提高她们的学业水平。在没有男孩打扰的环境下，女孩更容易学会把握好自己的身心成长。与此类似，男孩和男孩在一起学习，凭着直觉上的相互了解，他们也更容易学会把握好自己的身心成长，更容易感到心绪平稳。

这并不是说所有的男女竞争及青春期问题都能从此烟消云散，但是一些并非不可避免的压力源却能因此得以消除，特别是那些由社会文化强加在他们身上，且并非源自青春期的压力，就都可以得到消除。

尽管当下这种自由落体式的文化使我们必须应对这类问题，但是，在孩子青春期时替他们挡掉不必要的压力源、按照人类发育的正常倾向去培育他们，却并不是新鲜事务。我花了将近 20 年时间，和许多同行一起研究了人类先祖的文化以及世界上延续至今的一些部落文化，比如巴西的夏文特人，澳大利亚的土著人，美国本土的土著部落，像犹特人、霍皮人、纳瓦霍人、拉科塔苏人等，以寻求解决当今儿童问题及青少年问题的启发。在研究如何对男孩女孩分别进行培养这一领域时，我发现有很多东西值得我们借鉴。

在许多部落文化及先祖文化中，都有在进入青春期前后那几年把男孩和女孩分开来进行培养的做法。这么做既是为了顺应少男少女身心自然成长发育的需要，也是为了给他们营造安全的、有合适的长者为其引导的同性别环境的需要，长者会分别教导孩子作为男人和女人该如何生活、如何与异性和谐相处、自己是如何成熟的、该如何把握好发育中的身心状态以及最终该如何为自己的部落甚至人类做出应有的贡献。

部落文化往往没有奢侈的时间让孩子在青春期里悠闲地懵懂上 5 ～ 10 年，这只是人类历史上最近几十年才出现的现象，恐怕只有当下的文化才具备了这样的条件，因为在人口密集的大型群体里，中学年龄的孩子既不需要生产劳作，也不需要学习如何才能生存下去。我们的家庭和学校成了青少年成长的主要场所，加之针对他们的各种刺激恣意泛滥，孩子们又得不到过去部落式文化中分别给予男孩和女孩的约束和教导，因此，青少年所需的成长阶段便比过去的部落文化多了好多年。

部落文化的天生缺陷有很多，尤其是他们倾向于狭隘的地域封闭而缺少开放包容的气度。部落往往不会成为一个包罗万象的熔炉，也肯定应付不了工业化的飞速发展。而当今的西方文化，若非本身就是一个大熔炉，也肯定无法以现在的样子存在于世。实际上，它是我们所知道的最为高效的工业以及后工业文化。从经济发展的层面来说，对于这个社会中的成年人以及他们的后代而言，如今这种高人口密度、自由发展的民主体制，实在是比部落文化要先进多了。

但是，若从对青少年进行心理呵护的层面来看，工业文明却不可避免地带上了部落文化所没有的缺陷。因为我们没等这些青少年身心发育成熟，就把他们扔到了一个任其自由发展的环境中，太多的孩子因此得不到心理层面的呵护，而不得不活在性发育的迷乱中，遭遇不应有的性骚扰和早孕早育，这不但使他们失去了很多学习知识、增长见识的机会，也让他们承载了越加沉重的社会压力与心理压力。很具讽刺意味的是，正是我们创造出了这样的社会环境，使得孩子们虽然不必在 10 岁出头就外出劳作，却不得不在懵懂中滞留得更加长久；但也同样是我们，更早地打碎了他们天真烂漫的懵懂世界。因为与他们的祖父母相比，他们太早、太深地进入了令人身心迷乱的社会环境中，尤其是与异性相处的环境，而异性恐怕又偏偏是他们青春期过渡时最为重要的要素。

当我们把所有这些研究和观点都集中到一起时，一条折中的道路便显现了出来。当今文化可以继续在男女混合教育中教导中学生们，包括在家庭里、教堂里、媒体环境里，等等；同时，我们也能为他们提供一个男女分别接受教育的场所，让他们为了更好的明天而认真学习各种知识与技能，这个场所就是学校。在学校这个环境中，他们可以在一定程度上摆脱那些来自媒体刺激、家中兄弟姐妹，还有大街上、网络中以及其他生活环境中的性别压力。在这里，他们能得到针对各自性别的妥当保护和教诲，也能把精力集中到学习上，而不是分散到性交、爱恋及其他与体内激素相关、却又看不见的社会心理层面的挑战上去。而在男女分班或分校的学校教育之外，家庭及社会文化可以继续给孩子提供男女混合教育的充足机会。这样一来，青少年就同时获得了这两种文化中的精华。

**单性别课堂的具体实践。**如果没有哪个老师实践过这种教学方法，没有体验到这么做的优势，那这一切就都只不过是一种逻辑上、理论上的东西。除了来自全美各州教师的实践成果之外，我们还特意要求密苏里州的教师汇报他们在基础教育中实施单性别课堂的实验成果。考虑到整个宏观层面上针对男女分班在法律上和行政指令上的不断纷争，我们要求密苏里州的老师们做些微观层面的尝试，看看能有什么成效。结果比我们期望的要更好。老师们把自己的成果报告给了我们，而我们也将把这些成果分享给你。请参考《单性别课堂的成功之道》一书，你能从中找到更多、更新的教学创新方法。

堪萨斯城一位中学老师达拉跟我们分享了她最近采用男女分班的做法讲授生物课的成果。

教学手记



这天讲授的课题是濒临灭绝的物种。等学生们做好简单的笔记之后，我把全班分成了两个大组，男生组和女生组，然后让他们开始了合作式的学习。

我决定让男生扮演伐木工人，要砍倒林子里的树木；而女生则扮演劝说者，她们要保护斑点猫头鹰，不能让伐木工人把猫头鹰栖居的林木给毁掉。

男生组和女生组都表现得非常好，校长那天来视察我们班的教学情况，对这堂课中男女分组的合作效果赞不绝口。我和校长都注意到，虽然男生们的想法都很相近，女生们的想法也都很合拍，但是每个学生仍有自己不同的想法。假如我让他们组成男女混合小组的话，他们就不可能像这堂课一样合作得那么顺当。

布伦达在报告中也讲述了类似的情形，认为男女分组配合效果更好："玩游戏时，我们分成了女生队和男生队。每个队的孩子都跟自己的队友合作得很默契。"

堪萨斯城安德森非传统中学的老师露丝讲述了设立女生班的好处："本学年，我们学校成立了单独的女生班。这么做有效地提高了女生们的专注度，上课时她们用心多了。而且我还注意到了一些以前从未注意到的女孩子特有的行为。"

堪萨斯城史密斯黑尔中学的老师珍妮弗注意到，男女生分开使得罚单的数量有了变化："我发现，让男生只跟男生合作的结果是，纪律处罚事件变得更少了。"

珍妮弗的另一位同事琳达也有类似的感受。她每天有一堂课，上课的只有男生。她注意到，当课堂上只剩下男生时，学习效果比有女生在时要好很多。"他们更愿意相互帮助了，"她说道，"男生在周围都是男生的环境中学得更专心；而男女混合学习时，学生之间就会出现更多冲突。等女生们回到这间教室后，课堂气氛当即就不一样了。"

露丝赞同道："当课堂里只剩下男生时，他们合作得更默契，彼此间闹矛盾的情况也减少了。"

这些研究性的尝试证实了男女竞争及社会心理压力的确会侵害到学生们的学习，也证实了这一理论的实际意义。还有些老师在按照自己的想法做尝试时发现，假如允许男女生随意选择座位，结果常常会自然分群。希克曼米尔斯中学的老师霍拉就让班上的学生随意选择座位。结果她发现，学生们总是按男女分开来坐。你不妨也在自己的课堂上试试看，可以在一个月内尝试两三次，看看会不会得到不一样的结果。

另一位史密斯黑尔中学的老师肖娜也向我们讲述了她在这方面的尝试。她一连数天都允许男女生分开来坐，男生坐这边，女生坐那边。这一星期的语文课讲的是《蓝色海豚岛》(*Island of the Blue Dolphins*)，课堂上，她让学生们针对一个问题举手表决：你是否认为在生活中更应该冒险而不是求稳？结果所有男生，除了一个之外，全都立即举手表示赞同这句话，而女生则没有一个举手的。这马上就变成了课堂讨论的热点，最后还变成了一堂有趣的讲解社会心理学及性别差异的讲座。老师之所以能把握住这个好机会，就在于男女生在课堂上以各自不同的行为清晰地展现出了他们之间的不同。

由于肖娜看到了课堂教学效果的提升，于是她干脆重新设定了男女生在教室中的座位，女生占据一边，男生占据另一边，这使得学生在做功课时可以跟自己身边同性别的同学合作。她发现，当男生跟男生一起做功课时，班上的纪律问题少了许多。事实上，班上所有同学中只有两名男生注意到了教室里的新座位排布变成了男女分占教室两侧。少年男女几乎没有谁觉得这样的座位设置让人感到不自在，他们在课堂上的行为表现也大有进步。

罗丝在希克曼米尔斯中学教音乐，在接受了大脑发育及性别差异的培训之后，她决定尝试在课堂上让男女生分开坐。结果她发现，这么做效果真的很好。男生喜欢随着音乐手舞足蹈，比如从座位上站起来，在周围转圈，女生却不肯这么做。她相信自己的亲眼所见恰是那个年纪的男孩因身体里的睾酮分泌量偏高、5-羟色胺分泌量过低而需要更多身体活动的佐证。她还发现，由于身边都是男生，男生们在手舞足蹈的时候，不但减少了心中的顾虑，也减少了捣乱的可能。

布伦达还向我们讲述了一件很有意思的事，而类似的事情我们也从全美各地其他老师那里听到过：假如有学生表示不愿意在上课的时候让男生和女生分开坐，那这个学生更有可能是女孩。“男生们似乎对此心满意足，”布伦达说道，“可是我班上的女生却不太愿意跟男生分开来坐。”

把这些内容介绍给你，是希望你能从中得到启发，并在微观层面上做些尝试，比如说在上课时或是给学生分派任务时，实践一下男女分群的教学方法，如果你能看到这么做的必要性，希望你今后也能在更大范围内，甚至是宏观范围内，提倡把单性别课堂作为所有中学的有效教学方法之一。年复一年，我们看到了越来越多的趣闻轶事以及相当有趣的统计数据，这种教学创新方法很有可能给数以百万计的中学生带来好处，更有可能会把在中学实行男女分班这一课题推向更大范围的社会对话。

BOYS AND GIRLS LEARN DIFFERENTLY 男孩女孩教育箴言

在中学这一人生中非常脆弱的阶段，让男女生分群的做法在很大程度上能够为青少年提供一个更加有序、舒适、安全的环境，更好地帮助他们提高成绩、改进行为、提升自我。

不过，在结束这个话题之前，还需给你一句忠告：在尝试男女分群教育时，要谨慎行事。我们的研究表明，如果学区为教师提供了专业培训的机会，让他们边学边实践，通过不断学习，真正懂得该如何把理论落实到课堂教学中去，那他们针对男女分班教育的尝试往往就能取得很大的成功。可是，如果没有接受过这样的专业培训，就很难保证成功，已经有好几所学校因为这个原因而在分班教学上失败了。

## 成人礼

在下一章讲述高中阶段的教学创新方法时，还会讲到完美课堂中又一重要的组成要素：以学校生活为基础的成人礼。有不少中学已经受益于这样的实践。考虑到中学生在大脑发育和激素分泌方面的巨大变化，为孩子举办成人礼实在是不可或缺的一种方法。在大脑的发育过程中，孩子需要在一段段成长旅途中留下自己的印记。举办成人礼就等于是为少男少女们提供这样的机会，尽管他们的成长路途不尽相同。

堪萨斯城一所中学的老师布朗迪给我们讲述了她所在的学校针对成人礼的做法。

教学手记

BOYS AND GIRLS LEARN DIFFERENTLY

如今许多学生在生活中完全没有任何典礼仪式，物质上和精神上的都没有，因此我们决定利用校园生活为孩子们创造出一些成人礼，以激励和肯定他们在某些方面取得的成就。有些老师提议给达到一定成绩的学生颁发证书。不消说，我们现在已经有了颁发证书这样的仪式，可是那仅限于对学习成绩好或者保持全勤的学生，还有许多学生尚无获得荣誉的机会。而越是达不到这种要求的学生，越是需要获得大家的认可。

于是我们决定多设立一些奖励项目，让每个孩子都能有机会获得荣誉，比如从学习成绩、出勤率到体育运动及其他更多方面。赢得这些荣誉的学生可以得到一枚小奖章，等到毕业的时候能起到类似高中推荐信的作用。没有人一定要查证你获得的是乐队奖、篮球奖还是出勤奖，可每个人都能有赢得奖章的机会。

布赖恩也是一位堪萨斯城的中学老师，他也在报告中描述了和学生一起参加的一次成人礼。

BOYS AND GIRLS LEARN DIFFERENTLY

上个星期五，我们带着一队学生去了“冒险森林”，那实际上是一个很有挑战性的绳网阵，活动内容是通过一系列难度不同的项目，培养学生的合作、交流、倾听等能力以及团队精神。一般来说，每个活动小队会由互不相识的学生组成。我作为领队，率领了一个由男生组成的 10 人小队。

开始的时候，我手下的小绅士们对主持人要求的几项促进相互熟悉的活动不怎么感兴趣，他们也对自己的新队友没有多少信任感。

不过随着时间的推移，他们彼此渐渐培养出了信任，并一起完成了几项相当冒险的任务。我和他们一起参与了这些活动。

其中有一项活动要求这队学生把我举过头顶，要知道，我差不多有 100 公斤重呢！还有一个男生领着蒙上眼睛的我走过了一条“信任通道”，然后所有男生又推又拽地让我翻过了一道 3 米多高的墙壁。

在后来的游记中，这些男生都很感慨他们居然可以相信一位老师，也非常感慨这位老师居然也能够相信他们。这是一次师生建立情感联结的成功体验，也是一次积极意义上的冒险经历、一次别开生面的成人礼，是最新大脑研究所推崇的。

在过去这 10 多年里，我常常和住在美国西北部的学生家长、老师一起，带领青少年在绳网阵里举办各种活动。绳网阵活动是一个举行成人礼的绝好选择，在全美各地都能找到这样的场地。在资金充足的情况下，学校也可以修建自己的绳网阵；如果没有足够的资金，对此感兴趣的老师和辅导员可以在当地社区附近寻找这样的场地。

在内华达州明登市，有人成立了一个非常棒的组织，名字就叫“成人礼”，专门帮助问题青少年，为他们营造成长的机会。他们有录像及其他可借鉴的工具。问题青少年喜欢参与高危活动，而这一组织则旨在引导他们参与有组织的高危活动。

每一间中学课堂都可以创办自己的成人礼，以下是我们的一些建议。

- 升入初中第一年的第一个月里，让每个学生拿着一张自己的照片，向在座的男女同学们介绍自己，包括自己曾经是什么样的人，今年想成为什么样的人，将来又想成为什么样的人。让每个学生讲讲在他的心目中，女性或男性应该是什么样的人。要让每个学生都说出自己对这个班级的期望，也即为了能成为一个更为成熟的女性或男性，自己希望得到哪些帮助。
- 在该学年结束时，再举办一次类似的座谈会，不过每个人的陈述主题要变成自己在哪些方面取得了成就，在哪些方面有所落后。
- 升入初中第二年的第一个月里，再次重复相同的仪式。之所以是在开学的“第一个月”做这件事，其一是因为学生需要花时间来准备自己的发言稿，其二是因为他们需要时间熟悉和融入新的班集体。
- 初中毕业的时候，让每个学生向大家展示自己在这几年中的相册和其他作品集，并向大家做些讲解。这样的会谈仪式既可以在全班进行，也可以在小组内进行。
- 还是在毕业时，让每个学生都给某个对自己有特别意义的同学或老师写一篇临别赠语。

堪萨斯城帕克希尔学区湖景中学的做法，是让每名新生以文字或手工作品等形式，制作一份自我介绍，包括自己的家谱图、人生哲理以及对未来的展望。开学第一周他们就举行了一次“午餐典礼”，每个孩子都从家里带了一份能展现个人特色的食物，拿到课堂上来。黛比是这所学校的老师，她说学生们对这些事情的认真态度让她感动极了：“孩子们都特别当回事儿，连调皮捣蛋的孩子也不例外。”不论是在教堂里、学校里还是在家里，我们都曾看到过孩子如何给自己设立目标，然后为之付出努力并最终达成愿望的成长过程。他们是如此渴望能有机会展现真实的自我、感受自己所具有的能力、发掘自身潜力，让每一个人都通过这样的成人礼真正地认识他们。

## 统一校服

美国的学校长期以来一直认为学生的自由是神圣不可侵犯的，美国的社会在缺乏脑科学知识的前提下，自以为是地相信**“孩子越是有更多的自由来把握自己的生活，就越能学到更多的东西”**。这句话是我的一位大学老师说的。30多年来，这样的看法演变成了在各种场合下，孩子们拥有了越来越多的自主权，从家里到学校，当然也包括他们的着装。

毫无疑问，我们没人会反对让每个孩子都有不受虐待、不受漠视的自由，没人会质疑帮助孩子成长的关键因素是给孩子试错的空间。但同样至关重要的是，**我们必须把“自由”这个词放在“秩序”的框架里，因为孩子的大脑必须在有序的环境中才能更好地吸收新知识**。虽然有些学生几乎能在任何环境、任何条件下汲取知识，但还有许许多多正经历着人生中最为迷乱阶段的中学生做不到这一点。

BOYS AND GIRLS LEARN DIFFERENTLY 男孩女孩教育箴言

如果一个孩子的自由度不能与大脑同等渴望的秩序约束相平衡，那么不论是作为一个独特的个体还是作为一名普通的学生，他都无法茁壮成长。

到底要不要约束学生的行为和着装，这样的反思已经在全美范围内广泛地展开了，目前有不少学校已经重新开始要求学生的行为和衣着必须符合一定的规范，而且这样的新要求已经取得了很好的成效。我们这些以脑科学为依据做教学研究的人很高兴看到这样的趋势。孩子成长中的大脑渴望有序的学习环境，许多学校都会因为执行衣着规定而让校园秩序得到改善。在全美最大的学区纽约市学区，所有五至六年级的学生都必须穿统一的校服。之所以执行这一要求，是为了在学校及课堂上重树严明的纪律，重建良好的学习环境，以改善学生旷课及成绩不及格等糟糕状况。学校董事会一致通过了这条规定，会长威廉·汤普森（William C. Thompson）在会上表示：“这条规定对消除同伴压力、增进学校团结、提高学校荣誉感，均有重要意义。”

不论是男女分班、成人礼，还是统一校服，我们提倡的这几种教学创新方法都可能会遭遇一些反对的声音。统一校服这一举措有助于营建大脑学习所需的有序环境，所以，尽管有些人总会有这样那样的抱怨，不论是家长还是学生，我们都仍然强烈建议让所有在校学生穿上统一的校服，哪怕仅仅是普通的衬衣配上卡其裤。男孩和女孩都会因这一做法而淡化他们想要给异性留下深刻印象的念头，既不必刻意穿着体面，也不必故意吊儿郎当，而能把更多的心思花在学习上。

## 班级规模及其他教学创新

我们提倡的师生人数比例，是一名初中老师负责 20 名学生，当然，我们也知道这个比例对较为大型的学校来说很难实现。越是师生人数比例偏高的课堂，就越需要有助教、义工等形式的第二位老师在场，才能更好地维持课堂秩序、实现更理想的学业目标。

**混龄学校。**加利福尼亚州门洛帕克市的老师说，他们所在的学区尝试了把初中和小学合并到一起的做法。借用他们一位老师的话来说，这么做“使得年龄大一些的孩子能多保留一份童真，也多培养出一些爱心来”。六至八年级的大孩子成天和年幼的小孩子在一起，帮助和辅导小同学，对年幼的孩子来说，他们也愿意有年长一些的孩子做他们的小老师和小榜样，并会在大孩子日复一日的带动下表现得更加成熟。我们采访的那些老师都对这种模式很满意，他们并不担心七八年级的大孩子会带坏小孩子，因为学校里有很周密的监督。“更何况，”其中一位老师说，“只要真能帮得上忙，这些初中生绝大多数都是真心地乐于助人。他们只是需要你提供机会，并教会他们该怎么去帮助别人。”

**团队教学。**在密苏里州的培训工作中，我们会鼓励老师们尝试两种创新举措，这里也要特意推荐给你。第一种叫作团队教学，这个做法很有效果，也相对简单。具体做法是让老师们组成团队，每天清早碰个头，简单地沟通一些要事，比如某个学生有什么问题、某门课程该如何安排、如何把品德培养或者另一位同事的做法融入自己的教学中、如何相互帮助等。这一组老师相互之间紧密配合，而他们的学生也会因此感到自己是这个大集体中的一员。整个密苏里州所有的中学现在都在施行这样的做法，而且受到了所有教师的一致好评。

**强调单一教师制。**第二种是强调单一教师制。有些中学让学生们每节课都从一间教室跑到另一间教室去，而我们的研究认为，由一位老师负责一个班级一整天的教学，效果会好得多。也就是说，这个班一整天的主要课程都由同一位老师负责，而其他需要特别专长的课程则由特长老师巡回去各个班级授课。

其实更好的做法是有一位老师从头到尾都在场，既担当学生的授课教师，也担当学生的人生指导。换句话说，这位老师变成了一个班级的班主任，他要充分了解每个学生的特点，充分给予每个学生细致的关照，而不是每天仅仅跟每个学生接触 45 分钟，若想以这样的方式与学生建立起良好的师生关系，估计要花上好几个月的时间。一位老师负责一间教室的做法很考验这位老师与学生建立情感联结的能力，因为他不再是只需在 45 分钟的授课之后就把有问题的学生送去其他老师那里，而是需要跟这个有问题的孩子一起把问题解决掉。

BOYS AND GIRLS LEARN DIFFERENTLY 男孩女孩教育箴言

在初中这一青少年发育得最为迅猛的阶段，有一位人生导师的陪伴无疑给孩子提供了一个很好的条件，让他们建立起对学校的信任，使他们在遭遇各种危机时能得到这位导师的关怀。

从老师的角度来说，因为不需要每隔 45 分钟接待一拨不同的学生，就更容易管理好班上的秩序、维持好课堂纪律，并且能有一整天的时间跟学生培养师生感情、一起解决各种冲突，这恰好也符合青春期孩子的昼夜节律。

我们的研究还发现，青少年的大脑系统非常需要依恋感，因而初中阶段应该继续保持小学阶段的传统，即同一间教室、同一位老师。等到青春期发育及认知发展基本完成时，大约在 15 岁左右，学生就能更轻松地应对每节课从一间教室换到另一间教室的做法了。

这样的课堂在美国也并不是没有，比如说蒙台梭利风格的中学就是这样，学生在初中阶段的 2 ～ 3 年间就是跟着一位核心老师学习。在圣路易斯市，有一个学区还尝试了从七至十二年级都由一位主导老师负责全天课程的做法。这样的做法在高中阶段实现起来会更困难一些，因为数学、物理、化学等科目都要求老师具有更高深的专业知识。不过在初中阶段，经过训练的老师却不难应对所有课程，而且他们还能在专注于教学的同时，跟学生建立良好的师生关系。

## 如何与步入青春期的男孩女孩建立情感联结

在俄亥俄州里斯本市，一名 12 岁的少年拿着一把枪指着他六年级的全班同学，直到他信任的一位老师琳达·罗布过来劝导他放下了手中的武器。幸好有一名学生在楼道里看见了这间教室的情形，跑去找来了罗布老师。老师站在教室门口，问这孩子能不能跟自己聊一聊。这名学生走向了老师，和她拥抱在一起，然后把枪交给了她。后来警方了解到，那天早晨，这孩子路过一位正负责协助管理路口交通的朋友时曾说道："凯蒂，再见，我不会再回来了。"他来到教室，拿出从父亲上了锁的枪柜里偷来的枪，却不知道该怎么办，也许打算自杀吧，因为他母亲刚刚被送进了监狱，他因失去了对母亲的依恋而伤心欲绝。最后，因为有这么一位能给他怀抱、让他依赖的老师出现，才总算让他回过了神。

我读到这个故事时，泪水模糊了双眼。我是一个有多年经验的家庭心理辅导师，曾经帮助过好多这么大年纪的孩子的家庭。过去 15 年里，我介入到了全美各地的校园枪击案中，包括科罗拉多州的利特尔顿、俄勒冈州的斯普林菲尔德、阿肯色州的琼斯伯勒，我想弄明白孩子们到底是怎么了。每隔几个月，我就会见到一个这样的孩子，或者听到一个这样的故事，这些事情总是会打碎一位心理辅导师必须戴上的护心镜。这位俄亥俄州的少年再次打碎了我的护心镜，而在反思这件事时我看到了原因。他的故事简单而深刻地体现了一个初中生对依恋感的需求有多么强烈，让我们看到，一个孩子一旦失去了他的依恋感，会是多么的脆弱不堪；也让我们看到，一位人生导师给予孩子的依恋感能让一个身心都陷入绝望的孩子得到多么大的安抚。

我还记得自己 12 岁时的情形，相信你也一样。我记得那时我有多么敏感，多么容易钻牛角尖，多么懂得以虚张声势来掩盖自己内心的绝望。我记得那时我多么渴望有人能与我建立让我感到安全的联结。

## 少年时期的自卑感

大多数初中阶段的青少年固然不会像里斯本市的那个男孩那样绝望，但每个孩子都会感受到爱的饥渴，跟那孩子一样，跟我当年一样，跟你当年也一样。我们在这个年龄都格外饥渴，因为我们深深地知道，要想存活下去，我们必须得有坚实的依靠，尽管与此同时，我们还想把成年人推开。我们要独立于他们，可又必须依赖他们，这样的矛盾深深困扰着我们。初中时期正是我们一生中最为矛盾的阶段。我们也深深地知道，若想让孩子每天都能在完美课堂中好好学习，很大程度上取决于孩子情感生活的健康程度。因此，我们做了很多努力来理解为何初中少年总会陷入我们常说的“自卑感”之中。

从大脑的层面来看，以下是我们了解到的事实。

- 少年人的大脑，当然也包括他们的身体，正以极快的速度成长，这自然使得他们会在大约 2 ～ 4 年的时间里很难把握住身心的平衡。
- 大脑顶层区域在认知能力与抽象思维上的飞跃，让正处于成长中的少年看到了自己是如此渺小，而世界是如此广袤。这使得孩子此前的天真单纯被打碎，不得不面对一种存在论上的恐惧感：他害怕自己找不到归属感，担心自己会因为不够好、不够强大而无法融入这个如此巨大的世界中。
- 认知能力的飞跃还会深深地影响孩子情绪控制能力的发展，导致他们常常处于过激反应的状态中，哪怕一个小小的感情问题都能演变成一次很大的情绪爆发。
- 个人成长的过程就是逐渐不再依赖父母的过程，这是需要全脑神经网络共同完成的一项极其复杂的任务。一方面，这样的迅速成长打乱了孩子之前的身心平衡；另一方面，孩子大脑的顶层区域这时又在努力掌握更为复杂的数学、语言及其他抽象思维能力，同时还须学习很多新的技能。

雪上加霜的是，在当今的社会文化里，除父母之外可供他们依恋的安全网络，比如说扩展家庭、社区还有成人礼等，已经从年轻一代的生活中消失了，使得这些 12 ～ 14 岁的孩子那原本就格外脆弱的身心陷入了更加令他们惶惑的境地：既要经历内在的独立成长，又要面对外在保护系统的溃散。

- 大脑寻求独立的方式，往往是渐渐远离父母。因此父母常常会这么描述家里上中学的孩子："他更愿意靠自己。"或是："她不像以前那么需要我了。"可是，父母读到的这些向外推开他们的信号，仅仅是孩子的大脑发出的一部分信息，也常常是父母愿意收到的信息，因为他们往往也非常忙碌。然而，这又使得灵魂深处其实更需要来自父母的情感联结的孩子，渐渐远离了最首要的保护体系。

在上述情况之下，老师要承担的角色就变得非常关键，而且最近 20 多年来，这重任又比之前加重了不少，因为学生们的家庭、扩展家庭、社区等其他联结如今越来越松散，父亲不见了，母亲不见了，爷爷奶奶也不见了，更多的人都不见了。对许多中学生而言，老师是他们生活中为数不多的能常常陪伴在身边的成年人。就算学生的家庭、扩展家庭、社区等其他联结足够稳定，老师也仍然是他们具有重要意义的人生导师。不论什么样的中学生，都希望能从老师身上找到依恋感，只不过他们的表达方式多种多样，或愤怒、或悲伤、或沉默、或不断捣乱以吸引老师的关注。没有任何中学生愿意跟一个自己不信任、不喜欢的成年人学习数学、语文、科学或者任何其他科目。

老师们在报告中也常常提及，一旦跟学生建立起了良好的师生关系，学生在学习上的进步就会非常大。这实在不是什么值得惊奇的事情。不论我们是小婴儿还是初中生，谁不愿意自己有人疼爱有人关怀，谁又会不愿意信任和尊重真正关怀自己的人呢？

因此，在我们的研究工作中，也加入了老师们提出的疑问和需求："该怎么帮助学生振作起来？"以提高中学生的自信心和自尊心为核心，我们树立了又一个以脑科学为依据的教学研究基点。老师们自己发明了各种举措来促进与学生之间的关系，他们的经验及我们的研究都已证实：学生的自尊心和自信心虽然可以通过老师的努力获得一定的提升，比如说，上课时留意让每个学生都有被点到名的机会，不要让任何人觉得自己不受老师重视，尤其是对女生而言。但是这样的举措仍然无法完全满足孩子的内心需求，他们还需要一些在之前章节里提及的其他举措，以及将在下面与各位探讨的措施。

越是让人操心的学生越是如此。单单是在课堂上点个名，实在不足以缓解他们深深的无助感。他们的情绪压力太大了，太需要有可靠的依傍了。对他们来说，要把知识装进大脑实在是件很困难的事，因为在他们的大脑里，边缘系统被情绪压力填满了，里面还有横冲直撞的皮质醇。青少年又想要依恋感和情感联结，又想要独立自主，进退维谷，因此他们大脑中的边缘系统不得不把大部分精力都用来对付情绪压力。结果就是，大脑的其余部分，尤其是顶层的4个脑叶，不可能达到课堂学习所要求的专注程度，也就更不可能吸收新知识。

## 如何处理学生的情绪压力

该如何鉴别出初中生情绪压力的源头，全美各地的老师都颇有经验。我们请密苏里州的老师专门攻克他们认为会格外阻碍学生学习的困扰因素。之前的章节里已经讲过，最能通过跟学生建立紧密的情感联结而清除学习障碍的举措之一，是一对一辅导，以及其他几种加深师生感情的日常举动。我们还将认识到，针对中学生的另一个最为有效的举措，是教导他们了解自己的大脑是如何处理情绪问题的。

我们一起来看看情绪压力的一些具体导因，以便大家在观察自己的课堂教学时能更加有的放矢。一旦找到了学生的问题所在，就必须动脑筋把心理教育整合到课堂教学中去。中学生已经很善于理解抽象概念了，他们也很善于观察自己的内心世界，如果我们能引导他们发现自己的困扰所在，并教会他们依靠自己来战胜困扰，那他们就真能做到。

**首要情感依恋关系。**前面讲到的那个俄亥俄州里斯本市孩子的状况，就是在首要情感依恋关系方面出了问题。其实所有的中学老师都知道哪些孩子正在遭遇严重的家庭问题，比如父母离婚、亲人过世、被抛弃、触犯法律、被虐待，等等。这样的孩子日日生活在家庭的痛苦之中，常常让老师在上课的时候感到使不上力。只有当老师深深地理解了孩子的苦楚，并能从心灵上给予他们指导时，才能对孩子的生活产生真正有益的影响。

布伦达对我们讲道："有一个孩子在车祸中丧了命，班上没有一位家长带着孩子去参加他的葬礼，于是我自己带着一队孩子去了。结果没想到孩子们对死亡会有那么多的问题，就好像从小到大从来没人给他们讲解过这些很重要的问题似的。"因为她对这群心中悲苦的孩子所做的心理疏导，布伦达不但赢得了学生们的信任和尊重，使教学工作从此容易了很多，更使得她真正触及了孩子们的灵魂深处。

**来自同龄人的侮辱。**女生与女生之间、男生与男生之间以及男女生之间相互的侮辱，在最近这二十几年来有愈演愈烈的趋势。如今的年轻一代对自己的同伴都很不客气，尤其是在青春期的早期阶段。

从生物学的角度来说，青少年之间像这样的相互侮辱是必不可少的，因此也就不必苛责。人类要生存下来，的确需要年轻人把彼此的弱点都刨出来，不过当然最好是在有长者和导师监护的理想环境下。年轻人相互帮助的方式，有时候就是通过比较激进的挑衅来消除个人的缺陷。所有灵长类动物都会对同伴施以特有的群体压力和群体侮辱，只不过人类在这方面的做法和效果非常因人而异。有些女生对别的女生特别不留情面，有些则不会；有些男生对别的男生特别不留情面，有些则不会；有些女生能原谅男生的各种毛病，有些则不能；反过来，男生对女生也是一样。

近些年来，由于校园枪击案的频频发生，美国对学生之间的侮辱行为管得越来越严格，甚至已经在朝着"零容忍"的方向努力，企图不允许学生之间有任何侮辱、骚扰等行为。这目标可能永远都达不到，因为它违反了生物进化的基本需求。但是，正如要想帮助在家中遭受巨大精神压力的学生，最好的办法是一对一的辅导一样，要想帮助学生明白他们对同学做了些什么、为什么会如此，也需要一对一的辅导。

**有些孩子会与同性群体格格不入。**在青春期，同性别的群体会对孩子形成一种生理上的吸引。人的大脑从一生下来就具备了各自的性别趋向，并在之后的成长中自然而然地沿着各自的性别轨道发育，自然而然地成长为符合男性群体的男人、符合女性群体的女人。这对许多孩子，应该说是大多数孩子来说，是很自然的倾向。不过，有一些具有被我们称为“双性化”大脑的孩子，也就是大脑处于男性特征和女性特征之间的交集之中的孩子，却会因同伴的这种倾向而感受到沉重的压力。

这样的孩子既可能是大脑加工信息的方式更偏向于女性模式的男孩，也可能是更偏向于男性模式的女孩，比如爱多愁善感的男孩，或者比较好斗的女孩。因为生理机制和社会机制的原因，绝大多数男孩都会朝向男性特质的方向发育，绝大多数的女孩也会朝向女性特质的方向发育，但是，毕竟有一些大脑向双向发育的孩子，这些孩子有可能跟他所属的性别群体格格不入，成年人则很有必要对这样的孩子予以格外关照。

尽管人的大脑通常会与其性别特质相吻合，但是人与人大脑之间的细微差别，也许是所有动物中最为复杂多样的，而中学阶段恰是这些细微差别对孩子来说变得极其重要的阶段。因此，帮助男孩女孩跨越对性别的刻板认知从而懂得人与人之间存在这些细微差别，就是老师必须要做的事。

BOYS AND GIRLS LEARN DIFFERENTLY 男孩女孩教育箴言

利用各种课堂学习机会，从科学课到体育课，从数学课到语文课，向少男少女们讲解哪些看法是对性别的刻板认知，是十分必要的。

不少老师都觉得，在做这样的讲解时借用视觉媒体是非常有效的做法。比如播放一些电影、电视、广告片段等，让学生们通过这些影视片段来了解社会是如何把男性和女性朝向群体特性推动的，并引导学生透过群体特性看到个体气质的不同。对中学阶段的孩子不断进行这样的心理引导，能在很大程度上缓解青少年在这方面的情绪压力。尤其是那些觉得让－克劳德·范达美（Jean-Claude Van Damme）[①]净做傻事的“双性大脑”男孩，以及那些觉得自己身上

① 著名演员、导演。——译者注

没有多少“女性气质”的“双性大脑”女孩，更是需要这样的心理疏导。

**社交能力和成熟度的不足。**一个青少年若是不能完全弄明白其他男孩女孩和成年人对自己的期望，就会因此而感到压力巨大。刚刚进入青春期的孩子常会以言语及非言语的形式提出一些非常关键的问题，既有针对自己的，也有针对群体的。我们越是能引导孩子知道该如何获得有助于他们成长成熟的答案，他们的大脑就越能避免不必要的打扰，他们的精力就越能有的放矢地用到学习以及建立师生联结上。不过，我们到底该怎么帮助他们呢？

多讲讲“两难”的情况假设，就是一个好办法。下面是一些典型的“两难”的例子供大家参考。有些内容摘自《青少年杂志》（*Teen Magazine*），还有一些是我自己杜撰的。

- 一群令人艳羡的年轻人中，有一个过来邀请你最好的朋友一起去食堂用餐，可是你的好朋友已经跟你有了别的计划。这种情况下你应该怎么做呢?
- 班上那个“霸王”现在专门跟你找碴，你的朋友该做些什么来帮助你呢?
- 你的朋友要你从父母的酒柜里拿些酒来喝，你说不能这么做，结果朋友就跟你闹起来了。这时你该怎么办呢?
- 你的朋友举办了一个聚会，却没有邀请你参加。你该怎么做呢?
- 你不小心把自己的一个秘密泄露给了朋友，可后来发现，朋友把你的秘密又告诉了别人。这时你该怎么做呢?
- 你的朋友伤了你的心，你在等对方来道歉。如果你等不到，该怎么表达你的情绪? 又该等多久?
- 对朋友是不是任何时候都不可以说谎话?
- 你是不是只能在同伴压力中生活? 还是应该去找那些不会逼迫你做不该做的事情的人，和他们在一起?

学校应该担起责任来，找出更多的好办法来帮助这些少男少女面对这样或那样的压力。随着老师和学校的职责不断扩大，我们一定要以少男少女真正的心理需求为主导方向，引导他们妥善处理情绪压力。我们需要开设更多的课程，包括情绪调整、道德观念、处事能力等，帮助孩子们学会应对这些令人左右为难的苦恼。

**新的心理咨询方式。**根据大脑及性别差异的研究结果，我们不但应该改变学校现行的对学生进行心理辅导的方式，而且整个心理咨询界都应该改变做法，尤其是在面对男孩的时候。我们过去的做法太过依赖于对话，而这恰是与男孩的天性相违背的。我们还要求孩子到辅导员的办公室里来，或者是老老实实坐着说话，这就更令男孩们从一开始就感觉不自在了。

我做心理咨询的时候用的是另一种更有成效的做法，我称之为“漫游式谈话”。这是根据苏格拉底边走边教的做法演变而来的，就是让心理辅导员和学生在一起边聊边做点什么事情。这样的方式能切实有效地促使大脑的边缘系统运作起来，从而帮助孩子更好地处理情绪问题，尤其是男孩。而且，在边走边聊的过程中，我还常常借助所见所闻来帮助孩子思考，比如说：“你看那边那个人，他让你想到了什么？”或者：“看看她，你觉得她现在心中会是什么感受？”这么做还有一个好处，就是谈话时不再把孩子局限在一个小小的房间里，而是回归到更广阔的天地间。

**压力球和其他快速减压的做法。**我们一起来看看老师们发明的几个帮助学生迅速解除心理压力的做法。这些办法主要是针对初中阶段那些总是难以管教的男孩想出来的。

中学老师达拉在报告中写道：“我在教室里放了些压力球，这东西真能起到作用。当学生需要冷静、需要跟我说话时，我会允许他们手上拿个压力球，一边捏一边跟我交谈。我注意到，有了这东西在手上，男生说话时就能放松不少，也能更好地表达自己的情绪了。我也会允许学生一边跟我说话，一边在手上涂涂画画。总之，让他们手上有点什么事情做，我们的对话反而能顺畅好多。”

布朗迪在学习了睾酮对男孩的影响之后，更加理解了男孩的一些做法。

教学手记



想想睾酮的作用，我终于明白他们在课堂上为何会有那样的表现了。我已经教这些男生两年了，过去一直想通过交谈的方式跟他们建立更好的师生关系，当他们生气、伤心时，我总是想尽词语来安慰他们，可效果总是不尽如人意。现在我终于知道原因了。

因为我的想法跟他们太不一样了。我的本能反应是出了问题就要好好聊聊，想办法把问题解决掉；可他们往往以怪罪别人、大声吼叫或紧闭嘴巴来表达情绪。我过去一直以为这是有问题的，不过现在我知道了，并不是他们有问题，这只是他们所知道的、男孩处理胸中怒气的方式。所以现在我改变了处理问题的角度，不再认为他们的方式是错误的，而是接纳他们，以他们的方式来帮他们解决问题。我开始教给他们一些有效的做法来快速释放睾酮，比如撕纸、打枕头等，帮助他们平静下来。

**关怀小队和课堂仪式。**布朗迪讲述了她学校的老师们结成“关怀小队”，以促进师生关系的做法，以及上一章中讲过的课堂仪式的做法。

教学手记

BOYS AND GIRLS LEARN DIFFERENTLY

我们在小组培训时谈到了男生女生对‘部落’的需要，也就是说，他们需要一群能让他们觉得可以依靠的人。为此，我们组建了包括老师和心理辅导师在内的关怀小队，在放学后的课余活动时间为学生提供辅导和心理指导。由于我们在学校里几乎总是以教师小队的形式出现，因此每个学生至少能跟我们中的一个人建立联结。我们还建立了一个很有效的体系，以保证每个学生都能和学校里至少一个成年人建立起情感联结。

我还对开学头两天的课程计划做了新的安排，让学生们通过一系列小组合作来建立彼此之间的情感联结。我的想法是，在正式授课之前，应该先让学生们相互熟悉起来，也和我熟悉起来。

> 第一天结束的时候，我对这一整天的成果感到满意极了！学生们很喜欢小组学习时的各种活动，每个人之间都结成了新的友谊。”

**建立情感联结的4个步骤。**我们在与学生建立联结的时候，有一个“4步法”，效果相当不错，而且切实可行。

- 第一步，提问题，比如说，他们希望在课堂上有些什么活动。
- 第二步，认真听取大家的回答。
- 第三步，找出共同之处。
- 第四步，大家一起来参与，把讨论结果落到实处。

情感联结的建立是一个非常复杂的过程，我们不可能在这里靠微观控制来帮大家达到目的，各位必须“身处其中”才能收到成效。一切都须建立在你反复地询问、倾听、寻找、实践的基础之上。这4个步骤不但适用于孩子和成人之间建立友谊，也适用于学生与学生之间建立友谊。密苏里州培训中心的一些老师就曾通过让学生成双成对地练习这4个步骤而成功地增进了学生之间的感情。

说服甚至强迫老师们与学生增进师生感情，无疑是一件有助于学生大脑发育，进而有助于他们全面发展的好事情，只是老师肩上的担子更重了。为此，整个社区一定要给予学校全方位的支持。

## 全方位的社区支持

初中阶段迫切需要家长及社区对学校的支持。有不少父母在孩子上小学的时候愿意去学校做义工，而且小学里也给他们提供了做义工的配套环境，但到了中学阶段，学校却不再提供这样的配套环境了，大家都心照不宣地抱定了这么一个假设：“孩子不再喜欢父母在身边晃悠了，我们不必再鼓励家长去做义工了。”

尽管中学的孩子看起来的确如此，可实际上他们在身体、心理及大脑的认知发育等方面都还很依赖由包括父母在内的多方提供的依恋感。为了探明亲子关系对孩子学习的重要性，赫斯特基金会（Hearst Foundation）组织了一次问卷调查，请学生审视自己成功的背后有哪些关键因素，结果参与的学生把父母的支持评为促使他们成功的“最关键因素”，就连高中生给出的答案也是一样。

毫无疑问，从早期教育开始一直到完成高中学业，整个社区都必须给学校和孩子以支持。在圣约瑟夫学区，由苏珊·科尔根负责的早期教育中心就是一个很好的例子。这家教育中心通过学校体系鼓励家长积极参与到学生的学习生活中去。

加州南部的卡内若谷成人学校也是一个非常成功的例子，他们不但小学教育办得有声有色，而且在培训学生的父母、祖父母及其他社区成员方面也卓有成效，所有愿意参与到学前教育及小学教育中的社区成员都可以到这所成人学校接受教育。

在加利福尼亚州的安蒂奥克，黑钻石中学的校长芭芭拉·尤因（Barbara Ewing）注意到，美国黑人家庭的男孩在学习成绩等诸多方面都要落后于同龄人，于是她向该社区的黑人爸爸们发出了求助信号。黑人爸爸们热情响应了校长的呼吁，到学校的图书馆做义工，指导学生学习。这一举措的效果，好得连校长自己都惊叹不已：“我们的老师会时不时过去看看孩子们学得怎么样，结果他们不但惊讶于那些孩子学得如此专心致志，还惊讶于有那么多家长能按时前来做辅导。”

如果社区里的家长们乐于参与早期教育阶段的义工活动，那么中学阶段继续请求家长帮助也不是什么难事。忠诚的社区成员、老年人以及学生的父母都会乐于继续向学校贡献他们的时间和精力。中学里的孩子跟小学里的孩子一样，非常需要成年人的指导。这时他们的大脑在认知层面上处于一个飞跃阶段，身体的成长也处于一个飞跃阶段，少男少女们都迫切需要长者从各个不同的层面给予他们辅导和监督。

性教育也是一个特别需要成人予以帮助的地方。下一章会专门讲述有关性教育的细节。在初中阶段，学校非常需要孩子的父母及社区的其他年长者能帮忙分担老师这方面的重任。在亚特兰大市，埃默里大学的妇产科教授马里安·霍华德（Marian Howard）曾向上千名十几岁的少女问过这样一个问题："在性教育中，你最想知道的是什么？"结果84%的回答是："该怎么回绝对方却又不伤人面子。"霍华德认为，社区里的成年人，尤其是孩子的父母及其他亲人，应该以角色扮演的方式来教孩子如何做到这一点，就是由成年人来扮演急不可耐的求偶方，来帮助这些青涩的少女练习各种婉拒的说法和做法。

从某种程度上来说，中学在性教育方面始终在独自前行。一方面，学校知道家长们并没有在家中教导孩子这方面的知识；另一方面，学校又得不到家长的到校配合，支持他们在学校里传授那些敏感的话题。**如果希望把中学建设成值得孩子们依赖的地方，那么家长和学校之间的协作就必须更加紧密才行。**性教育仅是需要双方合作的一个方面而已。在堪萨斯城的欧文中学有一个家长联谊中心，学生们常常组织参与各种活动。在一次特别的活动中，家长和学校一起为孩子们举办了一次成人礼，而学生们则在此活动中采访了到校参加典礼的家长。

和小时候的孩子相比，长成了中学生的他们的确需要更加独立于父母，但还不到该放手的时候，更不到家庭与学校可以各自为政的时候。在中学生希望能稍微远离父母一些的同时，我们的其他社区成员，包括孩子的祖父母及其他长辈、社区商人、高中里的大孩子、大学里的年轻人等，都应该一起来填补这时孩子与父母之间的空当，帮助他们茁壮成长。

## 初中生的规则教育技巧

上一章中讲过的"学生行为指导增援队"模式，以及讨论过的其他许多小学阶段适用的创新举措，在中学阶段也同样适用。但是很多中学老师都知道，初中阶段的规则教育自有其独特之处。

中学老师麦高恩半开玩笑地说："你只要听听课堂里那动静，尤其是男孩的声音……就好像他们的音量开关上只有一个键：吵闹。他们的声音已经能盖过彼此了，可他们还嫌不够响。"对绝大多数中学老师而言，过去那种七八年级的孩子会安安静静地坐在椅子里的说法，都只能用“过去”这个词来形容了。中学生的课堂秩序比我们希望得要更加吵闹。与我研究过的30个不同文化背景的国家或地区的学校相比，没有哪个地方的中学能比美国的更加喧闹了，这样的环境固然能引发杰出的创造力，却也会引发不少纪律问题，我想每一位老师都对此深有体会。

除了常规意义上的课堂喧嚣之外，还有某些个别学生的特殊问题。金伯莉讲述了七年级班上一个令人心酸的故事：

> 特鲁是一个很可爱的孩子，浑身上下闪烁着人性的光辉。可是，自从今年入秋以来，他在课堂上变得萎靡不振，常常打瞌睡。他说是因为打橄榄球太累了。他的成绩日渐下滑，在课堂上的表现也日渐粗野，成了一个真正的捣乱分子。直到开家长会的时候，我才从他妈妈那里了解到，他的父母原本早就离婚了，可是从今年8月份开始，父亲不肯再来探视他。我总算明白了，特鲁是在宣泄他心中的伤痛和愤怒。

跟许多在课堂上打扰大家学习的男生和女生一样，从脑神经和情绪层面来说，他真的情有可原。他的大脑不得不把获取关注的需求凌驾于学习之上，而他的身体又遵照大脑的指令做出了一系列负面的行为，荒废掉学习以求换得爱，甚至处罚，好让他心里不那么难受。

## 规则教育良策

每一所学校都有自己独特的规则教育模式。希望接下来提出的建议和实际案例能为你现有的、熟悉的管教体制添砖加瓦。如果你不曾读到第4章中有关小学阶段规则教育的部分，那你现在应该先回过头去好好读一读。

**社区里的合作。**我们征询了参加培训的老师们的想法，问他们最希望得到什么样的帮助。布伦达的回答很出乎我们的意料：“其实，要是我来做教育研究的话，我会选择这么一个课题：**孩子在家里是否承担做家务的责任，跟他在学校里是否遵守纪律完成作业，这两者间有直接的关联。**”老师们自然想要在学校里解决孩子身上的问题，比如不守规矩、没有动力等，可我们还须明白，如果学生在家里根本不需要遵守任何规矩，那么学校老师肩上的重担就只会更加沉重。在规则教育这一领域，社区与学校的合作非常重要。由学区设立家长教育协调员，能有效促进家长与学校的配合，因为协调员可以负责指导家长如何掌握有效的规则教育技巧。

**不可或缺的师生联结。**布朗迪在日记中写下了这么一件事：

> 我的班上一直没发生过什么大事，直到今天，班上的一个男孩出了问题：他被另一位学生惹恼了，推倒了课桌，砸到了我的脚。这是很典型的男生行为，脑子一热，就想都不想立即发作。意识到砸伤了我之后，他非常愧疚，把自己锁进了“学生行为指导增援队”的康复室。我们花了两个小时都无法把他劝出来，直到他妈妈来了，他才开门。开门之后他根本都不好意思抬眼看我。
>
> 等他结束了停课处罚回到学校时，我特意过去向他保证，我仍然和过去一样看重他。这一点，对他、对我、对班上的每一个人，都非常重要。

在马萨诸塞州的科德角，有一位在教育界工作了25年的中学校长，他说自己会尽量做到“越是有纪律问题的孩子，越要多加爱护”。他的意思不是说要偏爱那样的孩子，而是他知道，越是那样的孩子，越是需要更紧密的情感联结才能让他在遵守纪律方面做出改进。他为此组织了一个星期六的返校活动，带着学生们在校园里扫落叶，或者到社区里从事其他劳动。他在报告中表示，孩子们都很喜欢这项活动，并写道：“大多数孩子都特别开心。我觉得这主要是因为他们由此得到了在家中得不到的关爱，尤其他们中的大多数都是没有父亲的孩子。”

**学生出现问题时，老师要当领头人。**几年前，美国著名电视专题节目《60分钟》（*60 Minutes*）中曾经播放过这么一段故事：

> 有一群没有父母的非洲幼象，长到青春期时，其中的少年公象开始屠杀犀牛，并且意欲对母犀牛霸王硬上弓，这对大象来说是很不寻常的举动。公园的看守者不得不想办法让那几头少年公象不停地睡觉。后来，一位很有头脑的护林员想到，这些少年公象的行为就与缺乏行为榜样和长者引领的人类

少年一样，他们只是因为没有长辈的教导和约束而在荷尔蒙的刺激下率性妄为罢了。于是，这一地区的人们一起想办法，从非洲另一地区运来了领头大象来管束这群少年公象。

结果不到一个星期，少年公象们就有规矩了。霸王硬上弓的行为不见了，暴力行为也不见了，犀牛们不用再担心性骚扰了，也不再有性命之忧了。

中学生当然不是大象，但这个故事中的寓意却很值得深思，尤其是当你明明看见一个孩子试图以各种或明或暗蛮横霸道的方式捣乱破坏的时候。有些情况下，你除了依靠严明的法度来做那个“领头大象”之外，别无他法。师生和睦相处的根基是你首先要有强硬的权威地位，如果你自己做不到这一点，那就必须请援军来帮你做这头领头大象。

关于这个援军，有些学区会请爸爸们到学校做义工，“大哥哥大姐姐”学校辅导团队也是一个很值得求援的组织机构，还有的学区向忠诚的社区机构乃至护理院求援，让更多的成年人到学校里来。在马里兰州的蒙哥马利县，有一个叫作“兄弟”的组织，全称是“兄弟携手走向成功”，专门为弱势群体及问题男青年提供督导，具体做法是先培训大学生，然后由大学生负责督导高中生，再由这些高中生去督导初中生。

在我所居住的斯波坎学区里，有一辆中学的校车总是在清晨那趟行程中出现严重的行为问题。校车女司机请来一位老爷爷做援军，他每天早晨都坐在校车的前排座位上。由于这位年长者的出现，校车上的行为问题便销声匿迹了。

**抵制霸凌活动。**很多学区都需要设立正式的安全学校，并在学校中开展抵制霸凌活动。我们强烈推荐那套非常有效的“停止霸凌”项目，以专门指导学校如何抵制霸凌乃至暴力行为。前面已经说过，这套项目由停止暴力联盟及密苏里州安全学校联盟共同创办。

**写日记。**丽塔让她的学生坚持写日记，有时她会要求学生把比较重大的违纪事件写到日记里，有时她还会让全班写一些以表述情绪为主题的内容，以配合班上的情绪管理教育：

今天学生们的日记主题是“沮丧的时候”，写的是他们在哪些时候有过沮丧的感受，而这时他们又做了些什么。一个学生写的是，他沮丧的时候会满身戾气，不过他知道自己不该那样。还有几个男生写道，他们沮丧时会去做一些不相干的事情，不过主要是身体活动。这很符合我们的培训内容，男生的反应就是以行动为主导的。与其把自己的情绪说出来，他们这时其实更愿意以身体活动来宣泄情绪。

**牢记“60 秒钟”规则。**丽塔写道：“我对学生提出了某项要求之后，就会给他们留出 60 秒钟的时间来。如果他们质疑我、跟我争辩，我就转身去做其他事情。一般来说，如果你不跟他们斗嘴，不让全班学生的焦点都集中到他们身上，他们通常就会按你的指令去做了。这些男生个个都要争当男子汉，谁愿意让人瞧见他们不得不听从一个女人的指令呢！”

丽塔的这一看法非常有道理。初中阶段的男生往往正在跟自己的妈妈“划清界限”，也总会为了面子和地位跟同学一争高下。给学生留出 60 秒钟的时间去执行你的指令，转身去做别的事而不跟他们正面冲突，这种做法本身就能避免不少不当的行为。

**“男孩城”的互动模式。**密苏里州的一位校长助理莎伦注意到，奥马哈的“男孩城”[①]模式很有效果。她要求老师们“最好能每天都带领学生采用‘男孩城课堂互动模式 5 步曲’：若要得到老师的关注，也就是第 5 步，需首先做到前 4 步：第 1 步，看着老师；第 2 步，举起手来，保持安静；第 3 步，等老师叫到你的名字；第 4 步，提出你的问题”。她发现，越是经常重复这样的练习，学生越会配合得当。

**男女分组。**这一章的前面部分已经专门讲述了男女分组学习的道理，尤其是为何应该在中学阶段这么做，以及这种做法对减少纪律问题的巨大作用。在莎伦的学校里，午餐时，男生和女生分别在各自的餐厅里用餐，这使得餐厅秩序大大改善。安德森非传统中学的教师蕾负责学校“校内停课室”的管

① “男孩城”（Boys Town）由内布拉斯加州奥马哈市一家社区组织首创，以救助问题少年为宗旨。——译者注

理，她发现在“停课室”里用小隔间把男生女生分开也能大大减少纪律问题。当男生们一起坐在男生区的小隔间里时，完成的作业量大大增加。用蕾的话来说，就是“他们不需要再卖弄了”。

以上给大家讲述了不少小技巧，这些都是不难做到的、稍用点心就能改善课堂秩序的好办法，我们也呼吁大家能为改善学校的教学体制做出更多的努力。

## 强制性的体育运动

和在学校里施行品德教育以及有意识地加强师生关系一样，强制性的体育运动也能积极有效地消除学生违反纪律的现象。

中学阶段的青少年正处于身体成长的剧变时期，因此我们建议学校让所有学生都参与到体育运动中去。

BOYS AND GIRLS LEARN DIFFERENTLY 男孩女孩教育箴言

通过有人督导的体育活动，他们的大脑能更快地学会掌控好自己的身体。对男生来说，这非常有助于他们学会如何宣泄身体里的睾酮，因此，这对睾酮天生偏高的男生来说至关重要。对女生而言，强制性的体育运动也有助于她们掌握健康的体育竞技本领。

我们的研究表明，不论男生还是女生，只要青少年能通过体育运动学得自律的能力，他们陷入吸毒或其他高危不良行为的可能性就会大大降低。

在这样的前提条件下，我们建议要让所有中学生都参与到强制性的体育运动中去。有些学生可能不喜欢集体活动，那不妨让他们选择武术等个人性质的体育活动。

据我所知，马里兰州贝塞斯达市的兰登学校是全美屈指可数的几家让所有学生都必须参加强制性体育运动的学校之一。校长戴蒙·布拉德利（Damon Bradley）

坚信这是兰登教育体制的重要组成部分，对培养学生的自律能力尤其重要。

到了高中阶段，特别是十年级之后，学生们可以重新拥有决定是否参加体育运动的选择权，因为到了那时，他们的身体发育已经度过了剧变阶段，进入了平稳期。但是在此之前，也就是六至九年级的阶段，学校里一定要有运动量足够的强制性体育课。当然，一旦把体育课变成了强制性的课程，学校就要对体育老师和教练进行培训，让他们学会如何与学生建立联结、如何以健康的尺度督导学生挥洒他们旺盛的精力，这也就变成了一件必须认真关注的事。

还不止如此，因为体育运动是品德培养的重要途径，体育老师和教练还须认真学习该如何把品德教育融入体育教学之中。而脑科学研究更是进一步提醒我们，**通过体育运动来强身健体并赢得比赛应该被视作另一种形式的品德教育，在中学阶段更是如此**。为何这么说呢？

从历史的角度来看，体育运动本就是品德培养的大本营，比如古希腊时代的风气。强身健体以及赢得比赛固然是重要的事，但比这更重要的是借体育运动来培养年轻人的自制力和使命感。也就是说，一旦有了需要，年轻人便能够为国家奉献他们的能力甚至生命。

今天的男女运动健将都过度沉迷于输赢的争夺，要想劝说任何一个群体不要那么看重输赢，已经很难办到了。可是，我们仍然应该把祖辈的做法记在心间，而不应该一味追求赢得比赛。年轻一代不但需要以运动来塑造身体，同样需要以运动来塑造灵魂。

## 将关键品德的培养融入学校教育的方方面面

我们在第 4 章中讲过的“品德 +”教育模式，也同样适用于初中和高中阶段的品德教育。核心点有两个，一个是由社区成员共同确立哪几项品德是关键品德，另一个是要把品德教育融入学校教育的各个层面中去。

这种模式已经被全美各地的大小社区广为接受。尽管每个社区对关键品德的选择和定义都有所不同，但相同之处仍多于不同之处。比如说，几乎所有社区都把诚实、尊重、负责确立为关键品德。

史密斯黑尔中学的校长达里尔·科布（Darryl Cobb）是当地社区的委员会成员之一，该委员会在社区会议上顺利通过了希克曼米尔斯学区应当注重的关键品德内容之后，达里尔立即在自己的学校里开始推行品德教育。他的目标是希望通过施行品德教育来改变学校的风气。他后来表示，他的理想实现了。

以各种活泼有趣的方式把品德教育融入日常课堂的教学之中，成了史密斯黑尔中学的主要特色之一。比如说，老师们报告给达里尔的举措之一，是利用学生每次变换教室之后需要安顿下来的那点时间来进行品德教育，这是一个多么好的机会！史密斯黑尔中学因此决定，每堂课开始前的 5 分钟都用来宣讲和重申关键品德及其定义。为了确保希克曼米尔斯学区注重的关键品德能一个不漏地被学生学习和贯彻，学校还决定在这 5 分钟的宣讲时间里，每个月专攻一个不同的品德主题。

史密斯黑尔中学还有另外一个贯彻品德教育的好办法，是由学生民意调查得出的结果。学校先是询问学生，在校期间有哪些事情是他们最希望能被允许的，结果大多数学生都希望能在下面 3 件事上获得更大的自由度。

- 想上厕所时不需要申请通行证。
- 午餐之后可以去自动售货机买东西。
- 能佩戴一个教职员工那样的胸牌。

随后，根据这一结果，学校出台了与品德教育相挂钩的新规矩：只要学生能展示出良好的公民素质，也就是时时处处都能体现出各项良好品德，或者是在某一项关键品德方面有突出表现，那他就可以被选为优秀生，并允许佩戴胸牌；不过其后若有 3 次违反品德要求的行为，则会失去佩戴资格。达里尔表示，迄今为止还没有哪位学生失去资格。

根据达里尔所述，在施行品德教育之前，全校每天平均有 20 ～ 30 名学生因不良行为而被遣往学校办公室。而在施行品德教育短短两年之后，这一数据便下降到了每天不超过 7 ～ 8 名学生。他认为这一巨大变化应主要归功于品德教育。

达里尔还表示，学生行为的改善还延续到了校园之外，因为他收到了越来越多来自校外那些供学生们参加活动的各大机构的报告，纷纷称赞史密斯黑尔中学的学生举止得体。

在谈及品德教育的落实及其对史密斯黑尔中学带来的变化时，达里尔说道："品德教育是我们的集体决定，所有教职员工的主人翁精神和他们为之付出的切实努力都值得充分肯定。"他还表示，希克曼米尔斯学区之所以在施行品德教育方面获得了巨大成功，原因之一在于，学区把品德教育的落实作为评定教师业绩的一项重要内容。他说："如今每位教职员工都时时刻刻有意识地让自己做出品德表率，这成了学区落实品德教育的一项意外收获。"当我们询问该中学老师对学区施行品德教育的看法时，几乎所有人都一致认为，学校里的品德教育不但很有效果，而且落实起来相当容易。

希克曼米尔斯学区的家长对品德教育的反应也相当正面，尤其是对史密斯黑尔中学。比如有一位史密斯黑尔中学的学生家长说道："我认为史密斯黑尔中学的品德教育是 100% 的成功。我亲眼见证了我家孩子表现出来的良好品德，也见证了所有史密斯黑尔中学学生展现出来的良好校风。拿该校学生的行为和其他没有施行品德教育的学校相比，更加证明了该校品德教育的成功。"为使品德教育不仅局限于课堂之内，史密斯黑尔中学还在一次家长会上要求家长们在家中也要按照学校要求的品德来要求孩子。家长们则要求学校把这些品德写到学生手册中，方便他们在家中查对。因此，该校的成功也有家长的一份功劳。

学区主管杰里·库珀（Jerry Cooper）讲述了他最近一次去史密斯黑尔中学参观的经历。全校大约 900 名学生在校体育馆里集合，杰里在达里尔的陪同下进入体育馆时，注意到学生们有些吵闹。校长立即提醒大家需要遵守的品德之一是"尊重"。他告诉大家，现在有人要进入体育馆参观，而"尊重"意味着他们需要遵守秩序、保持安静，这样才能听见客人的发言。杰里在报告中很自豪地写道："学生们后来在整个过程中都做到了安静与尊重，这对仅仅两年之前还被评为纪律混乱的学校来说，实在是了不起的成就。”

希望每一所学校在每一年度都能获得这样的好评。按品德规范严格要求学生，培养出他们自我认知的核心，好处无疑非常明显。品德教育还有一个不那么明显的好处，就是从长远来说能促进学生取得更好的学业成绩。孩子越往高年级走，就越会碰到更加高深的课题，也就越需要付出更多的努力才能取得好成绩，而一个具有良好品德的孩子，这时往往能更有动力去迎接挑战。

## 让男孩学好文科，让女孩学好理科

当我们从性别差异和大脑差异的角度来思考学生在学习上的弱项时，也许会很自然地联想到男生在文科课程上的困难，以及女生在理科课程上的困难。到了初中阶段，学校的老师要特别注意从这两方面对学生加以关注。现在就让我们从学校纪律的课题转到课堂教学的课题上来。

### 文科课程的教学创新

圣莫妮卡高中的老师卡萝尔在带领班上的男生女生学习经典文学时，要求学生们都要遵守“学术规则”。这些规则是她从伊冯娜那里学来的。伊冯娜是一名优秀教师，在洛杉矶联合学区最具挑战性的一所初中任教。

学术规则的详细内容包括 3 点。

- 学生发言时必须看着其他人，而不只是看着老师或者对着空气。
- 别的同学发言时，必须认真聆听。为了确保这一点，每个学生在发言时，都必须援引前一位学生的发言，或者提出一个转换话题的合理理由。
- 学生必须随时做好发言的准备。卡萝尔说：“如果我点了某个学生的名而那个学生还没想好说什么，那他必须这么应答：‘我还没有想好说什么，不过请你等一会儿再点我的名。’”

卡萝尔的学术规则还能与她的另一个教学创新相配合：课堂“研讨会”。她解释说：“‘研讨会’这个词本身就让人觉得我们的讨论是有价值的。”这话说得很贴切，你我应该都记得当年在语文课、历史课、社会科学课上围成一圈开讨论会的情形，那时我们每个人都像充满了电，不但是在讨论，还会有辩论。卡萝尔的研讨会是以下列规则为基础的。

- 她要求学生每个人都必须参与讨论，每次研讨会上至少要发言一次。
- 学生不需要举手等老师点名，不过他们需要留心周围，关照那些比较羞怯的同学，比如说："卢克，你好像有不同的看法，说说看？"
- 她还指导学生该如何打断那些讲起来滔滔不绝的人，应对办法之一是："趁那个话篓子吸口气的空当，你赶紧开口说你要说的话！"
- 允许一定时间的静默。如果某个人正在思考，大家可以保持安静，并利用这段时间翻翻自己的书，思考某个段落，而不应该趁别人思考的当口插话。

卡萝尔还告诉学生，她一般只会在下课前的最后 5 分钟说几句话，而在讨论过程中，除非万不得已，她不会插话。

她还表示，即便她要对大家的讨论做出评价，也不会是针对讨论内容进行的，比如学生们正在讨论《贝奥武甫》（*Beowulf*）①，她并不会去纠正学生的观点，她的评价更可能是针对他们在讨论中的表现。她在讨论会上的主要任务是指导学生掌握参与学术讨论的技巧。

在她的著作《以严谨为要》（*With Rigor for All*）中，卡萝尔介绍了她的教学方法。许多老师，尤其是教授文科的老师，都因这本书而获益良多。她的教学方法在于指导学生如何得体地参与讨论，既不会让任何人被大家遗忘，也不会去惩罚过分寻求关注的人，这其中大多是吵闹的男生，而是以规则督导他们，并让同学们自己担当起帮助羞怯同学的责任，这其中大多是女生。与此同时，她还利用这些机会把一些文学史上最精华的作品介绍给那些渴望了解经典著作的学生。毋庸置疑，卡萝尔的学术规则和研讨会不仅适用于经典文学的讲授，对其他文科类课程也一样适用。

**将文科课程与亲身体验相结合。**中学老师莎伦说，她的做法是把文科课程的教学与班上女生的成人礼小组活动结合起来。组织这样的活动能帮助那些女

① 英国的民族史诗。——译者注

孩感受到自己与课程中的内容有了某种更加深刻的、甚至是精神上的联系。不消说，这对男生也一样是个好办法。

在文科课堂上，男生和女生都有可能会对某些课题感到十分无聊。但达拉发现，同样的课题，若能在不同寻常的场合下进行，就不再那么无聊了："有一位法官经常打电话给我，告诉我接下来有哪些法庭案例较为适合中学生前来旁观，尤其是男生。我们常去法庭参观。"许多课堂作业就诞生于这样的参观活动，将文科知识与亲身体验相结合，大大减少了学生的无聊感。

**更频繁地动起来！**既然初中阶段的青少年正经历着大脑发育和身体发育的飞跃过程，那么如何增加学生在校期间的身体活动量就成了一件至关重要的事。让孩子多活动活动身体，不仅能宣泄积压的精力，减少纪律问题，还能刺激走神的、无聊的大脑，让脑神经活跃起来。

布朗迪在接受了大脑培训之后，开始允许班上的学生有更多的身体活动。她说："我培训回来后注意到的第一件事，就是班上的男生喜欢走来走去，动来动去。我现在上课时会刻意穿插一些小活动，让学生能活动活动身体，或者站起来做点什么。这反而能促进课堂上的教学效果。"

**记笔记的新办法。**在文科课堂上，记笔记可能是男生和女生都会感到困难的地方。女生的问题可能是太注重做笔记，甚至想把老师和同学说的每一个字都记下来；男生的问题则可能是漏掉了课堂中的简短讨论或是老师的某些讲解，整个笔记显得残缺不全。当然，男生女生常遇到的问题也有可能相互交叉，出现反过来的现象。

布伦达所在的教师团队在六年级刚开学的时候就专攻了这一问题。老师们决定给新生来一次记笔记培训："我们先是针对所有科目做了一套笔记模板，然后一步一步口头指导学生该怎么做，之后再给他们一个大的框架结构，让他们学着填充更多的内容，最后让他们练习自己记笔记。"这支教师团队认为，记笔记是一项最基本的技能，必须在正式进入课堂教学之前先教会学生如何记笔记。

布伦达还把记笔记与多重感官学习结合了起来："脑科学知识的培训让我明白，课堂上的学习应该是多重感官的学习。我们把这一理论落实到了记笔记上，不仅给学生提供书面材料，还在教室前放映图片、用播放器播放讲解及讨论的录音，再加上学生记笔记时动笔去写的动作。"由于把眼睛、耳朵、手都利用了起来，布伦达和她的团队看到了很好的学习效果。

**按照性别特点设置学习专题。**帕克希尔学区的布赖恩在这方面很有尝试心得。

教学手记



我是教社会科学的老师，我讲的专题是美国历史。学生们通常都不喜欢这门课程，尤其是女生。为了能让学生感兴趣，也为了配合女生的不同学习方式，我给学生分派了不同的学习专题。他们不仅可以从正在学习的内容中挑选一桩历史事件作为演示专题，还可以选择不同形式、不同道具来完成演示。

可供挑选的专题中常常会有历史中的女性人物，这足以引起女生的兴趣；而可供选择的演示形式和道具也都是有助于发挥女性特长的几种。

女生更喜欢说话，因此她们常采用话剧表演的形式来演示她们的专题。我还经常让她们组成小型的合作小组，让她们能在遵守课堂秩序的同时充分发挥语言交流能力。

我们总是不自觉地认为女生在文科方面有天生的优势，何况女性的大脑也的确会在这方面显示出优势，可由于我们给女生看的常常是一本又一本讲述男性历史人物的书籍，这让多少女生失去了学习的兴趣？我们必须有意识地关注这一点，特别是在讲述社会科学课及历史课的时候，这对促进女生的学习很有必要。

安东尼·曼佐和呜拉·曼佐的《教孩子能读会写》可以说是最好的教学实用手册，任何教授文科课程的老师都可以参考这本书中的做法来提高自己的教学效果。本书的两位作者都是脑科学方面的研究学者，而且在读写教育领域造诣深厚。他们写的这本书相当有水平，只要是涉及文科教学的老师，应该都会喜欢。

## | 理科课程的教学创新

人们针对数学和科学课程的教学研究已经非常深入了，尤其是在帮助女生提高这两科的学业成绩方面，更是卓有成效。根据美国教育部的资料，美国女生这两科的考试成绩已基本赶上了男生，而且，目前选修数学和科学的女生在人数上已经超过了男生。但是在这两门学科的最高端领域，即高等数学和高等物理等，却依然是男生稳居优势。由于男性大脑在结构上的特点，他们更偏重于右脑运作、更善于钻研高度抽象的概念和设计，因此在高端的数学和科学领域，很可能会一直呈现由男性占据主导的统计结果。尽管如此，最近 15 年来我们竟然成功帮助了那么多女生在这两个学科领域赶上了男生，这一事实本身充分证明了美国的社会，尤其是学校里的老师，的确有办法弥补男孩女孩由大脑差异和性别差异所带来的学习差异。

根据美国教育部的统计，在阅读、写作能力的发展上，男生比女生滞后了大约一年半。女生在某些文科课程上的优势可能会永远存在，因为女性大脑在结构上就偏重于左脑的运作与发展。不过，如果我们也肯花上 10 ～ 15 年的时间，把那些用以提高女生在数学与科学成绩上的劲头用在提升男生的阅读与写作能力上，相信男生和女生在这方面的成绩差异也能大大缩小。我们在帮助女生提高理科成绩上所获得的成功，无疑很值得借鉴。

当然，并非只有女生才会在理科方面学习困难，不少男生也同样如此。以下列出的这些教学方法都是参加脑科学与教学培训的老师们的杰作，虽然本是为了帮助女生学好理科课程而想出来的办法，但用在男生身上也同样有效。

**两人及多人学习小组。**欧文中学的老师谢里尔在日记中写道：

> 我叫学生们组成合作小组，目的是推动女生参与甚至领导小组活动。我尽量安排那些对自己的数学能力不太有信心的女生加入女生小组。女生在升

入六年级之后，往往会因为旁边有男生而感到不那么自信。我也会尽量安排那些相当有数学才能的女生加入男生小组，让她们能有机会充分展示自己的数学才能，甚至是领导才能。一旦她们的信心逐渐建立了起来，那无论加入哪个小组都不再是问题了。

**点名的男女比例。**有这么一篇报道，讲的是2000年的春天，当时的美国副总统阿尔·戈尔访问了底特律城郊的一所中学。戈尔本人就有几个女儿，也十分了解教育部统计数据所显示出来的问题，即在中学课堂的讨论上往往是男生占尽优势，而且知道这是许多中学的数学及科学老师常常面对的一个问题。可是，尽管戈尔已经十分注意，在他带领一组学生进行讨论时，仍然让3个男生抢尽了风头，他根本没有找到机会点名让女生发言。

哪怕我们已经得到过良好的培训，对男女生之间的差异明明心中有数，可是在满心投入地带领学生讨论时，仍然常常会忘记要多给那些羞怯的学生一些机会，多点点他们的名让他们发言。而这样的学生，在中学的理科课堂上，又往往是女孩。

**展现女生的能力。**安东尼是密苏里州堪萨斯城的一名中学老师，他率直地表示，让女生在数学课堂上“展现能力”是一件相当重要的事：“作为一名数学老师，我很注意避免自己有任何针对女生的偏见，而总是尽力指出她们在数学上的才能，鼓励她们认真学好数学。需要回答问题时，我总是刻意留出恰当的比例来点女生的名。我会给她们机会展示自己的领导才能，也会设法让她们在攀登数学高峰时展现自信。”

**多样化教学策略。**安东尼有一位同事名叫麦高恩，他总结出了几条能最有效地提高女生理科成绩的好办法。

- 在必要的时候，让男生女生分开学习。
- 校外活动时，有意选择由女性担当数学及科学任务的场所，让其他女生看到她们的榜样。
- 反复耐心指导。

- 多提供些动手操作的机会。

堪萨斯城的中学老师塔尼娅还提到了另一个很关键的办法："利用视觉，比如在教室前播放幻灯片。这很能抓住学生的注意力，就像电视对他们的吸引力一样。"

青少年的大脑在这几年里正飞速发育，这样的多样化教学策略更有助于孩子大脑的成长。越是他们天生不足的地方，比如说数学之于某些女生，多样化教学策略就越是重要。不但要有清晰的指导，要一次次耐心地给予学生透彻的讲解，还要配合幻灯播放、动手操作等多重感官刺激，才能更有助于大脑对知识的吸收。

**男女生通用的策略。**马萨诸塞州的教育顾问帕特里夏·坎贝尔（Patricia Campbell）决定要找出在理科教学上既有助于男生也有助于女生的课堂要素。结果她发现，能做到以下要求的课堂往往会在教学上更有成效。

- 绝不允许表现出对任何人的不尊重，不论是老师瞧不起学生还是同学之间相互贬低，都不可以。
- 多样化教学模式，包括讲解、小组讨论、图表展示、同学间相互辅导，等等，学生越是能通过更多不同的途径学习，效果就越好。
- 不能允许少数几个喜欢抢风头的学生霸占课堂焦点。

这些基本的做法人人都可以用，既符合经验常识，又符合大脑的科学研究，更与之前讨论过的一系列教学举措相吻合。

## 女生与电脑技术

电脑游戏需要右脑的快速反应，越是要求速度的游戏越是如此，而女性大脑的结构天生就不太擅长做这种事情。我们几乎看不到能像男生那般热衷于打电玩的女生，而且从数据统计的角度来说，也许你永远也看不到男生女生在这方面旗鼓相当的统计数据。从与人交往的角度来看，女生通常更愿意把男生坐在电脑前的时间用来跟人聊天或与人打交道。不过网上聊天和网上购物却是个例外。根据最近的统计数据，男生和女生在这两类活动上花的时间大致相同，只不过女生似乎更喜欢在同一间网络聊天室里多聊聊，而男生似乎更喜欢到不同的网络聊天室里多逛逛；还有，男生和女生喜欢网购的东西当然也各不相同。

男生与女生在电脑技术的应用上也许永远都会有差距，而且我们不可误以为男女生在这方面的差距已经缩小。人们可能会说："女孩不喜欢玩电脑游戏，应该不算什么事儿吧，反正玩电脑游戏又不是对大脑发育多么重要的事。"还有："男生和女生对电脑的应用差不多啊，你看看网上。"实际上，在有些关键性的电脑技术上，尤其是那些能影响到未来职业与事业发展的电脑技术上，男女生之间有着非常明显的差距。

根据美国大学妇女联合会的统计数据，在选修电脑技术这门大学预科课程的高中生中，女生只占 17%。而在获得电脑技术大学本科学位的大学生中，女生只占 28%，1984 年曾一度达到最高峰 37%，但从那以后一直连年下滑，而在信息技术行业的专业人员中，女性只占 20%。造成这么大男女差距的原因之一，有可能跟女生一般不太愿意像男生那样独处一间小屋不断盯着电脑有关。可这巨大的差距实在令人震撼，尤其是在当今时代，人们对语言及电脑的熟练应用都是如此不可或缺，这种差距就更值得我们关注了。

从初中阶段开始，我们就应该帮助女生在这方面减小与男生之间的差距。老师们要尽一切可能地帮助女生打消她们的"电脑恐惧症"，还要尽一切可能地避免电脑被男生霸占，更要尽一切可能地确保女生有机会练习使用电脑语言，而且在教学方式上也要尽可能地形象化。

## 帮帮那些在障碍症里挣扎的男孩

有些时候，不论我们为提高孩子的各科成绩付出了多大的努力，似乎都还不够。一名中学老师讲述了这么一件事：有一个学生，各科成绩都得了 A，并因此得到了老师的嘉奖。可他却跟老师说，他再也不想得 A 了，而且在那之后，他的课堂表现和学习成绩直线下滑，没过多久就遭到了学校的停课处罚。

他受不了老师的高度嘉奖，受不了那张出色的成绩单，没办法活在大家对他的更高期望里。这位学生后来在老师和父母的帮助下，总算回到了正轨。可这个故事却告诉我们，哪怕看起来学习最好的学生，也可能有非常脆弱的一面。

这个少年固然很快就回到了正轨，可如果他没那么快恢复正常呢？我们能做些什么来更好地帮助他呢？

得克萨斯州达拉斯市某学区最近有人给我发来一封电子邮件说："学校里的 1 200 名学生中有 20% 的人被判定需要接受特殊教育。《精神障碍诊断与统计手册》（*Diagnostic and Statistical Manual of Mental Disorders*）上说，获此诊断的患者应占人口比例的 5%，你能不能告诉我这到底是怎么一回事？"

我们曾针对密苏里州至少有 10 年教龄的老教师做过一次问卷调查，其中一道题是请他们讲述最近这些年来他们在中学里看到的最大变化有哪些。占据榜首的回答是："患学习障碍和行为障碍的学生数量大大增加。"许多老师都表示，20 世纪 80 年代的时候，每年无非遇到 1 ～ 3 个比较爱扰乱课堂秩序的孩子，可是现在每年都不少于 10 个。被诊断为学习障碍的孩子中，男女比例是 3 ∶ 1；被诊断为行为障碍的孩子中，男女比例是 10 ∶ 1。

尽管把患有学习障碍跟行为障碍的学生与其他学生区分开是很有必要的事，但实际上许多所谓患有行为障碍的孩子往往都是因为学习吃力而在课堂上自暴自弃的孩子，而且大多数都是男孩。对于这一点，几乎所有老师都有同感。

学生们到底怎么了？为什么全美各地不同学区的学校里都有那么多孩子出现问题，那么多学生患上学习或行为障碍呢？脑科学研究给出了部分答案，请看下面这些事实。

- 人类的大脑结构更适于工业化之前的生活，而不太适应当今过于令人目不暇接的节奏。虽然有许多甚至大多数人的大脑能够承受得了现代生活中密度过高、无休无止的各种刺激，可是有些人的大脑却怎么都适应不了。
- 男性大脑在这个层面上尤为脆弱，因为男性大脑天生不擅长同时处理多件事情，适应能力也不如女生强。所以，尽管男女大脑都可能会应付不了太多信息，可是男性大脑的情况往往更为严峻。

- 与女性相比，男性大脑的结构再加上雄性激素，使得本就脆弱、适应力差的男孩更加具有攻击性、不遵守纪律、举止失当，从而增加了男生行为障碍的诊断比例。
- 美国目前的学校体制和日常课堂教学并未考虑到男性大脑系统，相反更适合女性大脑系统，因此，这更使得许多原本算得上正常的男生，因不适应这样的学习环境而被判定为学习障碍或者行为障碍。

既然从脑科学的角度，近年来高涨的学习障碍和行为障碍比率有了一定的解释，那么，有没有什么相应的对策呢？我们的研究显示，首先最需要做的一件事就是，再好好看看学校里都有哪些问题出现。

## 透过脑科学及性别差异来重新审视特殊教育

有一位老师在日记中写道，若能把最新的脑科学及性别差异研究都充分考虑进来，那么我们必须从下面两个同等重要的角度来重新审视当前的特殊教育。

> 我负责七年级和八年级的行为障碍特殊教育班已经长达 8 年了，在这 8 年间我教过的孩子当中，没有哪个男孩在家中有过稳定而一致的行为榜样。他们是那么渴望能得到男性的关注，看得我真是心酸。
>
> 还有，教学楼中大约有 145～150 个学生被判定为患有这样那样的障碍。这些孩子当中，男生占了 2/3。自从我 20 年前开始从事教育工作以来，我们的教育体系一直在关心如何保证女孩的平等教育，却从来没有培训过我该怎么教导男孩。

在我们做教育研究的过程中，会不断地收到来自特殊教育老师们的类似报告，尤其是那些专门针对行为障碍学生的特殊教育老师。他们看到，一方面，越来越多年幼的男孩缺少男性榜样，越来越多的男孩被诊断为各种障碍患者；另一方面，他们所接受的培训虽然都是针对各种障碍的，却偏偏没有针对男性心理学或如何培养男性气质的。

我们认为，在不断开拓更多教学创新方法的同时，特殊教育也必须把重心转移到男性气质、男性榜样、男性大脑、男性文化上来，这样才能把对男孩的帮助真正提升到一个更高的层次上来。

露丝的报告中还写到了另一个需要我们重新审视的地方：情感联结。患有行为障碍的孩子太渴望得到爱了。“在安德森非传统中学，”她说道，“我们的特殊教育组里有 5 个女孩及 50 多个男孩。每个孩子都很渴望能得到爱、尊重与接纳，渴望能感受到自己是个正常的孩子。学校该怎么做才能把这些孩子所渴望的东西都提供给他们呢？我们所能给予的爱、尊重与接纳又是否足够呢？”露丝还写到，男孩特别“愿意遵守为他们设立的、必须严格执行的规则”，可她仍然非常想知道该怎么进一步深入到孩子的心里去解除他们的病根。

希克曼米尔斯学区的老师琳达说，她所在中学的特殊教育班允许学生上课的时候拿一个豆宝宝①放到课桌上。她发现，班上的男孩也都跟女孩一样，喜欢拿着一个豆宝宝上课。这是一个他们可以捏在手里的东西，而她发现，如果学生手里能拿个东西，他们上课的时候就能听得更加专心。会不会还有另一个原因呢？他们也许特别需要爱，既需要获得爱，也需要给予爱呢？

露丝注意到，她班上一些患严重障碍的男生“喜欢躲到橱柜里面读书。他们似乎需要那种躲在窄小空间里的安全感，可我们常常忽视孩子这样的需要”。她还注意到，患有行为障碍的孩子特别渴望老师给予他们关注。

在她所尝试的特殊教育实验中，有一项创新举措十分有效：“我们让学生自己来做告示板。由于告示板变成了他们的作品，也就再没有人故意去搞破坏了。这些平常喜欢干坏事的孩子终于有机会在学校向人们展示属于‘他们的’东西了。”这些孩子平常总以各种捣乱行为来获取老师的关注，哪怕是负面关注，但如果他们能有机会得到大家的正面关注，他们当然会更喜欢。这里我们必须再次反思，患有障碍的孩子里，男孩占了如此大的比例，是否因为当今文化系统性地剥夺了男孩需要的爱？是否因为我们煞费苦心地削减了对男孩的关怀，削减了对他们身心的深度了解与接纳？这些男孩是否在以这样的形式来让我们知道，他们是怎样生活在爱的荒漠里？

① 填满豆子的布玩偶。——译者注

中学老师兰德尔对我们说："很多这样的男孩都没有什么同龄伙伴。我看见他们独来独往，满脸落寞，默默望着其他成群结队的孩子，恨不能让自己钻到墙里面去。我看到这些无人理睬、形单影只的孩子是怎样以蛮横霸道的行为来获取那些有同伴的孩子的关注的。在学校的停课处罚室里，我看到一群孩子相互交往的主要模式就是做些不该做的事，而这其中大多都是男孩。他们为自己被送到处罚室而相互喝彩，并联手设法延长自己的停课时间！"兰德尔的对策是"给他们一个使命，也就是说，给某个男生一连串的任务让他去完成，甚至让他不得不牺牲掉一些什么，才能最终完成那一桩重大任务"。他还发现，这种做法对女生也同样有好处，他更发现，男生们真的是太渴望能有个机会、有个理由让他们去奉献心中无尽的爱了。

我已经做了 20 多年的教育研究，不得不说，美国的文化在如何滋养男性大脑、如何培养男孩长大成人这方面相当欠缺。没错，某些男性形象，特别是非常有男子气概的男人，像是很有政治家风度和社会影响力的男性，比如著名的政治领袖及世人皆知的大公司总裁等，他们的确得到了充分的强调，当然还有其他一些男性形象，比如人们常说的"小白脸"，往往也是热门话题。可是，许多男孩所走的成长之路既不会是前者也不会是后者，99.9% 的男性一辈子都不会当上公司总裁。这些"普通人"在男性中占了绝大多数的比例，可他们的声音却微乎其微。从这一角度来说，女孩的待遇也跟男孩差不了多少：大多数女孩也一样觉得，她们的本真形象得不到足够的关爱。

既然我们已经开始以当初关注女孩的热忱来关注男孩面临的各种问题，就必将看到学生罹患各种障碍的比率得以下降。希望今后男孩可以不必再以张狂捣蛋的形式来获取老师的关注和爱。针对男性脑神经层面上的弱点，越是年龄小的男孩，越是应该在学校中得到更多关怀，让他们不必因脑结构的天生短板而沦落为各种障碍患者。

## 应对行为障碍的良策

让我们来分享密苏里州研究中心的学校老师在实际教学中运用的一些创新举措。

**班级里的小班级。**布伦达·博克讲述了她所在学校实施的一种相当有效的做法。她现在负责指导的一组特殊教育学生，女生数量多过了男生："我这帮六年级的学生虽然是一群学习障碍患者，不过我们是班级里的小班级形式，也就是在正常班级中设立特殊教育小队，由我来担任他们的老师。今年我的工作量显然不同于往年：5 名男生加 8 名女生。这是我担任特殊教育老师的第 16 年，在过去，从来都是男生数量多于女生。我的学生中有学习障碍、行为障碍及智力障碍患者。其中有一个女孩，你很难听懂她说的是什么，可如今她已经敢站在队伍前面做简短发言了，我很替她高兴。"布伦达发现，这些有学习障碍的孩子在正常班级里上课，反而能提高他们迎战学习困难的信心。

安妮也运用了班级里的小班级以及组队学习这一举措，同样获得了类似的成效。今年，由 3 人教师小队带领的 12 个特殊教育小队，共 76 名接受"特殊教育指导"的学生，都采用了"班级里的小班级"这一举措，均获得了良好成效。

**男女分组教学。**许多老师在接受了大脑性别差异及男女分组教学的培训后，都更愿意在教学实践中把男孩女孩分开来进行指导。莎拉是安德森非传统中学的老师，她向我们回忆了当初在女子学校里上学的体验。她本身就相信这样的做法在教学上的优势，如今能把这种方式落实到自己的教学当中，更是令她感到如鱼得水："现在，我让学生们分成男生组和女生组，在这样的小组活动中，学生们的合作更加密切，能完成的任务量增加了，打扰同伴学习的现象也减少了。"

莎丽也是安德森非传统中学的老师，现在她更喜欢单性别课堂的教学方法。她的主要工作是教导男生班的孩子。她认为，这种做法不仅有助于学生提高学习成绩、改善课堂秩序，更有助于加深她与这群男生的师生感情。她说，有一个她负责的男生上课时打扰了教学，那孩子后来跟她说是因为她讲的课实在太无聊了。于是他被送去了另一间教室上课，可一个小时后他又回来找莎丽，请求回到这个课堂来。莎丽问他，既然这个课堂那么无聊，他为何还想回来呢？他回答说，因为另外那间课堂更加无聊。她认为这其实是因为自己只愿意跟自己在一起，只是不知道该怎么准确地表达。在莎丽的课堂上，打扰上课的行为要更少一些，因此能更有利于师生感情的巩固与加深。而师生间的情感联结越紧密，课堂上的不良行为也就越少。

男女分班分群学习的优势，在本章的开头已经讲过，若把这种策略应用到特殊教育里，那么其效果比正常学生还要好上两倍甚至三倍。

**品德教育。**丽塔发现，把品德教育融进特殊教育班的教学之后，不良行为比过去有所减少。因此她后来专门把每天早上的时间都划出一段来，用于品德教育，她称之为“心灵指导时光”。她在日记中记录了自己的想法和做法。

教学手记



一整天校园生活的最初一小时心灵指导时光是很有意义的。有一天早晨，我要求学生们写一篇关于“尊重”的作文。每个人都写下了自己对尊重的定义，列举了一些事例，还写了他们该怎么对他人表示尊重。可是在下课之后，他们对待彼此的态度却是互不尊重的，推来搡去、出言不逊。于是我问他们，为何他们的行为与作文中写出来的不相符？他们便相互指责。于是我加大了品德教育的力度。

我们每个星期的心灵指导时光都只专注于一项品德的学习。每天早上的心灵指导时光过后，在白天的其他课程中，老师们仍然会不断寻找机会来强化早晨讲过的品德。下个星期我们要讲的是“诚实”。等今天我在大厅及饭堂里和学生们谈话的时候，我将有意强调诚实的重要性。

**组织结构和组织纪律。**任何一位做过特殊教育老师的人都知道，班级里的组织结构和组织纪律非常重要。丽塔说，她任教的非传统中学引进了军训模式：“我们学校开始让学生参加军训。刚开始时，学生们都不喜欢军训，可是现在，大多数情况下他们都做得非常认真。有一个学生，去年的时候曾想到过自杀，现在却成了军训中的一名队长。他带领的小队还被邀请去参加老兵节那天的游行。学生们为此训练得非常认真，而且获得了许多其他学校的称赞，因为他们是整个游行队伍中唯一的一支中学队伍！而我们还是一所非传统学校！”

丽塔认为，军训活动给了学生们严格的组织结构、组织纪律和行为界限，也给了他们一种新的自我认知。她发现，这几项要求对任何一名男生来说都非常重要，而男生在他们学校里占绝大多数。这所学校里的许多学生都是美国非裔，丽塔觉得他们真是好运气，因为那位军训教官也是美国非裔，他无疑成了这帮男生最好的男性榜样。和我们大家一样，丽塔也注意到了中学里的男生普遍缺乏正面的男性榜样，而那些非裔孩子的情况尤其突出。所以她认为，学校的军训之所以能获得那么大的成功，原因之一恐怕就是有这么一位男性榜样。丽塔在给我们的报告中写道，看着游行队伍中她班上那些孩子展现出来的风采，她感到骄傲极了。她意识到，其中一部分孩子大约是生平第一次在大庭广众之下如此光彩照人。

## 特殊教育中的后进生

我收到过一封电子邮件，是一位母亲说，她的儿子曾在学校里被测定为“天资优异”，可是后来又在另一个场合下被学校测定为“学习障碍”，成了学校里的后进生。以这位母亲的眼光来看，她儿子的智商明明非常高，只是找不到一所适合他的学校。她写道：

> 我们当地有一个“天赋儿童家长协会”，是由不少像我这样的家长组成的群体，我是会长，并为之花费了很多精力。我们所关注的问题之一是，男孩中后进生的比例太大了。我个人觉得这应该与学校特别是中学照本宣科式的教学方式有很大关系。许多男孩不论是被测定为“天资优异”还是被诊断为“学习障碍”，往往都是右脑特别发达的孩子，而这样的孩子在学校里往往学得很吃力。在我看来，如果一个右脑占据优势的天赋学生都会在学习上感到吃力，那可以想象那些同样是右脑占据优势，但智力只在平均水平甚至低于平均水平的孩子，就只会学得更加吃力。这种照本宣科的教学方法很可能与他们的学习方式不太契合。

这恰是关键的地方。的确，许多有天赋以及有障碍的男孩和女孩都是右脑格外发达，而其中又以男孩居多。我们也怀疑后进生跟这有很大的关系。近年来，后进生的比例大大增加，其中男生占大多数，他们的大脑结构天生偏重于右脑的发育，因此我们希望学习吃力能成为特殊教育领域研究人员的研究焦点，而且是在以大脑运作模式为依据的前提下好好研究。中学课堂的教学方式太注重语言，即太注重左脑功能，这样的教学方法很难跟课堂上的一颗颗男性大脑相契合。照本宣科的教书方式固然从来都有，但当今课堂上对语言能力的要求远比一个世纪以前要偏重得多，更何况那时的孩子还有很多机会可以在体验中学习，比如在农场、集市上或家里，甚至在教堂的一些活动里。

学习吃力与抑郁症、学习障碍、不善管理时间、花太多时间在社交媒体上、家中缺乏对孩子学习的支持、整个学习过程过于无聊等因素密切相关，对此我们并不否认，也深知这些外部不利因素的不断增长更是对孩子本就与照本宣科不太契合的大脑雪上加霜。如今，中学生学习吃力的现象已经令学校的老师越来越感到担忧。对此我们建议，寻找良策时，应把脑科学研究的结论也考虑进去。

那些专门辅导后进生的老师几乎异口同声地向我们表示，下面这些做法很有助于学习吃力的学生提高成绩：以组队学习或小组合作的方式，哪怕两人小组也好；学校和家长要继续保持密切的联系，加深师生感情也是至关重要的一个环节。还有，增加课堂上的竞赛活动有助于提高学生的学习动力，尤其对学习吃力的男生很有效果，比如游戏、解谜、辩论乃至比赛等。最后，增加学生的身体活动，多让孩子在实践中学习，对孩子的情绪予以更多的关注，也都能有效促进学生成绩的提高。

## “达巴先生”：情感联结的力量

欧文中学六年级的老师葆拉讲述了自己与一位患有严重行为障碍的学生之间的故事。下面我们就来一起读一读这个感人的故事。

## 教学手记

今年一开学，我就给自己布置了一个任务：找一名学生，好好去了解他。我决定要找的这个孩子须是一名很爱惹祸、也很难接近的孩子。开学第一天，我就锁定了一个衬衫上印着“达巴”二字的男孩。他在座位上很不安分，不断离席，还常常很大声地呵斥别人：“闭嘴！我才不管呢！怎么着吧？那又咋啦？你知道个屁！滚一边儿去！”……我决定好好观察一下这个男孩，看他是不是我想找的、想要与之亲近的孩子。这一天的课程尚未完结之前，我就已经开始用“达巴先生”这样的称呼来跟他说话了。每次我提醒他待人要友善、说话要轻声、发言要先举手的时候，都会先称呼一句“达巴先生”，而不是叫他的名字或者姓氏，而他每次都会因我的这个称呼而大笑，或者微笑。他显得强悍而满怀恶意，不过他看来挺喜欢自己得到的这份关注。

第二天上课时，达巴先生责怪我叫他“达巴先生”，可每次他脸上都挂着笑：“那不是我的名字。”我这时还真不知道他的姓名，而且他看上去挺喜欢我每次叫他“达巴先生”时同学们对他的关注。同学们每次都会大笑，但那并不是对他的嘲笑，而是大家觉得这很好玩儿。

随着日子一天天过去，每次我因为他发脾气而提醒他注意克制的时候，都会称呼他“达巴先生”。他总会立即挂上笑容，气也很快平顺了下来。当然，这时我早已知道了他的名字，不过我仍然这么称呼他。

有一天，我走进教室时正好看见他在教室里来回奔跑，我说道：“达巴先生。”他当即就坐了下来。

还有一次，我成了达巴先生的队友。他其实并不愿意我当他的队友，可是大家在规定时间里纷纷选择队友的时候，只有他没有选，结果他被落下了。也就是说，他只好跟老师搭档。那一次的任务是编写话剧，每个学生都要想出自己的故事主线来，还要确定自己在话剧中扮演什么角色。达巴先生似乎不想动脑筋，他坐在那里，两只胳膊抱在胸前。

我决定由我来开头，于是我说道，有一个男孩离家出走，打算自己到乡下求生。第一天他到乡下去钓鱼，抓到了3条很大的鳟鱼。他开心极了，但当他转身要告诉爸爸时，才想起来爸爸不在那儿。他只好对自己说，没有家庭没有朋友他也能生活得很好。那天晚上他在一棵大树下过了一夜。第二天，他又抓了更多的鱼，因为他需要填饱肚子。钓鱼显得越来越不好玩儿了，于是他沿着小河走了过去，想要找到最近的一家小镇。

这个故事开了头之后，我跟达巴先生说，我们可以在那孩子走到下一个小镇时增加两个人物。到了该结束的时候，我们会把那孩子的父母加进来，让那个孤独的、找不到家的孩子最终能回到他满心喜悦的父母身旁。

我开始给这个故事起头时，达巴先生几乎不予理睬，他显得很无聊。不过，随着我继续往下编，他开始为这个故事添加一些细节，再后来，他都开始往下设想故事的其他几个发展方向了。我并没有要求他来讲，我只是自己在那里编故事，然后他就主动加入了进来，投入到整个故事的编纂中。他其实不像他刻意装扮的那般蛮横。

又有一天，达巴先生怒气冲冲地走进了我的教室，对另一位老师一肚子怨言。我问他做了什么错事，他说："才没有！"我又问他为何那么生另一位老师的气，他说因为老师把他撵出了教室。我再问他为何那位老师要撵他出教室，他说他不知道。我告诉他说，"不知道"这几个字不可能让他回到那位老师的教室里去。他最终承认他在课堂上"讲话"了。我又告诉他说，单单是"讲话"也不可能让他惹上麻烦。可他坚持认为就是"讲话"了而已，没做错任何事情。我问他在家里讲不讲话，他说："讲啊。"

我又问他，在家里有没有过因为讲话而惹麻烦的时候。他说："有时候。"我问他那会是在什么情况下，他说是在他讲话态度不对的时候。我继续问他，跟那位老师讲话时是不是也是态度不对，他回答说："她没生气撵我出教室之前，我没有态度不对。"我回到原点，再次问他，为什么单单"讲话"就能惹了麻烦？他这下子开始嘟嘟囔囔了。我跟他说，如果他不愿意告诉我是怎么回事，也可以不告诉我。于是他大声说道："她在讲话！我在讲话！"这下子，他终于肯承认这件事情里的确有他的不是了。

我相信他现在已经有了很大的进步，每当我叫他"达巴先生"的时候，他仍然会挂上笑容，我相信我们之间已经培养出了深厚的师生感情，我也同样相信，如果我没有这般丝毫不带怒气地寻找他生气的原因，他肯定也会像对那位老师一样，对我生气。

最后一桩事情。某天我听到有人在大厅里大声叫嚷。我走出教室，去到大厅，想看看究竟出了什么事，却看见是达巴先生正在那儿又踢又踹、大喊大叫、来回跺脚。

我朝着来回跺脚的达巴先生走了过去，一本正经地向他做自我介绍，就好像我们从不认识似的。我要让他知道那是我，我希望这能让怒火中烧的他停下来跟我说话。他果然不再来回跺脚，但是也不肯看向我。我问他是否已经没事儿了，他不理睬我。于是我说道："如果你不是没事儿了，就跟我来我的教室。如果你已经没事儿了，那你就站在这大厅里好了。"然后我转身走向我的教室，达巴先生跟了上来。他进了我的教室，然后站在那里。我继续上我的课，他便得以在没有任何压力的环境下冷静了下来。等下课之后，我默默地望着他。

他没有离开我的教室，我则耐心地等他开口。最后他终于解释了自己大发脾气的原因，并回到了自己的教室，向另一位老师道了歉，而这时，他们双方都已经冷静了下来。

葆拉对待"达巴先生"的耐心和智慧的做法，值得每一位老师认真学习，尤其是当我们遇到这种谁都觉得很棘手的孩子时。她一直坚守一个信念，即帮助孩子的关键在于跟孩子建立起深厚的师生感情。她的努力使得那孩子一天一天地取得了一点一点的进步，这些小进步若单独分开来看的话实在算不上什么，可把这些一点一滴的进步整合起来，就能看出这个孩子的巨大进步了：他不再是一个偏离了正轨的孩子，而是变成了一个喜欢学习的学生。

## 男孩女孩科学教养
## —— 小窍门 ——

在初中和高中阶段，如何确保学校的课堂能满足男生女生内心深处的需求，是我们应该首先关注的重点，尽管我们可能从不曾把这样的念头清晰地说出来。该怎么在课堂上帮助处于青春期早期阶段的少男少女们好好成长呢？请看下面的要点汇总。

### 针对男孩的建议

☆确保每一位中学老师都能通过培训了解男性激素及青春期大脑发育的相关知识。

☆尽可能多地采用男生班或男生小组进行学习。

☆尽可能多地利用小组合作或两人搭档学习的方式。

☆加强品德教育，并让品德教育融入所有的课堂教学中。

☆提高对学生的期望值，既包括对更高学习成绩的期望，也包括对更加成熟的为人处世能力的期望。

☆多讲讲“英雄人物”的故事以及他们的想法和做法，让青少年更加明白，作为一个真正的“男人”，要为这个社会的进步做出贡献。

☆创造机会让男生体验他们的“成人礼”。

☆为男生提供在课堂内外能迅速消减情绪压力的途径与方式。

☆讲授描述情绪的文学作品，并把情绪发展的课程内容融入所有的课堂教学中去，而不仅是在生理知识的课堂上讲解这些内容。

☆讲授有关性的道德观念，并把这些道德观念融入所有课堂教学中，尤其是在健身房上课的时候。因为在这里经过一定运动量的身体活动之后，男生通常更容易坦率而认真地看待情与性之间的关系。

☆在所有的课堂教学中尽可能多地穿插讲解一些媒体科技的利弊，并帮助家长了解过度的电视时间和电子游戏对青春期孩子大脑的不良影响。

☆规则教育措施须切实可行，而且应在所有课堂都保持纪律要求的一致性，教职员工要联手结成纪律督察队，而不是单靠每一名老师各自为政。

☆请社区中的成年人来为每个有需要的青少年担当心灵导师，同时让每个有能力的中学生到小学甚至幼儿园去，担当小同学的辅导老师，甚至可以把这样的工作当作中学生家庭作业的一部分。

### 针对女孩的建议

☆尽可能多地采用女生班或女生小组进行学习。

☆点名的时候，注意在比例上尽量做到男女平衡，如果有少数几个孩子霸占了发言时间，通常是借此抢夺众人关注的男生，老师可以带领全班同学讨论这件事，让全班同学一起想办法寻找恰当的解决方案。

☆所有科目的教学都应多多利用校外活动、亲身感受、多重感官强化学习等策略。

☆在电脑技术类课程的课堂上，要特别留心给女生提供均等的机会，不要因为男生天生喜欢视觉空间中的动感而忽略掉女生也同样需要操作电脑的时间。

☆确保每名女生在学校里至少能有一位女性榜样，让她们不但可以加以模仿，而且还能与之建立联结。

☆创造机会让女生体验她们的“成人礼”。

☆在数学课堂上，多创造机会让女生通过实际操作来学习。

☆多讲讲天下皆奉行的好品德，同时留心女生对好品德的理解是什么，她们的看法跟男生的看法有哪些相似之处和不同之处。

☆提高对学生的期望，既包括对更高学习成绩的期望，也包括对更加成熟的为人处世能力的期望。

☆请社区中的成年人为每个有需要的青少年担当心灵导师，同时让每个有能力的中学生到小学甚至幼儿园去，担当小同学的辅导老师，甚至可以把这样的工作当作中学生家庭作业的一部分。

### 给家长的建议

☆密切参与到孩子的学校生活中去。这意味着你要积极参加家长会、做义工和辅导师，并积极参加与学校相关的宣传活动。

☆除了鼓励孩子参加学校的成长活动之外，在家里也给孩子提供机会举行“成人礼”。可以与亲朋好友一起为孩子举行，也可以配合学校里的活动进行。

☆参加各种培训，了解青春期孩子的生理发育常识，尤其是关于大脑发育及性发育的知识，这样才能以适合孩子性别的方式辅助他们学习。

☆通过以身作则、讲故事、讲道理的方式给予孩子同情心的教育。

☆让自己习惯于对孩子进行勇狠滋养，并引导孩子朝正确的方向发挥争强好胜的精神，从而帮助孩子变得更加体格健壮、用心专一、认真仔细，也能在同学中赢得更高的地位。

☆对那些与自己相同性别的群体和同班同学格格不入的孩子，

父母要予以更多的关心，要以适合孩子特质的方法去帮助他成长。

☆对孩子的行为规范要坚持一致，尤其要做到好的行为予以鼓励，不好的行为让孩子承担后果。

☆配合学校对孩子的品德教育，在家里也以同样的标准要求孩子。

☆帮助孩子平衡好用电脑、学习等静态活动和体育运动等动态活动的活动量，以保证大脑获得最全面而充分的发育。

☆要关注孩子饮食中碳水化合物及其他食物的摄入量，因为他吃下去的东西很可能会影响身体与大脑的发育。尤其要关注孩子对垃圾食品和糖分的摄入。

☆关于孩子每天可以花在媒体上的时间，要跟他商量出一个合理的计划来，并且要认真监督执行。

☆定期为孩子提供性道德及与人为善的指导。

☆多花些时间陪他，哪怕他没要求那么多的陪伴时间，最好能有长辈与孩子单独相处的时光，比如母子时光、父子时光、祖孙时光，等等。

☆支持在中学里实施小班制，更要支持学校实行单性别课堂甚至男女分校的措施。

不久前我在某个学区做培训时，一位老师递给每个人一张小纸片，上面写着："如果不往上爬，你永远也到不了山顶。"她说，新学期开学时，在最开头的两天里，她和八年级一个班的孩子一起做了一张大拼画，这句话就贴在这幅拼画的顶端。每个学生都在这幅作品上贴上了自己的东西，有些人拿来照片，有些人从杂志上剪下图片，还有些人亲手绘制自己的作品，图文并茂。每个人贴上去的东西都要和上面引用的这句话的主题相吻合。

"在这一学年中，"她坦率地说，"我不仅常常提醒学生们回想那幅拼画的主题，也常常提醒我自己，在一个个艰难的日子里激励自己努力向前。对我来说，做一名中学老师就像是在往顶峰攀登。那上面的无限风光一定值得我上去看看，不过我觉得我现在还没爬到顶峰。这一学年结束了，孩子们都去了高中，我非常自豪我又和他们一起攀上了一个新的高度。”

初中阶段对不少班级和老师来说都会是一段非常艰难的旅程。如果我们各自回想一下自己当年上中学时的经历，也许都还能记起在六至九年级中的某一学年，甚至不止一个学年里，自己活得相当不易。“中学”这两个字实在是恰如其分，我们不就是在各种成长的挑战中学习的吗？

针对脑科学及性别差异的研究对初中阶段的孩子来说非常有意义，因为这个年龄段的孩子在身体上和心理上都会经历巨大的变化。每时每刻，我们都需要应对孩子身上某种程度的生理力量。密苏里州研究中心的老师们发现，学校越是能深入地了解初中生的自然生理机制，攀向山顶时的障碍物也就越少。

# 06 BOYS AND GIRLS LEARN DIFFERENTLY

## 创建完美的高中课堂

高中既能成就我们，也能折毁我们；好像我们的一生都将由高中阶段决定了似的。

——卡丽

19 岁的高中毕业生

有一次，我们和一群刚刚毕业、参与调研的高中生开座谈会，其中一个专题是请他们回顾一下对高中生活的总体印象，并对老师们提些建议。特里是一位镇定自若的年轻人，他说道："我曾在日本生活过两年，那里的人像对待大牌博士或高级官员一样对待老师，因此老师非常受人尊敬。我上九年级时回到美国，却十分惊讶地发现，这里的每个学生，尤其是男生，对待老师的态度实在糟糕至极。一段时间之后，我自己也开始跟着几个总是对老师不尊敬的人一起，很不讲规矩。可现在我却为自己的行为感到羞耻。我真希望自己和那些朋友能对老师更尊敬一些。我想，如果每个人都能像日本人那般尊敬老师，我们一定能学到更多的东西。"

简是一位 18 岁的年轻女孩，她说道："我记得有一位法伊特先生，是我的数学老师。他非常富有，不需要工作，可他还是选择当老师，因为他想为下一代人做点什么。我们都很尊敬他，大家都知道他来教书并非不得已而为之，而是为了那颗爱心。而且他真的对我们大家都很好，不只是对男生。他教得很用心，也非常有意思。记得有一次我们在学微积分的时候要做个练习，他带来一首老歌，还做口型假装是他在唱。我不记得那是首什么歌，可我记得我们一边笑一边学习。他真是很善于走进我们的心里去。”

那次座谈中，许多刚毕业的高中生谈到了他们高中时的好老师，借用简的话来说，就是那些很善于走进学生心里去的老师；也有人谈到了不好的老师，即走不进他们心里去的老师。虽然有一部分学生觉得他们在高中时的学习经历跟自己是男生还是女生没多少关系，可是绝大多数学生还是觉得关系非常大。他们说的那种很善于“走进我们心里去”的老师，就是那些不仅知道如何“给学生成长中的大脑灌输知识”，还懂得男性大脑与女性大脑如何不同的老师。有一位 20 岁的年轻女孩回忆道：

> 我们这些高中生，是渴望成长为男人和女人的男孩和女孩。有两个老师我现在想来尤其敬佩，一个是坎特林先生，一个是西尔维斯特女士。他们俩不仅知道怎么跟我们这帮孩子说话，更知道如何把我们当成男人和女人来跟我们对话。坎特林先生是我们的化学老师，男生们都特别喜欢他，因为他会用“他们的语言”说话。西尔维斯特女士教的是英语，她是我们女生的杰出榜样。在了解到男生和女生的思维方式完全不同之前，我完全不知道他们俩的做法有些什么讲究，可现在我终于明白，为什么男生都喜欢去找坎特林先生，而女生都喜欢去找西尔维斯特女士了。我们固然是因为有化学方面以及英语方面的问题需要找老师请教，可我们更需要老师指点我们如何与异性相处。我觉得讲男生女生的那些课程才是高中里真正最受欢迎的课程！

在脑科学及性别差异的研究文献中，高中生所占的比重较小，因为到了这一阶段，学生的学习方式基本上已经经由幼儿园、小学和初中大致成型了。当然，尽管高中生的确大都“几乎成型”，但他们也的确还需要最后的“定型”。高中阶段是所有孩子在大脑发育及性别发育这两方面进行细节完善的阶段。

比如说，大脑中髓鞘细胞的生成这时仍在继续，要一直到大学阶段的前两年才能最终完成。大脑前额叶皮层的发育也会一直延续到大学阶段，女性前额叶皮层的最终完成比男性略早一点。有些人在身体或心理上的成长比常人要略微慢一点，对这样的孩子来说，高中的前两年差不多相当于初中阶段的发育，因此，这样的高中生尤其需要悉心呵护。而高中的后两年对所有学生来说都是学习如何“男女共存”的关键阶段，他们迫切需要学会如何与异性在共同的社会环境中和谐相处。

上一章针对初中阶段所讲的许多举措都可以沿用到高中阶段。不过，我们还将在本章中见到一些全新的做法。

## 教学体制上的革新建议

前几章中讲述的教学体制上的创新举措，特别是针对初中阶段的建议，也都适用于高中阶段。这里再来看一些不同的做法，也许能给高中的改革带来一些新的构想。

### 班级人数及学校人数

我们不断获知因班级人数和学校人数过多而带来的问题。也许有人认为这应该是只有美国才有的问题，其实世界上其他一些工业发达国家也同样存在这样的问题。尽管教育研究的分析认为每个班级的人数应该更少才更加合理，可是经济的发展却迫使许多国家的学校每个班级的人数都在不断膨胀。

不消说，班级越小，师生和同学间越容易建立起牢固的情感联结，出现纪律问题的可能性也就越小。尤其是在青春期的早期和中期，一个很有可能成为捣乱分子的学生，如果没有机会躲在人数众多的大型学校或是大型班级里捣乱，那么他就更容易被纪律约束好。借用神经科学的说法，严重违纪的学生往往是在课堂上觉得很无聊或者学习落后的学生，他们以捣乱的方式来获取别人的关注，从而满足发育中的大脑对刺激的渴求。在人数更少的班级和学校里，这样的学生不必靠捣乱来换取大家的注意，相反，老师和同学通常能在问题出现之前就出手相助，尤其是当他们接受过相应培训之后。

而且，课堂日常秩序的维持往往是在班上每个人都有机会绽放光芒的基础之上。课堂上的良好纪律固然主要依靠有能力的成年人来引领，但其中也少不了每个愿意在课堂上汲取知识的学生的努力。可是，在青春发育阶段的男生必须学会应对和控制身体里的睾酮，他们往往比女生更容易做出偏激的行为来，要么扰乱课堂纪律，要么逃课甚至辍学。

而要好好关怀这个阶段的男生，就需要减少学生人数，降低师生比例，最好能做到每名老师只负责 20 ～ 25 个学生，越是注重讨论的学科课堂，比如英语、社会学等，越需要如此。许多男生觉得自己的语言能力与那些唇枪舌剑的男生以及能言善辩的女生相比简直拿不出手，而课堂上人数越少，这些笨嘴拙舌的男生就越敢于在小组讨论中发言甚至参与辩论。

另一方面，对一些注重空间思维和抽象思维的学科来说，比如物理，减少班级人数对照顾好女生的需求就显得格外重要。在少数几个抽象思维很强的女生以及许多个抽象思维更强、声音也更大的男生面前，那些能力不太够的女生很可能会失去勇气和热情，只想躲到大家后面去。而课堂上人数越少，这些女生就越容易找到适合她们的位置，从而发出声音。

可如果根本没有减少班级人数的可能呢？针对这一点，帕特里夏·亨利根据自己 30 多年的全方位教育生涯，总结出了一些建议：

> 不论教室里有多少人，团队氛围都是关键。即便是在大型学校里，结成小团队也是可行的做法。希克曼米尔斯中学就是以这一观念来组织团队的。尽管这所中学的总人数很多，但是结成团队的老师分管着结成团队的学生。学生们都能感受到老师对他们的真正关心，团队里的师生乃至同学之间都非常了解。这让每名学生都觉得有自己的团队可以依靠，这一点对高中生来说非常重要。还有些高中利用指导教室来满足学生的这一需求，学生可以在指导老师的带领下讨论各种问题，包括功课上和为人处世上的。指导教室的人数可以很少，以确保每个学生都有机会进行实质性的交流，而非流于形式。[①]

① 我的孩子目前在美国上初中，班上同学的各门课程都在不同教室上，比如 A 同学去 101 教室上数学课，B 同学去 209 教室上数学课，但是大家在每天最后一堂课的时候都会回到他们固定的指导教室，这个教室的老师负责解答任何问题，学生在这里上自习、写作业。——译者注

我们建议所有高中都设立指导教室，包括高年级在内。在一个相互关心的小组或团队中，学生的大脑能学得最好。在大型学校里，要想减少每个班级的人数也许不太可能，但是设立一个指导教室却是可以做到的，同时还要记得配合以团队氛围的学习指导。

## 统一校服

目前高中生的衣着，以我们的眼光来看可能并不利于促进小组学习所需要的团队氛围。女生的衣着常常太过性感，容易让人浮想联翩，比如过短的裙子、过短的上衣，而男生的着装则是习惯性地耀武扬威，如帮派装或嘻哈装，有时是假装有帮派关系，有时却是在显摆真的帮派关系。

青少年很自然地会去寻求他人对自己的看法，包括别人对自己身份的关注，如“这就是我，关注我”；对自己衣着特点的关注，如“我是一个不同于别人的个体，我知道怎么打扮自己”；对自己强势地位的关注，如“我要你尊重我！我比别人都厉害”；以及对自己性别特征的关注，如“你看我多酷啊，你该喜欢我才对”。整个社会文化越是强调追求个性、竞争性和浪漫，青少年就越要利用自己的衣着、发式、文身、珠宝及其他表现自我的手段，来获取他人对自己的关注，彰显自己的特质、风采及社会属性。不幸的是，美国的文化恰是世界上最易导致孩子早早开始寻求叛逆、竞争、个性乃至性感的文化。

而一旦这些追求个性、自我或性感的风气与高中阶段青春期的一些过度行为交汇到一起，学校就会变成一个让人头疼的地方。高中应是一个供学生们结伴学习知识、培养更成熟的为人处世能力的地方，而不应是“我比你更好”、“我才不管别人怎么样呢”甚至“我来高中就是为了找人上床”的地方。这些我们都知道，可又害怕万一对此做些什么，会破坏学生的个性化成长，结果就总在想方设法绕开这些问题不去面对。

其实我们可以从另一个更合理、更符合大脑发育的角度来看待这一切。

BOYS AND GIRLS LEARN DIFFERENTLY 男孩女孩教育箴言

按大脑发育的需求，学习和成熟是最为首要的任务，大脑不但渴望增加学业知识，也渴望增加社会知识，因此，一切可能会阻碍个性成熟和未来成功的过度行为，都必须屈居次要地位。

这时，所谓“学生的个性权利”就变成了应置于次要地位的事，因为对学生权利的真正保护，是确保他们有一个安稳的环境好好学习、发展成熟，而并非关注表面上所谓的个性、自我或是性感。

美国的不少学校已开始把校服作为真正保护学生权利的手段，而不再拘泥于表面形式。有些学校要求所有学生必须统一穿着校服，还有些学校要求学生的穿着必须符合学校规定。一般来说，牛仔裤、T 恤衫以及任何帮派装或嘻哈装都应该被校规禁止，而且要严格执行。第一次犯规可以对犯规学生给予口头警告，同时在全校范围内就新规再做强调宣传。第二次犯规应给予一份书面违纪警告，而第三次犯规则应予以停课一天的处罚。

在俄勒冈州的阿什兰中学，露脐装属于禁止之列。校长朱莉·雷诺兹（Julie Reynolds）解释说：“穿着暴露是我们学校的老师和学生的最大顾虑之一。有位学生对我说：‘我跟我的搭档一起做实验时，眼睛都不知道该往哪里放，难道我要盯着天花板吗？’”

内布拉斯加州林肯市湃尔斯高中的校规更是从着装规定往前跨了一步，变成要求全校统一穿着校服，以此替代了原先各种着装条例以及一长串的“外貌要求”。学校的校务官汤姆在报告中写道：“实际上很多人都为此感到高兴，这成了一件很受欢迎的好事。”该校颁布这一规定的起因是他们坚持了一段时间的着装限制规定后，发现要想严格落实非常困难。比如说，规定不允许穿牛仔裤和 T 恤衫，可若要严格执行，通常要耽误不少上课时间。该校跟其他许多学校一样，在反复权衡这两种做法的利弊之后，终于决定走统一校服的道路。

我们的建议是，所有高中至少要有着装限制的校规。如果这项校规颁布一年后在执行效果上乏善可陈，那么就应该换为统一校服的规定。但有些学生，甚至是学生家长会反对学校对服装的限制。安德莉亚是湃尔斯高中的高年级学生，她就不喜欢穿校服的规定："高中应该是为进入大学做准备的地方，可是穿统一的服装却不能令你为上大学做准备。"还有些学生反对穿校服的原因从"没有了个性"到"不信任我们"等，各种说法都有。因此，召开一个全校大会，在会上解释这一校规背后的道理，同时利用指导教室做好宣传工作，并在诸如社会科学的课堂上组织学生讨论等，这一系列活动都十分必要。

把落实着装校规与品德教育结合起来，也有助于学生接受。最终他们一定会认同这一规定，并发现这是与学校建立情感联结的一个新途径。劳丽既是一名高中女生的家长，也是一位拥有 16 年教龄的老师，她说："穿上统一的校服既不会造就也不会摧毁学生的内在，但这是你真正把自己和学校连在一起的一种仪式，等于是在宣称'我支持湃尔斯'。"

尤其是对那些眼看着男生霸道地把持一切、女生打扮得花枝招展却又束手无策的学校，以及那些学生把谈情说爱甚至上床做爱看得比学习还要紧的班级来说，统一校服是一剂万灵药。我们强烈推荐所有高中都能施行此项规定，也希望低年级的学校也能早早实施此项规定。

我们还希望高中的老师及创新者们能够通过着装和统一校服规定的透视镜，看到学校里的其他问题。学校的教职员工们在共同思考学校应实施哪些政策时应该认识到，保护男女生的大脑在发育中对联结和成熟的首要需求，要比保护他们追求个性、自我或性感更为重要，因为他们的大脑顶层渴望增长学业知识及社会能力。把这一层关系弄清之后，大家还要弄明白另一个关键要素：青春期孩子大脑发育的需求和小时候相比大不一样。**在少儿成长期的大部分阶段，多样化的刺激是大脑最需要的食粮，这时需要引导孩子认真关注多种多样的信息与事务。**

BOYS AND GIRLS LEARN DIFFERENTLY 男孩女孩教育箴言

等孩子进入青春期之后，大脑的发育也正好进入抽象认知能力飞速发展的阶段，大约在 11 ～ 16 岁期间，大脑生成的各种刺激呈指数速率急剧增加，甚至超越了大脑的成熟程度，因此，青春期的学生们反而需要学校制定各种规章制度来限制他们，避免他们接收到过度的刺激。

统一校服等学校体制上的改善措施恰能非常有效地抑制来自外部的以及异性交往层面的刺激。也就是说，孩子在儿童阶段时，我们要给他们提供更多的刺激；但是，等他们到了青春期却要反过来，抑制更多的刺激才有助于青少年的大脑发育。

回顾一下历史上的少儿成长经历，或许更有助于理解这一点。在过去，青少年成长中的个性化追求从来都不是他们的“天赋人权”，而只是一种奖励性的权益。我们的祖先都是在集体养育中长大的，他们学到的是先要尊重集体，其次才是尊重个人。我们也会把个人英雄主义行为的培养摆在集体主义和团队精神之后，而把性行为看作个人隐私。从大脑发育的层面来说，应该在这方面严格限制青少年，以保护孩子此时最为复杂的大脑系统健康成长。我们不希望唯有强势霸道的大脑才有机会成长，也不希望每个人都把自己凌驾于集体之上，更不希望随意的性行为毁掉孩子与异性交往能力的健康成长。

在最近这一两代人的成长过程中，美国的高中给予了青少年比传统做法多得多的自由，也的确颇有成效，但是用规矩来限制青少年也同样是必要举措，尤其在今天的社会环境下，孩子们的大脑还要面对铺天盖地般涌来的电子社交科技，因此保护尚在发育中的大脑少受过度刺激就更有必要了。

## | 作息时间

近年来，大脑研究针对青少年的睡眠与清醒的作息规律，以及睡眠周期与学习之间关系的研究，得出了不少新的独到见解。美国国家科学院最近举办了一次论坛，讨论了青少年在一天之中的最佳上学时段。在探讨中人们注意到，上一代人在上高中时大约从早晨 7:45～8:15 之间开始上课，而现在的高中生则平均从 7:15～7:45 之间开始上课。

BOYS AND GIRLS LEARN DIFFERENTLY 男孩女孩教育箴言

青少年一般需要保证晚间有 9 小时 15 分钟的睡眠时间，如果孩子得不到充足的睡眠，大脑在夜间就无法完整地走完深度睡眠与快速眼动睡眠阶段的循环周期，也就无法保证孩子的健康发育以及学习的良好进展。

学校早晨上课时间过早、全天的日程排得过满、家庭作业量过重等都会导致青少年需要的睡眠时间被削减。

美国国家科学院的“儿童、青年与家庭董事会”会长米歇尔·基普克（Michele Kipke）直言不讳地说道：“睡眠专家认为，如今高中的课时安排与青少年的自然昼夜生理节奏完全不符。”我们所做的研究也证实了这一说法。不断有老师向我们反映说，清早头一两个小时的课上得无比困难，而这又给本就困难的高中教学增添了更多难度，因为本来在高中阶段，男生在文科课程以及女生在理科课程上的学习就很吃力。斯坦福大学睡眠障碍研究中心主任威廉·德门特（William Dement）是一位有 48 年资历的睡眠研究者，他更是率直地表示：“一个学生的睡眠时间与他的学习成绩和行为表现紧密相关，因此，高中学校早晨的上学时间很有必要延后。”目前已有部分学校采纳了他的建议，希望在不久的将来，所有学校都能这么做。

有些人并不认同这一大脑研究结论，他们也许会说：“孩子睡眠不足并不是学校的错。家长应该让孩子早点上床睡觉。”我们的回答是，青春期的孩子比小时候入睡更晚，这是一个不可避免的事实。主要原因是人体对激素分泌的自我管理：青少年的昼夜生理节奏主要由孩子对自身精力的控制能力所支配，因为激素和大脑中的其他化学物质这时会不断袭扰孩子的整个大脑系统。

另一个原因是大脑本身在结构上的进一步发育。大脑的一部分组织，特别是边缘系统和前额叶区域，在青春期的加速成长会使孩子在晚间入睡的时间自然延后。强迫青少年在身体尚未感到疲倦、尚无困意之时就早早上床，对家长来说不但是一场必输的亲子战争，更是一种把不符合自然规律的无理要求强加在孩子身上、以期解决一个本来属于社会结构问题的不合理做法，何况青春期时，父母和孩子之间不可避免的战争本来就不少。学校若能推迟早上上课的时间，不但能提高课堂教学效果，而且能减少纪律问题，希望所有学校都能采纳这样的举措。

另一个可供学校考虑的与时间有关的教学改良措施，是调整某些课程的上课时间。

BOYS AND GIRLS LEARN DIFFERENTLY 男孩女孩教育箴言

需要空间思维能力的课程，安排在睾酮分泌量增高的上午中间时段，能获得更好的学习效果，因此这段时间用来上数学课是最合适的。文科类课程在雌激素增加的时候学习，效果也会更好。

尽管雌激素在白天的活动周期不像睾酮那么明显，不过老师仍然可以看出，某些女生学习时就像“充了电”，有的老师甚至还能看出雌激素对女生身体的冲击。今后几年，针对激素周期对学习影响的研究还将进一步深入下去。至少我们现在已经知道，乐队练习和艺术课程，也就是需要全脑运作和身体活动的课程，可以安排在一大早进行，因为这样的早课能通过肢体运动及全脑活动，促使尚未清醒的大脑清醒过来。

克里斯卡默雷斯特高中，是加利福尼亚州恩西诺市的一所男校，也是古里安研究所的样板学校，这所学校在如何安排课时方面做出了新的创举。他们的学生所用的课程表是一种轮转时间表，每个星期里，同样的课程会根据时间表安排在不同的时段进行。由于有些学生的自然生理节奏与学校把每天的课程划为 7 ～ 8 节课的常规做法不相吻合，所以他们采用了这样的轮转时间表，允许学生按自然生理节奏来调整学习时间，以便获得最佳学习效果。学校招生办主任罗布对这种做法赞不绝口，他知道虽然新来的老师可能觉得要适应这套体系有些困难，可是这对全校的男生来说却大有好处，而学校最应关注的恰是满足学生的需要。

最后还有一个好做法，即延长每天的上学时间，以及在星期六增加课时，每个星期上 6 天课。这样做既能满足社会上对高中生应该再多学些知识的要求，又能让学生的空闲时光得到更好的利用，尤其是对有学习障碍及行为障碍的学生来说，是很值得考虑的有效举措，因为学生的大脑越是能得到更多的机会和时间来学习并练习所学的知识，获得好成绩的可能性就越大。现在已有不少学校开始这样做了，相信不久的将来就能看到显著成效。

## 学生们的心声

最近我们举办了一次为期两天的师生座谈“峰会”，有好几百名高中生参加，大家一起进行脑力风暴，讨论了当前学校体系中最需要改进的地方。这些学生深深打动了与会的教育工作者，他们的想法和我们几乎不谋而合。学生们提出的要求都是最能帮助他们的大脑汲取知识的好建议。以下内容是根据讨论结果总结出的精粹。

**第一，学生们要求最为强烈的是希望班级人数能更少一些。**他们凭直觉就知道，便于建立联结、抱团紧密的小集体是他们需要的更好的学习环境。

**第二，需要更多的实用科技类课程。**当今职场上的新科技层出不穷，高中生们希望能有更多的机会接触和学习这些新科技，而高中恰好是借助这些科技手段促进大脑成长的最佳阶段。

**第三，需要学校提供对快班课程和大学预科课程的更多支持。**他们希望在高级课程的修习上能有更多的选择，特别是那些能增加升学机会的课程。

**第四，需要更多的艺术类课程。**这一点有可能会让一部分老师和学校行政人员感到意外。参加这次峰会的学生认为，学校过于强调体育运动，但是在乐队、话剧、陶艺、绘画、合唱、摄影及其他艺术课程方面的投入却太少了。与会的男生和女生都本能地意识到了这类学习对他们成长的重要性。这些课程能让学生大脑中的更多区域活跃起来，促进脑内交流。

教育文化中也许有一个陈旧的老观念，认为唯有女生才希望有更多的艺术课程，但实际上参加峰会的男生也支持开设这样的课程。我们的调研也表明，从学前班到高中毕业班的男生都需要话剧等艺术类课程。一位来自加州奥克兰市的父亲跟我们谈及他 16 岁的儿子以及儿子所在高中的教学安排。他儿子是一个长得相当高大、睾酮分泌十足的男孩，不但喜欢参加学校的足球、田径、摔跤等活动，而且还很有音乐天赋，想选修圆号。这所学校看起来相当了解这么一个事实，即睾酮分泌十足的孩子，不论男生还是女生，很可能同时也是具有音乐天赋和运动才能的孩子。因此，这所学校把乐队教习课程设在了早上而不是下午，以避免和下午的体育运动时间相冲突。

**第五，需要更多的校外活动。**与会的青少年，不论男生还是女生，都坚决要求拥有更多的校外活动，尤其是能拓展科学知识的校外活动。天文馆、动物园、医院诊所、政府办公室等，这些地方他们都愿意去，他们想要亲身感受这个世界。学生们知道，如果能让课堂上学到的东西在现实生活与工作场所中得到印证，他们就能学得更加深刻。我们认为，由于一些女生在理解科学等课程的抽象概念上可能比男生吃力，因此这样的校外活动对她们来说非常重要。

## 失败的尝试

脑科学研究显示，如今在高中实施的一些大胆创新实际上是败举。这意味着有些从政治或其他角度考量而推行的新举措应该取消。各个学区及学校在考虑接下来应该采取哪些创新之举时，不仅要从政治等角度考量，还应该从脑科学，包括激素分泌的角度来考量。我们认为，现在有些学校或被迫或自愿推行的、让学生在体育运动中男女混合对抗的举措，尤其是那些要求高中生必须与异性有较多密切的身体接触的运动项目就是反例，其中摔跤运动就非常典型。

马萨诸塞州韦茅斯市的芭芭拉·卡顿（Barbara Carton）曾为《华尔街日报》撰写了一个故事，开头是这样的：

> 来自福尔里弗市德菲高中的高三学生、17岁的蒂芙妮·法焦利昂首阔步走上摔跤垫，结实的肌肉若隐若现。她看起来完全不害怕那位站在她对面的选手，一名来自波士顿高中50公斤重量级的高二男生。一分钟之前，那位男生还在不安地嚼着口香糖，而现在，他身穿一件多处裸露的黄色运动衣、屈蹲在法焦利小姐面前，看上去更是紧张得魂不附体。他赢不了她。如果他打赢了，就是他打了女生；如果他打输了，那让他以后在朋友面前如何抬得起头？

在2006—2007这一学年里，全美共有5 048名女生参加了各种有组织的摔跤运动，许多都是女生对女生的摔跤。大学里也开始出现女子摔跤队和女子摔跤俱乐部，2004年的奥运会上更是首次出现了女子摔跤项目。让女性也能有机会参与到这项古老的体育运动中来，并借此提升自己，固然是非常有意义的事，但是和许多其他领域里对传统文化的反叛一样，摔跤运动也陷入了男女之战的泥淖之中，不但没有给年轻人带来健康有益的成长，反而给他们带来了更多痛苦的挣扎。

当“女孩必须跟男孩一起做所有男孩能做的事情”这样的社会原则取代了传统文化时，对大多数人来说，这种针对性别的新举措实在有悖于他们的本能直觉。摔跤运动就是一个很好的例子，因为这项运动实在避不开让人难堪的身体接触，给参赛男女完成真正意义上的竞技带来了不必要的障碍。更何况，青少年对男女之间的身体接触感到尴尬，本是符合他们生理健康发育的正常现象，也有助于减少不成熟的性行为。可是，强迫高中的男生女生参加这种无法避免身体接触的对抗运动，等于是系统性地削减了这种自然而有益的尴尬感觉，这实在不是我们应该做的事。

曾任摔跤比赛裁判员的吉姆指出，摔跤时需要抓住对方躯干的中下部，这个动作使得男女对抗格外令人为难。诺伍德高中的摔跤手戴维回忆了他在高一参加摔跤比赛时输给女同学的经历。这个大男孩不太说得明白他在那场比赛中的心境，借用他妈妈的描述，那次比赛是这样的："他长这么大还从未有过这么近距离地贴近一个女孩。当他在摔跤垫上抓住那位女生时，他为此向她道了歉。他完全失去了战意。"

马萨诸塞州的摔跤比赛裁判戴维表示，这样的事在比赛中并不罕见。他指出，参赛男生常常不肯把自己的真实感受告诉他："男孩从小被教导要尽量避免骚扰女生的嫌疑，在学校里也是如此……他们永远不可以说任何对女生不利的话，不可以做让女生没面子的事，不可以说有什么是女生做不了的。"他亲眼见过参赛男生是如何在跟女生的比赛开始之前就"完蛋了"："人们在谈及高中生的时候，其实并不理解高中生。他们还都只是孩子，他们的心灵仍然十分脆弱。"

为了维护男女平等，为了保证女生也能参加一些按照传统不能参与的体育活动，完美学校当然应该鼓励女生参加摔跤比赛。不过为了确保青少年在这项体育运动中的身心健康，我们提倡让女生跟女生比，男生跟男生比。不仅是摔跤，其他需要有频繁身体接触的运动项目也一样，比如篮球和橄榄球。这样一来，校园内男女间的对抗会少很多，学生所感受到的心理压力也会少很多。学校的终极目标是更好地发挥其首要作用：提供一个安全的环境，激励学生在其中茁壮成长。

## 成人礼

孩子大脑的进一步发育，以及随之而来的为人处世上的成熟，不仅得自日复一日的经历和体验，也得自由大脑对所在环境的关注以及社会对孩子的关注而系统地制造出的一个个"小型危机"。

**BOYS AND GIRLS LEARN DIFFERENTLY 男孩女孩教育箴言**

孩子的成长既要靠本身的自然推动力，也要靠成长环境中的外来刺激，只不过这些刺激有时需要靠孩子的引领者和教导者有意为之。

我们都本能地知道这一点，也在某个范围内做得不错，即在如何教导孩子学习知识的这一领域，包括学数学、科学、语言、社会学等知识。但是不知怎么，我们忘记了另一个重点：作为孩子的老师，我们还须在这个范围之外，以特定的方式刺激孩子在为人处世能力上的成长。

也许今天我们在培养青少年成长的方法中最不该丢失的就是孩子的成人礼。我们要求成长中的高中生自己去鼓捣出一套属于自己的成人礼，而他们的做法可能很不妥当，也会造成很多不必要的麻烦，比如说小小年纪就去开飞车，甚至去尝试“破处”。美国人如今的做法完全跟先祖文化相反，包括欧洲、亚洲、非洲和美洲土著的先祖文化，我们不再组织和引导青少年通过各种“小型危机”来完成他们的成人礼。

在我所著的《好儿子》(*The Good Son*)、《优秀的年轻人》(*A Fine Young Man*)、《男孩的人生目标大不同》(*The Purpose of Boys*)这 3 本书中，详细讲述了如何在家中、社区里和学校里为孩子营造一个个成人礼，希望你能找来读读。这里且让我介绍两个在学校和社区里都不难做到的案例：

> 在得克萨斯州的圣马克中学，每年 8 月初都会组织九年级的学生进行一次为期两周的郊游，叫作“佩科斯荒野之旅”。所有学生都必须参加，除非有医院开具的正式病假单才可以请假。学校的学生、教职员工以及学生家长都把这一活动当作圣马克中学的主要特色之一。
>
> 在洛杉矶附近的千年橡树中学，每年秋天都会举办一系列的成人礼活动，13 ～ 19 岁的男生以及他们的父亲或人生导师可自愿参加。先是为期半天的周末聚会，主题均是为最后一项活动做准备，即利用 11 月的一个周末到奥哈伊的山里静修。整个活动为期 3 个月，核心主题是提升年轻人的自信心、自尊心、自我表达能力及领导能力。

我们认为，这类形式的活动对促进青春期男孩女孩的充分发育非常重要。这些由所在生活社区提供的一个个健康有益的“小型危机”，能促使他们在与人交往的社会活动中变得更加成熟。如果缺乏这样的健康刺激，年轻人大脑的一部分，包括前额叶和颞叶区域，即控制道德决策及其他为人处世决策的脑部区域，则有可能无法按期成长。我们发现，那些很容易出问题的年轻人往往就是这样的情形。

## 丨要有与异性相处的完整教育

有一天傍晚，我和特里·特鲁曼及他的儿子在一块儿聊天。他儿子16岁，名叫杰西。我们想要了解，在人类成长与发展以及性教育的课程中，他最希望学校增加什么样的教学内容。

> “他们没教的东西都该教。”这位率直而诚实的年轻人回答道。
>
> “哦？你指的是什么呢？”我们问道，“说具体些。”
>
> “该怎么跟女生说话，因为她们总是给我打电话、发邮件。女生到底想从我们男生这里得到些什么？与女生相处的最好方式是什么？要教这一类的东西。”
>
> “针对性教育本身你有什么建议？”特里问道，“还有，人类成长与发展的课程呢？”
>
> “哦，那些东西，”杰西不屑道，“那都是些笑话罢了。”

杰西的嘲讽，以及那些对学校不曾讲授的与异性的相处之道的向往，恰是高中男女生的真实写照。有位高中女生也对我们说过：“学校教的差不多都是我们已经知道的、不需要再教的东西，而我们真正想要知道的东西，却不告诉我们。”

来自全美各地的孩子都对我们表达过这样的心声。高中生固然需要更多地了解性的奥秘，可他们需要了解的却不只限于这些。《大观》(*Parade*)杂志曾以青少年学生为对象做过一次问卷调研，主题是“高中应该增设哪些课程以提高学生的生活技能”，以下是学生们的回答，相当发人深省。

- 所有关于不同文化背景的人类的知识。
- 为人处世的本领。
- 举手投足的仪态。
- 怎么修理生活用品。

- 怎么获得成功，比如怎么能得到一份工作。
- 怎么保护自己。
- 怎么互相关心、互相帮助。

最近在一次以预防青少年怀孕为主题的会议上，我和一群青年男女坐在一起，其中一个女生说道："为什么几乎没有男生选修人类成长与发展的课程呢？"一个男生答道："那些都是给女生上的课。讲课的也都是女老师。"另一个女生说道："我觉得男生们并不知道什么样的行为会伤害女生。我们告诉他们那样的做法很让人反感，可他们就是不明白。"一个男生答道："是女生怎么都不明白，她们不知道什么时候该停下来。她们发现了男生的某个弱点，然后就怎么都不肯放手。"另一个男生说道："女生总是指望你随时随地都能明白她们的真实感受，哪怕她们嘴上还在告诉你一切都好，没什么要紧的。"一个女生说道："那些男生总是喜欢围作一团，要么虎视眈眈地盯着你，要么根本当你透明。他们这到底是什么意思呢？"

这些话实在生动至极，而这些青少年一旦真正信任了你，就会一直说个不停，把他们在与异性相处时心中的那些困惑一股脑儿地倒出来。我只需要用心地听。

20 多年来，这样的对话让我和同事们一再清楚地看到，在年轻人渴望学习如何与异性相处时，他们觉得没有人指点、引导和帮助他们。他们接受的性教育实在太少了，而高中里针对如何与异性相处的教育，更是几乎为零，可这却是高中生们最为在乎的 3 大重要问题之一。这 3 个问题包括："该如何与异性相处？""我能得到异性的欣赏吗？""我是谁？"

完美课堂所要达到的目标之一，就是弥补这块缺失。

## 改进现有的性教育

最近一次全美范围内针对男性青少年的问卷调查表明，他们得到避孕知识的最主要来源，一个是学校，一个是电视。只有不到一半的人能从家里得到这类知识。超过一半的男生在 15 ～ 19 岁期间有过性交体验，可是，这其中有许多男孩在尚未得到来自父母或其他长辈的性教育之前，就闯入了性生活的世界。

针对男生的这种问卷调查是最近才有的事，而针对女生的调查则已经进行了好多年，那些调查结果一再说明，在学校里开设性教育课程是多么重要。女生也好，男生也好，他们都需要更多的性教育，可是，美国有些州目前在整个高中阶段为学生提供的性教育，要么就是总共一个小时的课程，要么就干脆一点儿都没有。青少年很需要性教育，不仅因为他们需要通过这一途径来了解人类的性生活，更因为对性的无知很可能给他们带来潜在的危害。

青少年们不可避免地会有一些冒险行为，而且这些冒险行为常常是他们在长大些后认为有那么一点不道德，甚至是很不道德的行为，而且有可能相当危险。如何引导青少年走过这段艰险的道路，无疑是教育工作者及人生引路者的重任。根据美国疾病控制与预防中心的数据，在社会文化一直推行的各种以期减少危害行为的活动中，唯独针对青少年，也就是按统计分类在 10 ～ 24 岁这一年龄段的人，始终没能取得多大成效。

在不久之前，有关性教育的学习材料主要是针对女生的，幸运的是，针对男生的性教育也终于开始受到关注了。弗雷娅·索南斯泰因（Freya Sonenstein）的著作《让男生也一起来防止女生怀孕》（*Involving Males in Preventing Teen Pregnancy*）是一本很有价值的参考书，书中明确指出，对男生进行性教育的目的不仅是帮助女生防止怀孕，还能帮助青年男性在未来成长为有担当的丈夫和父亲。

美国很多州开设的性教育课程中已经涉及了禁欲的内容。虽然禁欲教育本身并不能充分满足大多数已经频频发生性行为的青少年的需要，但这仍然是对现有性教育课程的一个很有意义的补充，对初中高年级及高中低年级的学生来说特别有意义。当然，大多数性教育工作者目前所追求的是介于彻底禁欲与完全依赖避孕手段之间的中庸之道：有的放矢的性教育。

安妮是洛杉矶一位拥有 20 多年资历的性教育工作者，她把家长培训也划入了性教育体系，不但给学生提供性教育培训，也会指导家长该如何就性教育跟孩子交谈、为他们做指导。安妮和许多培训师一样，常常会让男生和女生分开上课。“我们太需要更多的男性参与到性教育的培训中来了，”她感叹道，“这件事不可能单靠女性完成。可是把男性强行拉来帮忙也不行，必须是他们真正愿意参与其中才会有效。”

在完美课堂与完美学校里，针对性教育应该采取下列新措施。

- 人类成长与发展的课程学习应该以小组形式进行，而且既要有女老师，也要有男老师，包括男性的心理辅导员、教练、孩子的父亲以及其他男性义工等。
- 如果学校不打算把这门课程设为必修课，那么至少要利用健身房等男生经常出入的地方为他们讲解部分内容。
- 要男女分组甚至分班教学，这样一来，敏感的话题或者让人难为情的内容就好讲多了，而且还能避免给学生制造两性间相互奚落或相互吸引的机会。
- 在所有的性教育活动中，召集爸爸们和其他男性长者担任义工，向青少年回忆自己年少时的想法和做法，让男生们了解男人肩上担负的责任。
- 高中阶段的每一年都应该有一定形式的性教育。随着高中生一年年长大，性教育课程也需要办得更有深度，而且要以学生们提出的问题为核心。

性是人生中至关重要的一个环节，却也是让人最感困惑的一件事。让孩子了解性是怎么一回事，单单依靠父母是不够的，实际上这也从来不只是父母的责任。孩子的祖父母、叔伯、姑姨等长辈都有责任，但凡是孩子信任的长者，都是孩子的导师。而在学校里，在成功建立了情感联结的师生之间，性教育也是师长们有责任向学生传授知识与智慧的一个重要领域。

## | 如何与异性相处的教育

性教育仅仅是男人与女人这块大拼图中的一小块，学生们对此心知肚明。正如前面讲过的，学生们想要得到更多的“异性教育”，他们需要指导和帮助，来了解为什么那些异性同学会有那么多让自己弄不懂的行为。

我们这些成年人现在正在学习的大脑知识，也都应该好好教给这些男孩女孩。为此我写了两本书，一本是给男孩的，叫《从男孩到男人》（*From Boys to*

*Men*），另一本是给女孩的，叫《懂得男生》（*Understanding Guys*），希望能为这类专门帮助年轻人成长的书籍添砖加瓦。

里克·施蒂克（Ric Stuecker）是美国国家培训协会（National Training Associates）的培训师，也是《重塑探究之心》（*Reviving the Wonder*）的作者之一。这本书的目标读者是青年男女，旨在帮助学校师生促进男女生之间的对话。他向我介绍了本书中一些能有效增进年轻人之间以及师生之间相互了解的新方法，而且这些创新做法还融合了另外两本书的精髓，一本是玛丽·皮弗（Mary Pipher）的《拯救奥菲莉亚》（*Reviving Ophelia*），这是一本针对女性青少年的著作；另一本是我写的《男孩的思维方式大不同》。

里克邀请了已卸任的消防员等以服务大众为己任的成熟男性，还请来了一些老爷爷以及退了休的男性长者，让他们帮忙辅导组织起来的男女青年。他和同事还发现，邀请到年长女性比邀请到年长男性要容易得多。

他和他的合著者兼合作培训师苏西·拉瑟福德（Suze Rutherford）一起，先培训这些年长者，教他们如何指导年轻人以诚恳热忱的态度与异性交谈。之后，这些接受了培训的成年人再按照男女分别组织和培训年轻人，指导他们该如何准备好与异性交谈、如何在交谈中让对话进行下去。在《重塑探究之心》这本书中，作者引导年轻人思考这样一些有深度的问题："作为一个女性或者男性，我希望让对方了解我的哪些方面呢？""我该怎么定义女性或者男性？""要做一个好男人或者好女人，我应该了解对方的哪些方面呢？"

里克、苏西在培训年轻人的过程中采用了一种非常有效的方法，如今有不少老师已经耳熟能详，这办法就叫作"金鱼缸"。一组男青年围坐成一个大圆圈，里面是一组女青年围坐成一个小圆圈。坐在内圈的女生以相互问答的形式探讨一些有深度的问题，坐在外圈的男生则要保持安静，他们不参与内圈的讨论，而是以观察和倾听的方式获得感悟。一段时间之后，外圈和内圈交换，变成男生坐在内圈而女生环绕外圈。这时的探讨主题变成了男生们关心的问题，而女生则不可以打扰男生的交谈。对许多青年男女来说，这样的体验让他们耳目一新。如果能有年长者参与其中，年长女性加入女生组，年长男性加入男生组，分别向年轻人讲述自己青年时代的往事和感受，那么效果会更好。

任何对此感兴趣的人，包括心理辅导员、学校的教师或教师团队，都可以向年轻人施行这一整套培训课程。不过，就像初次面对任何新鲜事物一样，培训的主导者如果能就如何引导男生组与女生组进行互动而预先接受一定程度的培训，做起来就能更加得心应手。里克和苏西的做法，是把这种与异性相处的培训课与不少学校现有的“资产创建”[①]培训课结合起来进行。

我自己采用的另一种促进男女交流的方式也很有效，做法很简单：把课堂分作左右两半，一边全是男生，一边全是女生。老师提出一个问题后，先由一边的学生回答，再由另一边的学生回答。作答时，左右两边不可以相互打扰。等两边的学生都各自畅所欲言之后，男生女生便可以相互提出一些有深度的问题，并进行探讨。这时，老师的主要作用就是确保那些格外安静的学生也能有机会发言，因为很容易想象，总会有那么几个强势的男生和女生喜欢说个没完。

BOYS AND GIRLS
LEARN DIFFERENTLY 男孩女孩教育箴言

不论是在数学课、科学课、语文课还是体育课等任何课堂上，只要有机会，都应该指导年轻人更好地认识自己，以及未来人生旅途上的另一半，这是完美课堂和完美学校的一项首要任务，也是对年轻人成长道路的高度尊重。

对成长中的大脑来说，学习文科及理科的课程知识固然重要，但学习与人相处也同样是不可或缺的一个重要部分。

除非整个学校的所有课堂都能理解男生女生相互对话的重要性，否则，有些具体针对男性及女性的问题在学校系统里还真是难以处理得当，这些特殊问题包括以下种种。

- 性骚扰。这对任何一所人数密集的大型高中来说都是一个严重存在的问题，而在男女同校的情况下，解决这一问题的困难程度只会更高。

① 这里所说的“资产创建”指的是找出学生的潜力，并培养他们的优点。——译者注

- 欺负有同性恋倾向的人，不理解那些人为何会产生那样的倾向。
- 性交往，从挑逗到性交，而且这类行为在学校里和课堂上都以非言语的方式进行着，即使学生看上去好像正在完全专注于数学、科学或其他课程内容。
- 男生在校园中以言语及非言语的方式令女生感到她们在交往中被侮辱、被针对、被压制，而且程度相当严重。
- 男生觉得被女生的那些纠缠弄得透不过气来，而且程度相当严重。

百年之前的学校并不需要花费多少精力来指导学生该如何与异性相处，因为这样的事情都留给家长去做了，尽管许多家庭在这方面比较保守，做得也不太到位。孩子的父母能够意识到他们的成长节奏，扩展家庭中的其他亲人也都会承担起在这方面教导孩子的大部分责任。当时的整个文化也都要求青少年相互之间远离异性，除非是参加长者许可的活动。那时的许多学校也都并非男女同校，因此也没有在这方面持续不断地指导学生的必要。

可是现在，学校似乎变成了孩子的扩展家庭，而孩子的父母在离异、工作负担过重等压力下对青少年的教养显得力不从心。随着一所所学校全都变成了男女同校，加之整个社会和媒体文化为了向家境不错的青年男女推销香水、电影之类的东西，或出于其他目的，千方百计地把青少年推向异性，增加了男女间的比拼与压力。

比尔·卡拉汉（Bill Callahan）是马萨诸塞州列克星敦市民兵地区高中的校长，他在描述当今学生面临的状况时，有句话说得很好："有些人希望我们只要像过去那样教好阅读、写作、算术等科目就可以了。但现实生活却已经把教导孩子长大成人的重任交给了我们。"在以前，培养孩子长大成人的工作都是由社区、学校和老师相互配合着完成的，他们把传授学业的任务排在第一位。而如今，学校必须公开表明，培养学生长大成人变成了学校排在第二位的重要任务，紧紧位于传授学业之后。

## 情感联结与依恋关系对高中生依然重要

通常来说，"情感联结"和"依恋感"这样的词会更多地用在较为年幼的孩子身上，但是，脑科学的研究却告诉我们，如果真以为只有儿童才需要情感联结与依恋感，那就等于剥夺了仍在成长中的大孩子的成长需要。

BOYS AND GIRLS LEARN DIFFERENTLY 男孩女孩教育箴言

高中阶段孩子的大脑仍处于青春期发育之中，仍然需要与养育者之间建立情感联结与依恋感才能好好成长，而且和小时候一样，他们最需要的跨代情感联结仍然是家庭关系和师生关系，其中家庭关系包括父母的家庭、近亲扩展家庭和远亲扩展家庭。

不消说，高中阶段的同龄群体对青少年的影响远大于小时候来自成年人的影响。7 岁的小孩子主要依靠成年人提供刺激来促进大脑的发育，而 17 岁的大孩子则主要依靠同龄人之间的互动。可不管怎么说，17 岁年轻人的成长仍然离不开父母和老师的照料与教育，这也许比我们近几年已知的程度还要深刻。

帕特里夏·亨利在日记中回忆了对自己的人生深有影响的老师，既有让她感激不尽的，也有让她痛彻心扉的。

教学手记

BOYS AND GIRLS LEARN DIFFERENTLY

很多学生在后来回忆有哪些老师对自己的人生最有影响时，常会想到高中老师。我认为我这一生所取得的任何成就都应该归功于我的一位高中老师，不过，我有时也会想起另一位当年几乎令我遭遇滑铁卢的老师。

我的一位高中英语老师总是能看到我的优点。她似乎很理解我特别受不了负面批评，因此总是在想办法寻找能给予我正面赞誉的切入点。她很可能会这么说："我认为你在作文中对主角的描写非常好。也许你可以用一些类似的语句和手法，多描写一些故事的情节。"她知道，如果她在肯定我的优点之前直接批评我对故事情节的描述过于苍白，我就会瑟缩到自我责备中去，恨自己没能把这篇作文写好，也就不可能做到再多花些时间把整个故事的情节重新改动一番了。我相信，肯定还有些男生和女生也像我一样敏感，不过我对批评的这种敏感反应应该算是一种特别的“女性气质”了吧。这位老师看来觉察到了像我这样的女孩在这方面特别脆弱。

我的另一位高中老师却总是能看到我的各种缺点，我学习上的缺点、行为上的缺点，甚至穿着打扮上的缺点。她没有那种把我当作一个女孩，或者一个有特点的学生来对待的觉悟。我觉得她对我批评得越多，我就越会变成她心目中认定的“坏”学生。终于有一天，发生了一件差点儿导致我被学校开除的事情。一堂外语课上，在讲评了我对一个动词的错误用法以及我的糟糕发音之后，她说我是一个“笨蛋”。我当即把书一扔就走出了教室。要不是我爸爸带我回到学校，并跟校长进行了一次长谈，我有可能就再也回不了学校了。

我是一个女孩，但在我犯下这样的错误时，这位老师并不肯包容我。她希望把我限制在一个窄小的女性框架里。有意思的是，我后来回忆起这段往事时注意到，她对男生要宽容得多，他们犯下的各种错误她都能接受，对他们非常包容。

虽然学生的性别算不上是高中阶段师生关系及成绩好坏的决定因素，不过我们的调研显示，它比我们所想的要重要得多。帕特里夏的体验实在算不上特殊，老师在她的行为超越了窄小框架时，没有站在理解的角度上来对待她。从师生感情的层面来说，那位老师因为帕特里夏不是自己“心目中的理想女孩”而收回了她的爱，不肯让帕特里夏从她那里得到依恋感。而另一位总能看见帕特里夏优点的老师，则因此成了她的心灵导师。

我们能从某位老师那里学到多少东西，虽然不见得完全依赖于我们与那位老师的关系，但这两者间相辅相成的时候的确很多。比如说，根据我们的调研数据，如果学生能感觉到老师对自己的关心，这一刻的记忆就会得到强化。**我们在谈论高中阶段的教学指导时，不怎么使用“爱”这个字眼，可是，年轻人的大脑所渴望的不仅仅是老师的教学指导，更是来自老师的满心关爱。**他们能从老师的各种体贴中获得这种爱，尤其是老师对不同性别的孩子予以不同关注时所付出的爱。

## | 以沟通的方式解决矛盾

高中阶段的学生最在乎自己在同龄人面前的面子。希克曼米尔斯高中的老师盖尔说道："如果你要让一个男生当着同学的面，或者是好朋友、铁哥们儿的面下不来台，那你要准备好面对一场战争。"这句话用在女生身上也一样正确。研究显示，如果一个老师跟学生起了冲突，男生往往会以更大的音量回击，尽管词句不多，而女生往往会以更多的词句回击。丢了面子的学生此时最想做的事，不论男生还是女生，都是把面子找回来，重新赢得同龄人对自己的尊重。而他们找回面子的方式通常都是试图盖过老师的优势，或者拒不听从老师的指令，他们这时往往认为是老师首先违背了尊重原则，背叛了师生感情。

**师生之间发生令学生丢面子的冲突时，如果老师能首先道歉，往往也能带动学生道歉，而这是把握教育时机的最好时刻。**老师越是能得到学生的尊重和信任，效果就越好。如果老师做不到，那说明他需要参加更多的培训以及能与学生建立联结的活动。在第 5 章里我们讲到过不少建立联结的好方法，其中绳网阵的活动被不少高中采纳。无论是野外模式还是城市模式，在训练有素的绳网阵督导师的指点下，参加活动的师生结成一个个团队，通过一系列爬绳爬竿等活动，都能迅速有效地建立起团队成员之间的信任。

**学生之间发生冲突时，让同龄人调解员来做调解是一种很好的做法。**先是从学生中挑选出一些人来，进行培训和指导后，由他们出面调解学生之间的冲突。密苏里州研究中心的许多高中都在这方面取得了显著成效。

**杰拉尔德的故事。**杰拉尔德是一个从外州转学来华盛顿高中的男孩，他很不愿意离开自己从前住过的地方，而这种心态被他带进了这所高中。从他来校报到的那一刻开始，校长助理就注意到，他什么都要争辩几句，很明显是想惹是生非找人打架。不过他也注意到杰拉尔德非常聪明，是块当领袖的好材料。

校长助理说："他跟许多高中生一样，认为自己必须靠不屈居于任何人之下的强硬态度来赢得地位。"

这位校长助理是个颇有见识的人，他参加过大脑知识的培训，对青春期男孩的生理相当了解，尤其了解这个年龄段的男生好斗与渴望自我克制这两种天性之间的内在冲突，于是他决定给杰拉尔德一个机会。他愿意相信杰拉尔德的能力，而且不会因他表现出来的刺儿头形象而看低他。这位校长助理建议负责同龄人调解员培训的学校辅导员让杰拉尔德参加培训。

尽管整个过程并非一帆风顺，但是杰拉尔德后来真的成了一名出色的调解员。借用脑科学的术语，可以说他学会了把握上层大脑与中下层大脑运用之间的平衡，即通过与人为善来提升自我与通过好斗来展现自我之间的平衡。负责培训他的学校辅导员常常向杰拉尔德的老师打听这孩子的表现，发现他在越来越多的场合下都变得更加善于运用解决矛盾冲突的本领了，而不仅限于调解校内学生的冲突。杰拉尔德的妈妈向学校报告说，他在家里也承担起了调解矛盾的重任，既能给家人做心理辅导，还能引导家人共同解决矛盾。听到这一消息，那位校长助理非常满意自己当初对这孩子做出的决定。

由于他在解决冲突方面展现出来的能力，杰拉尔德最终成了一名颇有影响力的学生领袖，并以他的正面行为为其他学生树立了榜样。他平衡了自己的大脑功能，从而完成了青春期的主要任务之一。他得到了充分发挥杰出才能的机会，并感受到了大家的尊重。而这又毫无意外地促使他在学业上表现得更加出色，纪律表现也愈加完美。他后来继续花时间去找那位辅导员，学到了更多知识，心态调整得更好，给自己增添了新的使命，也得到了一位心灵导师。

俄亥俄州托莱多市的几所天主教高中采用的是一种类似的做法，叫"同龄人调解 6 步走"，其中一位负责人是天主教青年兼学校服务会的会长弗兰克。他在报告中陈述了这一做法的杰出成效："加入同龄人调解员行列的同学，不但个人表现更好、活得更充实，而且他们非常愿意为大家做这样的事。"在他组织的这项活动中，高中生们走入他们的直属初中，培训六至八年级的学生成为初中的同龄人调解员，同时帮助调解了初中生的冲突；而那些初中生又再去帮助更年幼的小学生调解矛盾。通过这几所学校学生之间的互动，在低年级时建立的联结能一直延续到高年级。弗兰克认为这一活动不论对男生还是对女生都非常有意义。他对我们说，女生往往更擅长劝说，男生虽然话少一些，但他们的调解方法同样非常有效。

## I 心灵指导的艺术

经过培训从而懂得从大脑层面理解学生对依恋感的需求之后，音乐教师安东尼决定花更多时间去辅导那些他认为需要更多师长帮助与心灵指导的学生。他选定的这些学生大多是既没有父亲也没有心灵导师的男生。安东尼要让这些学生感受到他的关心，希望他们取得更好的成绩。而他的做法之一是花费一定的时间来“参观”这些孩子在其他课堂上的表现。安东尼在报告中说，“参观”真的让那些学生感受到了他的诚意，而他也在不知不觉中成了学生们心中的心灵导师。

有一次，一位同事跟安东尼说，她班上有个学生老是打扰课堂秩序。于是安东尼来到了这间教室。那位学生一开始表现得相当抗拒，认为安东尼多管闲事。安东尼告诉那位学生，他只是关心他，希望他所有功课都能学得好。他们俩交谈了一小会儿。后来那位女老师跟安东尼说，自从他们谈话之后，那个学生大有进步。那孩子与安东尼早就培养出了师生感情，所以愿意听他劝导，尽管刚开始时有些抗拒，但随后便安下心来，听得进导师的话了。

心灵指导是一门艺术，许多老师和家长天生就有这种能力，而且每个成年人都能经过培训获得这样的能力。但是，“老师”也不见得一定得是“导师”。

**BOYS AND GIRLS LEARN DIFFERENTLY 男孩女孩教育箴言**

老师的主要职责是把知识和技能传授给学生，而导师的主要职责是跟学生建立情感联结，做学生的人生榜样，待学生如同家中长辈对待晚辈那般，既会惩罚他们，也会倾听他们、激励他们，并在合适的时候放飞他们。

“大哥哥大姐姐”学校辅导团队是一个备受赞誉的家庭指导组织，他们同时也负责在校学生的心灵指导，只不过后者的名声不如前者响亮。他们的做法之一是在成年人的指导下，由高中生负责照顾小学生。

密歇根州有一个心灵指导培训模式叫作“库斗斯”（KUDOS），是由美国非裔学术成就委员会（Phi Delta Kappa）首倡发起的。该组织是以全美非裔教育工作者为主的一个专业服务组织，做法大致是这样的：所有九至十二年级的学生，只要成绩能保持在GPA2.0[①]以上，就有资格加入库斗斯俱乐部。俱乐部成员每周聚会一次，从9月份开始到来年6月份，为期10个月。每个小组的组长由成年人担任，负责组织各种健康有益的活动，带领小组成员讨论品德培养、提高他们的处事能力和学习水平。例如，该俱乐部的小组长之一约翰·莱姆斯，也是密歇根州弗林特小学的校长，他带领年轻人进行各种讨论，从设立个人目标这样的简单事情，一直讲到对性行为负责这样的复杂事情。

驻迈阿密记者伦纳德·皮茨跟我们分享了一个名叫杰曼的学生的故事，据说他“总是惹麻烦、生闷气甚至动粗，是被强行转学过来的坏孩子，他们把这所学校当作了最后的希望。杰曼非常让人头疼，有人给了他的新任老师一个简短的警告：‘他是个魔鬼。’”

艺术老师贾妮斯因为一桩偶然小事成了他的心灵导师。她从杂志上剪下一幅野花的图片送给杰曼，让他照着画出来。没想到他在绘画上非常有天赋，现在市面上已经有他的画作在出售了。如今的杰曼虽然还是一个问题学生，而且还是个留级生，他已经18岁了，却还在读十年级，但是，因为终于有人给予了他心灵上的指导，如今的他已经不再那么可怕了，而他的同班同学及身边其他人的日子也好过多了。

斯蒂芬·格伦（H. Stephen Glenn）是一名创新家，也是能力公司（Copabilities, Inc.）的创始人，他出版了一本书，叫《应对青春期的技巧》（*Skills for Adolescence*）。我们强烈地推荐这本书。已经有不少人通过这本书清楚地了解了该如何对学生做心灵指导，有哪些“资产库存”可以取用。任何想要提高心

① 约等于各科成绩平均达到75分。——译者注

灵指导艺术的人都应该好好读读这本书，其中有不少关于“资产创建”的理论及实践指导。

## 丨同伴带领，而非同伴压力

有一项关键性的“资产”就是领导才能。高中教育中的一个大胆创新叫作“同伴带领”。这一新举措部分源自医学界的关注，因为最近对大脑的研究从神经及社会心理层面证实了减少学生心理压力、提升学生心理健康的必要性。前面已讲过，许多老师很早就注意到，如果学生处于高度的情绪压力之下，那要想让他学得进去并好好遵守纪律，一定是非常困难的。针对青春期年轻人的研究证明，老师们的这一直觉非常准确。

南加州大学的阿德里安·雷恩（Adrian Raine）所做的研究就是一个例证。他对一批 15 岁的年轻人做了一系列的记录，包括心率、脑电图及其他脑内活动的监测数据，观测他们在遭遇心理压力时的变化。现代最新技术已经能轻而易举地监测心率变化、脑内某部位活动增加或减少等状态。我们从所有这些研究中获得的资料表明，学生们感受到的压力来自诸多方面，因此他们需要得到不间断的支持与辅助，才能“扛得住”这些压力，进而学到该学的知识。“同伴带领”这一举措能引导学生通过同龄人之间的相互支持而减少他们所承受的压力，就是那些既让大脑无法学得进知识，又容易让人犯规、动粗乃至被驱逐出校的各种压力。

设立于波士顿的医学基金会是一个充满创意的组织，他们专门从事各种健康培训，正是该基金会首创了“同伴带领”这一举措，各社区及学校都可以向他们请求培训。通过培训，学校的教职员工和在校学生能够学到如何做出决策、如何解决冲突、如何与人协商乃至如何自信地在大庭广众之下发言等各种能力。波士顿的公立学校都在施行这套做法，而且卓有成效，借用培训师劳丽的话来说，那就是“形成了一个全新的环境，年轻人的心声，尤其是在如何改良学校、改善学生身心健康这两方面的心声，得到了更多的倾听与关注。这样的举措使学生的心理压力和不良情绪都得到了有效缓解”。

## 规则教育体系

高中阶段有一个既能给老师带来压力也能给学生带来压力的源头，那就是因纪律不够严明而造成的秩序混乱。不论是在课堂上还是在操场上，师生感情和同学友情不但有可能因纪律问题而建立，也有可能因纪律问题而崩坏。在这一点上，高中和初中十分相像，不过高中生毕竟要成熟一些，因而他们触犯纪律的严重程度也通常比初中生轻微一些。

上一章讲过的初中阶段的规则教育原则大部分都继续适用于高中。为了让高中完美课堂里的规则教育形成固定规则，高中生需要以下内容。

- 一名既坚持原则又充满爱心的老师，关心每名学生，让每名学生都感受到关心。
- 一名既知道如何制定严格规则，又知道如何以各种方式贯彻执行的老师。
- 一名既知道如何对学生高标准严要求，又知道如何帮助学生努力达成设定目标的老师。
- 一个能确保每名学生不论在理论学习上还是在技术操作上都能得到均等机会的课堂。
- 一个能确保每名学生的情绪压力都能在学习过程中得到妥善缓解的团队式学习环境。
- 一个善于采纳全新纪律管教方式的学习环境，而不是管不管用都一成不变地拘泥于一套固定的方法。
- 当遇到不服管教的学生时，每名教职员工都能得到必要的帮助和支持。
- 在遇到矛盾冲突时，将课程学习退居第二位，并将按照正确方式解决矛盾冲突变成首要任务。
- 在必要的时候，允许学生选择不同的教育模式。
- 学校里的规则教育原则能得到学生家长的支持与贯彻。
- 继续坚持全校范围内的品德教育。
- 坚持要求学生参加各种劳动。

高中阶段的规则教育是年轻人迈向成年这一全方位成长过程中的关键一环。高中生的大脑对纪律约束的渴望恰如他们对无羁无绊的渴望，两者同等强烈。高中阶段是年轻人培养自我管理能力，即自律能力的最后一个重要时期，而一个人若想拥有成功的人生，他的大脑必须首先具备自律能力。

在完美课堂里，规则教育的一个重要组成部分是成立纪律委员会，该委员会应由学生和老师共同组成，学校行政人员及家长代表也可列席参加。美国已有不少学校成立了自己的纪律委员会，成员包括 10 名以上的学生及 3 名以上的老师。

在这样的管束系统中，根据严重程度，违纪行为可以划分为三个级别。第一级由老师当场纠正，第二级需要送到副校长或其他纪律执行人员那里去处理，而第三级，也就是欺负同学、破坏公物、考试作弊、反复逃课、一贯目无尊长等行为，则会被送到纪律委员会来。委员们会一起分析问题学生的表现，并认真审查所有相关人员在事件中的行为，包括老师在内。通常来说，问题学生要接受处罚，即由委员会中的同龄人投票决定该学生必须做出哪些改正行为，包括责令停课；不过，如果委员会认定某位老师的行为欠妥，那么老师也一样要执行委员会的表决令。得克萨斯州的圣马克学校就有这样一个纪律委员会，以及一套行之有效的三级规则教育系统。他们为所有学校提供了一个很好的样板。

**年轻人的大脑若想得到健康发展，就一定要有健康的团队环境，而这样的环境又一定要有一套清楚明白、认真贯彻的规则教育体系。**由同龄人做调解员、由同龄人想办法解决问题，乃至由同龄人负责纪律委员会，都是行之有效的好办法，能使学生在自律能力的培养过程中有更多同龄人的带领。当然，这其中离不开成年人的督导和指点，更离不开成年人对成长中的孩子的关怀。

## 品德教育和义务劳动

前几章中都提到过全校乃至整个社区范围内的品德教育。在男孩女孩一步步长大成人、形成各自特质和品格的过程中，这些品德教育中强调的品德一直在起着重要的作用。年轻一代不但会因为这样的品德教育而深受其惠，他们更需要拥有这些品德，并愿意接受因培养好品德而带给自己的挑战。

约翰·桑德斯（John Sanders）神父曾在1986—1998年任圣迭戈市圣奥古斯丁高中校长，他与我谈论过一些学校里的规矩："我们的学生手册上有48条规则。学校每8～10天会进行一轮毒品抽查，还有，每个学生每年须为社区提供100小时的义务劳动服务。学生和家长们都知道，这些规则与要求并非强人所难，而是年轻人所受教育的一部分。"

当我以随机问卷的形式对圣奥古斯丁高中的一些学生进行访谈之后发现，学生们的反应都相当正面，尤其是对毒品抽查，他们都非常赞同。一位男生说道："有时我会遇到一些抽大麻的外校男生，我会想，如果我加入他们，能不能侥幸逃过学校的检查呢？我知道这不可能。我很庆幸学校有这样的规定，让我得以保持健康。"

BOYS AND GIRLS LEARN DIFFERENTLY 男孩女孩教育箴言

青春期时的年轻人，尤其是男孩，本就容易做出高风险行为，因此需要整个社区对他们严加管教。随着如今女孩的高风险行为也越来越多，特别是在吸毒和酗酒这两方面，因此给青少年设定严格的行为规范必不可少。

目前很多地方都还做不到在公立学校里推行毒品抽查，因为尚无法取得法庭上的胜利，但我们相信，也许10年之后，随着品德教育越来越成为公立学校的核心课程，毒品抽查也能得到越来越多的支持。

在美国的不少学校，比如像圣奥古斯丁高中这样的私立学校，还有芝加哥及密苏里州的一些公立学校，都把"义务劳动"当作品德教育中的必修课程，而且是高中毕业成绩的一部分。这一要求遭到了不少批评，主要是说学生到社区做义务劳动根本就是被迫的，而非自愿。是否有意愿做义务劳动当然是一个关键要素，但并非唯一的关键要素。义务劳动本身就对那些不情愿的人具有教育意义。

对约翰来说就是这样的情形。他现年 16 岁，在密苏里州的一所高中上学，他做义务劳动就是以完成指标为目的，因此他总是最大效益地利用这一规定来满足升学计划。他会忠实地记录下每次义务劳动的时间，汇报上去，以此来满足学分的要求。他愿意这么做，也能够从义工体验中获益。

谢利也是一名高中生，现年 17 岁，她所在的指导教室有一次讨论该怎么完成学校要求的社区服务任务。谢利的祖母住在一家养老院，尽管谢利每年都会跟妈妈一起去探望几次，可她知道这些时间对老人来说实在是太少了。于是她在讨论会上把自己的想法说了出来，她的老师因而帮她制订了一个时间表，让她根据自己的日程安排抽时间去做她愿意做的义务劳动，即到养老院里做义工。这项劳动不但让她学到了很多养老院里的事务，而且让她对自己的所作所为感到十分自豪。最终，她奉献出的义工时间超过了学校要求的指标，而她对此心甘情愿。

## 有效提高成绩的创新举措

要想建成完美课堂，全校都要在以下几个方面获得提升：师生关系更加紧密；学生感受到更可靠的依恋感；青少年能得到更多机会学习如何与异性相处；学校从结构和体制上采取更有利于学生大脑发育的举措。在这样的完美课堂里，要教好数学、科学、语文、社会科学及其他各类科目的课程，就容易多了。在课堂上，学生们情绪安稳，纪律良好，学生的核心自我也就是自尊水平高，而这一切又都会反过来促进大脑的良好发育。孩子所感受到的情绪上的稳定以及在社会群体中的安全，让脑神经也能在其他方面运转得更畅快，比如说，记忆力更强，批判性思维更敏锐。

说了这么多，我还想再补充一句：除此之外，还可以直接通过脑神经的通道提升高中生的学习能力。我们现在就来探讨一下这些好办法。前面章节中讲过的在初中阶段适用的教学创新方法，也同样适用于高中课堂。

## 理科课程该怎么教

有一次在飞机上，我遇到一位刚刚大学毕业的女子，她在电视上见过我，因此和我攀谈了起来。她说道：

> 你知道吗，我第一次听到你讲解男生和女生的大脑有那么多不同时，一点儿也不相信。可是后来你说到女生在数学和科学方面比男生要学得吃力，尤其是碰上男老师上课的话，女生会更加吃力，我一下子就相信了。我上高中的时候怎么都学不好物理，也学不好微积分。我努力地试了又试，可就是弄不明白。我周围那些男生因此而笑话我，让我更觉得自己是个笨蛋。可你说的那些话，我还清楚地记得，真的就是那样。老师把什么都写在黑板上，而且男生也好，老师也好，他们的思路都走得好快，我根本就跟不上。

同样的道理，校园里的男生也常常因为他们的男性大脑被局限在了女性大脑的课堂里，而在学习上处于劣势地位，而数学课、科学课上，高中女生又会发现她们的女性大脑被局限在了男性大脑的课堂里，当然，那些在数学和科学方面本就有天赋的女生除外。男性老师在讲授理科课程时，教学方式很自然地会符合自身的男性大脑，许多女生以及那些空间思维能力不太强的男生自然会觉得学起来相当吃力。

过去 10 多年来，美国教育界为帮助女生在理科方面赶上男生付出了巨大的努力，所取得的成果也令人鼓舞。如今，选修数学和科学的高中女生已经跟男生一样多了，她们在这两科上的成绩也几乎能和男生持平了，尽管男生的大脑优势仍然在需要高度抽象思维的高等数学和高等物理上显露无遗。最新的统计数据还表明，如今，女生的毕业率已经超过男生。之所以有这样的成果，很大一部分原因在于教育文化为之付出的努力，以及老师们在帮助女生学习理科方面得到的培训。

近年来，许多初中和高中的老师都接受了不少新式培训，以帮助女生在理科方面赶上男生。在这里我们还想给你提供一些新的资讯，让老师们能从脑科学及性别差异研究的角度出发来帮助学生。

女生在理科课程上的学习要比男生吃力得多，固然跟上课时老师对她们的关注没有对男生那么多有关，不过这其中也有生物学上的原因。原因之一跟睾酮有关：在睾酮的冲击下，大脑的空间思维能力会得到加强，而青春期的男生每天会经历 7 ～ 10 次睾酮的冲击。虽然雌激素在女性经期的高涨也能提升她们各方面的能力，包括空间思维，可是这些雌性激素的分泌周期却远比不上男性那每日的潮起潮落。

另一个大脑结构上的基本差异是，男性大脑天生更偏向抽象思维，而高等数学恰恰很需要抽象思维。统计数据显示，如果能在黑板上多画一些二维图表，一部分女生的成绩就能相应提高，甚至比男生差不了多少，尽管在数学的某些特殊方面，男生总会比女生略好一点，尤其是高中课程中那些对抽象思维要求越来越高的地方。而如果在课堂上能提供三维图像刺激、多重感官刺激并注重语言描述等教学方法的话，因此获益而令成绩提高的女生就更多了。

我们固然没办法左右睾酮和雌激素的分泌周期，但是可以根据新掌握的脑科学知识，动脑筋想出办法来帮助女生发挥她们大脑的长处。已有不少老师通过增加趣味性和感知性获得了教学上的新成果，比如在数学的教学上增加听觉的运用，不但把图表放到黑板上或讲义里，而且用语言进行仔细讲解。

**BOYS AND GIRLS**
LEARN DIFFERENTLY **男孩女孩教育箴言**

从低年级到高年级，在讲授理科课程时，老师越是能多给学生提供实体感官接触的机会，就会有越多的学生觉得学起来更容易。视觉、听觉加上触觉，让孩子能看到、听到并能用手摸到，这就意味着三重感官的信息接收。

华盛顿州设立了针对科学课的基本教学要求，并向老师进行了推广，其中有一句话是这么说的：“科学和技术是人类探索世界的手段，彼此相互关联，也与人类社会及日常工作息息相关。”为能落实这一文件的精神，华盛顿州的老师都要接受培训，学习如何把科学技术的教学与现实生活中的实际运用结合起来。在有些情况下，这种结合甚至能延伸到高中教育的另一个关键要素：多元文化的教育。

这里有一个很好的例子，讲述这个故事的人是一位名叫杰里的老师。有一年夏天，一位黑脚族的朋友教他如何搭建印第安人的圆锥形帐篷。他坦承道："我心里总是好奇这么个问题：他们是怎么做到让那么多根木杆都保持平衡的呢？又是怎么把帆布搭到那么高的圆锥顶上去的呢？"这位酋长朋友演示给他看的是一套非常古老而又复杂的空间操作技巧，他因此深受启发，并把这一实物体验的整个过程都带进了他的物理课堂。

教学手记



如果能让我的学生把搭建锥形帐篷当作一个工程难题来思考，他们应该就能明白，黑脚族人解决这一生存难题的方式是十分科学的。因此我把这个黑脚族人曾经面对并已解决的难题在课堂上展示了出来。搭建锥形帐篷按照部落传统是女人的工作，因此我展示出来的问题是这么写的："不用梯子，黑脚族的两名妇女怎么才能搭建出相当于她们身体 3 倍高的锥形帐篷呢？"学生们使用了木杆、绳子以及一块长方形的布来设计他们的解决方案。

孩子们结成了一个个小组，开始制作模型。不久他们就发现，应该把几根木杆从靠近顶端的地方拴在一起，这样才能让每根站立的木杆都能相互顶住并保持平衡。黑脚族人的传统做法是先立 4 根杆，分居东南西北 4 个方向。这里有一个很大的挑战：学生们必须想办法让这些木杆都能好好站住。

于是，从该怎么组队到如何让木杆立住，学生们的尝试一步步地进行了下去。杰里要求学生不止满足于自己动手做成的模型，还必须动脑筋认真思索，个头不高的部落人如何能把遮布覆盖到比她们能够得到的高度还要高出两三倍的真实帐篷上。

从如何有效地发挥集体智慧，到多重感官刺激的动手实验，杰里的教学创新带来的收益是多方面的。特别是他还把黑脚族的神话传说与精神追求也融入了进来，使得这堂课给学生带来了科学课和历史课的双重感悟。还不止如此，如果这是在新学期刚开学时发生的事，那么这堂课还给学生们提供了一个很好的机会，让他们通过小组合作相互了解并建立起新的友谊来。

假如每个学生都能轻松学好理科课程，那老师们可能用不着像杰里这般煞费苦心地为学生创造动手实验的学习机会。可实际情形恰恰相反，因此他这种能带给学生全脑体验的做法在学习理科课程时值得好好推行。我们将这样的方法称为综合教学法，其中融合了好几种教学原则。

BOYS AND GIRLS LEARN DIFFERENTLY 男孩女孩教育箴言

随着青少年抽象思维能力的不断增长，他们的大脑在学习理科课程时就越发需要这样的综合体验。通过全方位的大脑体验，抽象思维能力能获得更大的提升，学生的学习效果会远比做“请读题目，然后写出答案”这样的练习题要好得多。

## 电脑科技课上的男女差异

一些调研数据表明，不仅是在理科方面，在电脑技术的学习上，女生也同样居于弱势地位。虽然在家里上网的情形是男女生旗鼓相当，但若想在电脑课堂上达到男女平等，显然不是轻易能做到的事。尽管有些理论家认为女生在电脑应用上的落后是由学校中大男子主义的传统文化导致的，学校鼓励男生多用电脑却不鼓励女生多用。可是我们的研究表明，所谓的大男子主义微乎其微，只不过男生在抢夺电脑时大叫大嚷、争先恐后，而女生这时只好看着那些好斗的男生在电脑课上霸占着电脑。雪上加霜的是，现在大多数学校根本做不到让每个学生都能有一台电脑。

因此，老师这时对女生的不断关注就显得十分重要。有些女生本来就对电脑屏幕上的空间动态刺激不怎么感兴趣，而男生却偏偏喜欢这种刺激，而与异性相处的困惑一旦渗入进来，就更会使得一些本来挺愿意学电脑的女生变得踌躇不前。由于一部分孩子掉队，最终遭受损失的却是整个教育文化，不论是在哪一方面剥夺了孩子成功的机会，后果都会如此。此外，还有些女生是因为不愿意钻研最为复杂的电脑编程技术，她们大脑中负责空间思维及抽象计算的区域与大多数男性大脑相比，天生就比较迟钝。总而言之，**我们必须多多鼓励女生使用电脑，并在必要的情况下给女生配备专门辅导，帮助她们掌握电脑应用中的复杂技术。**

## 丨文科课程该怎么教

堪萨斯城的阅读辅助老师朱迪跟我们分享了一个 19 岁男生的故事，并向同行们求助：

> 他自尊心非常强，充满男子气概，是一个天生的领袖，可是他的阅读能力却只有大约六年级的水平。他对阅读课越来越反感，抗议声越来越大，你常常会听到他这样说："我不需要这样的课，这都是小屁孩儿的东西！我知道怎么读书！这是给学习障碍的小孩上的课，我可没有学习障碍！我们就不能做些别的事情吗？干吗非要到这里来上阅读课！我恨死阅读课了！"
>
> 跟很多这类典型情形一样，他开始逃课。我担心他再这么下去会被学校开除。为了能从高中毕业，他必须达到八年级的阅读水平才行，可这对他来说简直难如登天。他变得越来越满心愤懑，越来越不合群，我和其他老师都觉得越来越难跟他交心。
>
> 这孩子的阅读成了拖他后腿的大问题，给他带来深深的打击。我们过去也遇到过不少这样掉了队的孩子，实在不愿再看到同样的事情发生在他身上。我知道凭我个人或几个人的努力不可能扭转长期以来学校在阅读课程上给学生造成的负面感受和厌恶情绪，可我仍然想尽自己的能力做点什么事情。你们大家有没有什么好建议？

不论哪里的学校都少不了这样的孩子，像朱迪这样的老师不得不一再面对这样的学生。由于在阅读上的惨败，他们核心自我的健康发展遭到了严重的损害。如今，脑科学研究在教育文化中的地位越来越高，性别差异研究在学校教育中起到的作用越来越大，更多的阅读辅导老师也和研究人员一样，越来越清晰地看到了这么一个事实：绝大多数因阅读能力不够而被拖了后腿的高中生，都是男生。

我们能为这些男生做些什么？能为那些同样有阅读困难的女生做些什么？

**减少听觉上的反复刺激。**有一位母亲最近向我转述了她 15 岁儿子满心无奈的怨言："妈妈，语文老师太能啰唆了。她把那些诗念了又念，这让我实在烦透了。"她之所以来找我，是因为这位语文老师最近断言她的儿子"显然有阅读困难，成了班上的'老大难'，而且越来越抗拒学习"。可是以她的眼光来看，成问题的却是这位老师的教学方式。她儿子在其他课程上根本不是问题学生，成绩都能保持在 B 甚至 A 以上，唯独语文课的成绩只能得 C 甚至 D。他喜欢上学，可就是不喜欢这位老师的语文课，他在课堂上的挫败感越来越严重。

这位老师完全有权这么说："这又怎么了？我只是按照我的方法教而已。"可是，学生也完全有权让老师知道，她的教学方法使自己苦不堪言，当然，要以尊重得体的方式，包括语言表达或其他行为表示。孩子无非是依照大脑的指引，想要寻找大脑渴望的对左脑的刺激，可一再朗诵一首诗对他的大脑起不到任何刺激作用。他的大脑可能做不到像班上绝大多数女生以及为数不少的男生那样处理好复杂的文本和字词。

当老师以朗读的形式讲授某首诗时，想要抓住那些字词、解读那些文意，对他来说是很吃力的事。他因此感到挫败，自尊心受到了重创，他想好好学却没法学得好。他的确在朝着"学习障碍"的方向滑落。

**增加听觉刺激。**与上面这位对抓住以听觉形式传递的字词及其复杂意义感到吃力的学生相反，另一种情形是，有些男生甚至女生对抓住以视觉形式传递的字词及其意义感到吃力，他们反而需要听觉刺激来辅助理解。具体来说，上文这个 15 岁男生需要的是减少声音的反复刺激，而另一些孩子却需要减少盯住书本的做法，增加一些小组朗读或两人相互朗读的机会。

不论一个学生需要的是更多的还是更少的听觉或视觉刺激，他无疑都需要在老师的引导下，学会把大段的文字拆解成方便分析和理解的小段文字。如果老师能在学习阅读的过程中穿插一些需要动手的具体操作、亲身体验，加入一些与其他科目综合起来的学习机会，那么他的收获也许会更大一些。

堪萨斯城一所高中的老师盖尔就注意到，她班上的男生如果在文学课上能有动手操作的机会，学习效果就能有所提高。最近她向我们讲述了两个成功案例，均是把艺术、地理、社会科学乃至数学的内容融入语文课堂中，从而使那些在阅读学习上感到吃力的学生大有收获。

教学手记



一次课上，我要求班上的学生以地球上各个大陆板块作为研究课题，找出某些指定国家的位置、面积等数据。我拿来一块很大的硬纸板，让学生们勾勒出他们各自负责的不同大陆板块来，还要在板块上涂色，再用碎纸糊塑造出每块大陆的山脉与河流。为了完成这项任务，学生们需要各自针对他们负责的大陆板块查资料、做笔记。我让那些阅读能力不算好的学生和阅读能力比较好的学生一起结成合作伙伴，效果尤其显著。

还有一次课上，我要讲授荷马史诗《奥德赛》和《伊利亚特》，于是我针对特洛伊战争给学生们布置了一连串的任务。首先要求他们阅读相关内容，然后还要一起制作特洛伊木马。当时班上有一个特别情绪化的男生，他还花了些额外的工夫做研究，并精心建造了一座希腊帕特农神庙，挣得了额外的学分。沉浸在动手制作中的他在同学们朗读这首史诗时学到了更多的东西。他的大脑把字词、情景、感官感觉以及史诗里的内容连接到了一起，从而强化了学习效果。

**一套切实有效的语言教学法。**有一套针对阅读吃力的大龄高中生设计的切实有效的教学法，叫作“语言！”（*Language!*），是读写教育顾问简·格林（Jane Fell Greene）设计出来的，教学效果好得惊人。这套教学法首度公开于1998

年夏天教育季刊《美国教育家》（*American Educator*）上的文章中。我们推荐这套教学法有很多原因，最主要的一条是它不但行之有效，而且已经有了一套成熟的培训模式，可以让老师们轻松掌握并立即实施。它采用的三段式渐进教学法非常符合青少年大脑的发育进度，也能切实弥补男性大脑在读写方面的短板。

高中生的语言学习首先要符合他们大脑的发育程度，另外，对于有读写困难的人来说，"语言文学"和"读写"完全是两码事。基于这两个基本前提，"语言！"教学法分作3个层次：基础的读与写，渐学渐进逐步提高，最后达到"语言文学"的高度。

第一层，学生需要学习音素与单词的辨识、句子的辨识和理解、整个段落的流利阅读、词汇量的积累以及对字义的准确把握等，还要学习基本的语法。在这一阶段里，最关键的基本功是造句和改错句，哪怕是从最浅显的程度开始也一定要做。学生要接受一次次的进度测验，直到证明他对上述基础技能的掌握已经达到了要求的熟练程度。在培养这些基本技能时，切忌揠苗助长，老师不要指望学生今天还在学习音素辨识，明天就能读懂《杀死一只知更鸟》。如果他自己愿意去啃《杀死一只知更鸟》当然也可以，但是他看不懂也没关系，千万不可期望过高。

第二层，对学生的要求提高了，他要学会辨识更复杂的音节即认读多音节词、掌握更多的词汇量、学习构词法即认识词根，以及解读句法结构更复杂的句子。在这一阶段里，要多加强调"说明文"的写作练习。当然，同样要注意不可揠苗助长，学生可以自愿选读更高难度的课文，哪怕囫囵吞枣也没关系，但老师不可拿超越他能力范围的课文来要求他。

到了第三层，才算是真正进入了语言文学学习的层次。在这一阶段，比喻手法、主题、观点、情景推进等各种文学描写的基本要素都可以教给学生了，词根、词源也要教给他们。通过几个月的学习，学生往往能一层层地推进直到完成三段式的学习。当然，有的学生可能需要几年的时间。到了这一阶段，老师就可以拿《杀死一只知更鸟》来考一考他们了。

简的这套教学法还有电脑软件，可以使用电脑等现代媒体技术来进行教学。这套教学法以大脑的发育为根基，要求学生手脑并用，讲究循序渐进，不但在学校的课堂上成果辉煌，其影响力更是延伸到了学校之外。

与其他许多旨在提高学生学业水平的辅助手段一样，“语言！”的成效也不仅局限于对学业成绩的提高。简给我们讲述了一个学生的故事。

**教学手记**



安东尼是一个 18 岁的十年级高中生，他曾在九年级时一连留级 3 年都无法超越最基础的二年级读写水平。这位未成年的小伙子对此沮丧至极，也愤怒至极，决定辍学到洛杉矶去找那些“真正的帮派家伙”。

但是，就在他再一次从九年级升入十年级时，他所在学区的初高中老师接受了我们举办的读写教学的密集训练。于是安东尼刚升入十年级就被安排去上一堂每天两小时的读写能力训练课。结果，几乎注定要一生都混迹于社会底层的他，重新开始了努力：学习辨识音素、音素与字母的对应，练习书写、遣词造句、短文阅读与理解，扩展词汇量，等等。到第二年年末的时候，他已经能熟练地写出句法结构相当复杂的句子，也能写出一篇文章的主题大意，更能享受阅读的乐趣了。他不但没有辍学，还在升入高年级之后选修了新闻报道。

安东尼后来回顾自己这段经历时说：“我一直相信，一定有什么能解开阅读的秘密，只可惜以前从来没人教过我这个解读密码。”

我们的研究表明，从小学到高中的整个教育阶段中，读写困难是造成男生在学校表现不佳的主要原因。如果到了高中阶段，一个男生，也包括女生，在阅读上感到吃力，那么其自尊心会垂直下跌，对自我的核心认知迟迟无法完善，更会对未来的学业产生畏难情绪。在当今社会，不善阅读就等于跛足而行。安东尼获得的成长不仅是阅读能力上的进步，更使他回到了群体联结之中，找到了成长为一个健康的社会成员所需要的支持和依傍。从这个角度来说，在高中阶段终于学得了读写能力，对于他不但是等于得到了解读文意的密码，也等于得到了解读长大成人的密码。

## 丨标准化考试

学校里的老师和学生一年到头都要全力以赴地应对SAT及其他各种考试，尽管不同学校的考试时间和次数有所不同。在初中阶段，学生可能就需要应付学业能力倾向初步测验（PSAT）；在高中阶段，有些刚升入九年级的学生就要开始考虑“如何为考好SAT做准备”，好在大多数学校还是会等到高年级才这么做。

最近10年来，有关男生女生成绩差异的研究文献中针对标准化考试的分析数据表明，最主要的问题是高中女生的统考成绩总体来说低于男生。我们且从脑科学研究的角度来探究一下其中的原因，并思考这么一个问题：“在完美课堂里，标准化考试应该占有什么样的地位呢？”

要想看懂标准化考试成绩，有两个关键点需要注意。其一，高中生的学年成绩比过去提高了，可是他们的SAT成绩却并没有出现同等程度的增长。举例来说，参加SAT考试的学生，他们的平均GPA成绩[①]，在1987年是3.07，2007年时增长为3.48，其中女生为3.54，男生为3.42，可是他们的SAT成绩却基本没有变化，除了女生的数学成绩从20世纪90年代初期开始有了逐渐提升之外。其二，统考成绩中，男生的得分在语文上平均比女生高10分，在数学上平均比女生高40分。[②]有意思的是，女生的GPA成绩平均比男生要高，女生选修大学预科课程的人数也比男生多，但是在传统的SAT考试中，成绩却倒了过来，男生的成绩反而比女生高一点。2005年，美国大学理事会（College Board）决定在SAT考试中加入写作，由两部分组成，一部分是多选题，另一部分是写文章，以此评定考生的写作能力。从此，女生在写作部分的成绩一直保持领先。

① 即学年各科的汇总考评成绩，4.0为满分，3.0约等于85分，2.0约等于75分，低于60分者皆为0。——译者注

② 语文和数学的SAT统考满分均是800分。——译者注

在高中各科的考评中，成绩为 D 和 F 的学生中，男生占了 70%，成绩为 A 的学生中，男生只占 40%，可就是这些男生，在 SAT 考试中却能获得比女生更好的成绩。这是为什么呢？从脑科学的角度来考量，就更容易明白其中的道理。那些天生喜欢并能快速做出演绎推理和抽象推理的青少年，在 SAT 这种多选题模式的考试中往往容易获得更好的成绩；那些更善于从一条一条的简单信息中抽取一条出来、不去思考更多可能性的青少年，也能在这样的考试中获得更好的成绩；那些更喜欢冒险、在考试的紧张压力之下敢于闭着眼睛瞎挑答案的青少年，同样容易在这样的考试中获得更好的成绩。这几种人，可能是男生也可能是女生，但是按照统计数据来说，男生的可能性要高得多。

随着标准化考试中增设了更多的写作内容，也就是适合女生获得更好成绩的部分，男生女生的成绩差距几乎快被拉平了。而随着数学统考中也开始增设需要以文字来描述答案的内容，男生女生的成绩差距就变得更小了。

这里要谈谈学年考评的“放水”与学业上的失败。全美统考成绩的增长幅度完全赶不上学生学年考评成绩的增长，实际上，学年考评的“放水”现象已经越来越广泛。这其中有许多原因，其中一部分跟脑科学研究有关。

很简单，随着科学技术的日新月异，当今社会对年轻学子的要求不断提高，孩子们的大脑承受的学业压力与日俱增，可是他们因此而需要得到的支持却迟迟跟不上。我们希望，也需要他们学习越来越多的东西，可孩子们的心理发展水平却不足以满足我们对他们不断提升的要求。为此，他们需要老师的额外帮助，包括给予他们更多的辅导时间，以及一对一的关注，可这些偏偏又是如今的学校老师难以做到的事。不过有一点老师们倒是能够做到，那就是给学生的考评成绩放水。但是，因此而提升了的学习成绩却掩盖了学生在学业上的过度失败，反而给人一种教育体系歌舞升平的假象，学校也好，老师也罢，因此都不必紧盯着学生实际上在不断下降的学业水平了。

一方面，学校和学生面对越来越大的统考压力而陷入越来越深重的紧张与焦虑之中，另一方面，老师们不断给学生的学年考评成绩放水以安抚大家的焦虑情绪。还不止如此，老师们更是随着学校体系本身给学生造成的越来越大的压力而不断加大着放水程度，比如班级人数越来越多，对学生的规则教育越来越松，导致正常的学习越来越难以保障。跟任何有机体系一样，教育体系是想通过掩盖失败来勉强维持运作，以免彻底崩溃。

对于学业水平的下降，男生的情况比女生更严重，尽管在成绩放水的比例上，男生的“受益”程度比女生更高，因为越是男生的弱项，老师在评分时的“放水”程度就越高，这也意味着这些男生并没有得到他们真正需要的辅导与帮助。归根结底，男生也好女生也罢，他们得到的考评分数不论从统计数据上来说再怎么好看，也无法真正弥补他们在学业水平上的下降。尽管男生的标准化考试成绩要略微高一点，可是各大院校却不看好这样的数据。他们知道实际情况是怎么一回事，知道高中学校给学生的成绩表含有水分，也知道是男女大脑的差异对统考成绩造成了影响。

哈弗福德学院的招生办主任德尔西·菲利普斯（Delsie Philips）说出了全美上下同行们的共同看法。

BOYS AND GIRLS LEARN DIFFERENTLY 男孩女孩教育箴言

“女生成熟得更快，因此她们对待学习的态度要更认真。你只要读读每年的大学入学申请书，就能清楚地看到，女生会认认真真地做好学校要求的每一件事，可男生们还在寻找他们的自我。”

她的话当然只是个概述，不过她的看法却得到了高中老师的普遍认同。由于大多数大学招生办不仅要看 SAT 成绩，更看重学生的学年成绩、在校评级、课外活动等其他考评内容，因此，如今的高中必须认真解决好男生问题，尤其必须想办法更好地帮助那些需要更多的心理辅导与学业辅导、更多的激励与督促、更深的师生感情的男生，更好地满足男生大脑系统的成长需求。

阿拉斯加费尔班克斯大学的心理学教授朱迪丝·克莱因菲尔德举办过一次堪称历史上最全面的针对教育界的问卷调查，得出了这样的结论：**“与女生相**

**比，男生更倾向于认为整个学校环境都对他们抱有恶意，他们觉得老师不但不肯给予他们足够的正面激励，甚至不认为他们能有多大出息。”**

由于申请大学时遭到拒绝的男生越来越多，不少招生官对此越来越担心，以致不得不放宽对男生的要求。借用美国高等教育协会前任主席玛格丽特·米勒（Margaret Miller）的话来说，就是“各大院校招生时，男生按男生的标准来，女生按女生标准来”。从这一点上来说，哪怕男生的标准化考试成绩比女生略好一点，也没能影响到高校招生的整体局面。学校里掉队的男生越来越多，这实在不是个好兆头，因为能否上大学是决定年轻人将来能有多大的能力挣钱、能获得多大成就的一个非常重要的指标。

随着各处的学校逐渐建立起越来越多的完美课堂，我们必将看到标准化考试的重要性会越来越小，而脑科学研究及性别差异研究的结果必将越来越多地应用到教学中去，以帮助男生提高学业水平，恰如我们已帮助女生提高了学业水平。

考虑到标准化考试的评估和使用现状，在我们以这类成绩作为高中生当下及未来学业成就的主要评估参数时，还应从脑科学及性别差异的角度出发，以审慎的态度进行综合考量。记得当年我的 SAT 和 GRE 成绩中，数学得分均比语文得分要高一些，可是，我在数学课堂上的表现并没有在语文课堂上那么得心应手，而且在我毕业后数十年的职业生涯中，对数学的应用也仅限于做研究统计，除此之外几乎一生的作为都离不开对语文的应用。也就是说，和许许多多的年轻小伙子一样，我的考试成绩并没有真正反映出我大脑的实际能力。不消说，许多在 SAT 考试中成绩不理想的女生也一定会有类似的“女生版”故事，比如，尽管她们在学校里成绩不错，可统考成绩却比不上班里那些平常学习不如她们的男同学。这样的事情可以发生在任何人身上。

## 让“问题学生”拥有光明未来

美国联邦政府于 1977 年颁布的《残疾人教育法案》（*Education of the Handicapped Act*）确保了身有残疾的学生能得到“免费而得当的公共教育及相

关服务，一切费用由政府承担，学生本人不需缴费；学生所得教育与服务须接受公众监督和指导；须符合美国教育机构所颁布的标准；须涵盖从幼儿园、小学、初中到高中阶段的教育；教育形式须符合每个学生的独特需要”。免费适当的公共教育（FAPE）这一概念，始于1975年对《P.L.94-142法案》的通过，并由1997年颁布的《残障者教育法案》（*Individuals with Disabilities Education Act*）做出了修订。

在前面的章节里，我们已经详细讲述了一些改进特殊教育的具体方法。这里，我们必须再次提醒自己，在高中阶段被诊断为需要接受特殊教育的学生仍然是男生占多数。统计数据表明，能比较畅顺地借助“说”与“写”来表达自己、与人沟通的学生中，被诊断为需要特殊教育的可能性要小得多。

在密苏里州培训中心举办的针对大脑性别差异的教师培训中，会向负责特殊教育的老师讲授以下几种教学方法。

- 教给学生更多解决矛盾冲突的技巧。
- 课堂上减少照本宣科，增加动脑筋解题的实践。
- 利用一切课堂授课机会，尽量多给予学生一对一的心灵指导，尤其是那些需要特别辅导的学生。
- 增加能够促进师生感情和同学间感情的各种活动。
- 等待学生回答问题时，多留给他们一些准备时间。

针对最后这一条需要特别说明一下，一般来说，高中生不需要等上60秒钟，不过在面对需要特殊教育的学生时，耐心等待对方开口总归是好的。尽管这是通过观察男生的需求而总结出的举措，用在女生身上也一样有效。密苏里州培训中心的老师们通过实践证明，耐心等待至少10～20秒钟之后，再次鼓励学生开口回答，或者转而点另一名学生来回答，往往能带来很明显的效果。在这样的耐心等待之下，开口作答的男生数量大大增加，且回答问题的质量也大大提高。

在高中阶段的特殊教育中，针对另一个领域的创举也非常有成效，那就是把课堂教学与艺术表演融合到一起。艺术表演是一项非常棒的全脑活动，不但能很有效地促使阅读障碍、学习障碍的学生取得进步，行为障碍的学生也一样能深受裨益。而且，艺术表演不但对被诊断为需要特殊教育的学生很有帮助，对学校所有的后进生都很有好处。

弗朗西丝是密苏里州一所高中的老师，她向我们讲述了她在讲授莎士比亚作品时的感人经历。

教学手记



出乎我的意料之外，有一个最让人头疼的学生，也是最不肯学习的男生，在我主持学校里的“莎士比亚戏剧节”时，主动要求试演罗密欧。他还主动请缨，写了一段很特别的开场白，在戏剧表演开始之前以独白的方式向观众讲述。我同意了他的请求，也批准了他的讲稿。这段开场白是这样的：

> 同学们，老师们，乡亲们，还有女乡亲们，大家好。你们需要赶紧坐下来，把耳朵准备好。今天，我是来求爱的，嗯，你们知道，就是跟小妞约会。你们都认识我，特里，不过现在你们可不要把我当作我，你们要把我当作英俊潇洒的罗密欧，那美丽女孩朱丽叶眼里的情郎。她就等在那边那扇窗户旁边，思念着她的爱人。

这段话说完之后，他便开始进入角色，然后他很快又停下来说道：

> 哦，顺便说一句，你刚看见我出场时，可以使劲儿笑话我，笑个够。可是，一旦我变成了罗密欧，我可不想再停下来，跟你们解释我的打扮。我这身衣服是那个年代的样子，紧身装，还有这条短短的灯笼裤。一会儿你们最好不要弄出些笑声、嘘声、胡闹声来打扰罗密欧帅哥的表演，听明白了没？

> 说完这些，他走上了舞台，手中拿着帽子，向观众们行了一个大礼。让我们感到意外的是，没有人笑话他，而他也就当即变身为主角罗密欧。他的表演非常出色，每一段表演之后，人们都站起来为他鼓掌，没有任何人笑话他。他的妈妈看到他出场时，甚至都哭了出来。他得到了属于自己的机会，站在聚光灯下，成了一位明星。那次表演之后，他整个人都变了样，后来顺利从高中毕业，走向了新的生活。

这位年轻人，这位需要特殊教育的“问题学生”，通过艺术与文学的融合、文字与话剧的融合，甚至让自己融合到文学情境中来欣赏文学，最终成就了一个让人深受启迪的成功案例。

弗朗西丝总结道：**“通过这样的体验及其他类似的体验，这些后进生所得到的是一个公平展现自我的机会。他们非常想得到这样能被人看重、受人尊重的机会。**通过艺术表演，我相信很多这样的后进生都能赶上来。”

艾伦·韦尔斯（Alan Wells）也持相同看法，他是堪萨斯城的市政工作人员，也是一位勇于创新的人，他成功地获得了一笔基金，创办了“判你当艺人”（Sentenced to the Arts）项目。这是一个专门针对犯罪青少年的项目，会“判决”那些青少年参与由学校及其他机构组织的艺术表演。尽管这个项目目前刚起步不久，尚待完善，但是其显现出来的成效已经非常令人鼓舞了。该项目的基金实际上来自美国司法部的“未成年人责任激励资助计划”（JABG）。

为了证明“罗密欧”故事的成果并非偶然，弗朗西丝还讲述了她在得克萨斯州一所高中教授戏剧表演时的另外一次经历。那是一所城区学校，她的学生都是些考试成绩很不好的后进生：

> 在第一季度的教学快要结束时，我执导了《绿野仙踪》。参与的学生大约有300人，这些孩子组成了爵士乐队、鼓乐队、旗手队、合唱队、仪仗队，除了参与戏剧表演的学生之外，还有一组负责电视制作的学生。第一场表演结束后，好几个老师都过来问我：“你是怎么做到让那谁谁在表演中从

头到尾都规规矩矩、毫不乱来的？”我回答说，我通过满足他们的需求，教会了他们专心致志，换句话说，我给了他们足够的关注。我在教学中为学生创造了一个让他们发光发亮的机会，谁都愿意有机会成为众人瞩目的明星。

## 高中生最担心的事儿：听听孩子怎么说

凯·查特顿（Kay Chatterton）是一位临床社工，曾经是一名教师，如今是犹他州教育协会专业发展部的主任，她和同伴一起主持了一次高中生的专题讨论，请学生们说说内心最深的恐惧是什么。讨论结果让她非常意外，因为她发现高中生们最担心的事儿，是在学校里以及将来走出校门之后的竞争力不够。这些年轻人很坦诚地表示，他们担心自己不但现在无法满足父母的要求，将来到了工作岗位上可能也无法满足上司的要求。一想到要在学校里以及将来“在这个世界上”让自己从竞争中存活下来，他们就觉得心中压力很大，许多人甚至绝望地认为自己根本不可能做得到。

凯的这一发现和我们的调研结果恰好一致。我们也曾主持过相同主题的讨论，也曾得到过非常相似的反馈。我们在开始调研时，满以为会发现女生心中的顾虑和担忧会比男生更甚，结果发现很多时候恰恰相反。美国联邦教育部的调查结果也是如此。他们以八年级和十二年级的学生为问卷调查的对象，结果发现，与男生相比，女生的抱负要更为远大，对实现抱负的信心也更加充足。几年前我曾参与过一次美国公共广播电视公司（PBS）拍摄的教育专题节目，主题是询问一群高中男生对自己的人生、学校和未来的看法。从九年级到十二年级的这群男孩心里都有着对失败的恐惧，他们无一例外地害怕自己无法满足父母的期望，甚至无法达到自己的期望。

美国的社会几乎是世界上竞争最激烈的社会，而这些男孩女孩就是在这样的环境中长大成人。不论男女，这些孩子心底都深深地担忧着未来会在竞争中失败，而我们的任务就是帮助他们健康成长，在社会中站稳脚跟。高中教育固然是为将来上大学、走进职场打好知识基础，而要想学好知识，恰恰需要学生对人类意识能有更深层次的理解，这也是高中教育需要做到的。

本章以高中生内心深处的忧惧作结，因为我们发现，高中生的老师和家长都没能认识到这些年轻男女心中的忧惧已经如此深重。整个社会都因为不懂孩子而给予了他们太大的压力，而孩子只能把这种忧惧深埋在心底。如果说我们从针对青少年教育的研究中学到了什么，那应该是：**十几岁的男孩和女孩在学习各种知识技能、学习了解这个社会的过程中，也想要成长为真正的男人和女人。**而老师们要做的就是帮他们把握好学习与成长的平衡，不仅是帮助他们成长为有知识的人，而且要让他们成长为有男性气质的男人、有女性气质的女人。让他们以这样的理想状态进入成人世界，这至关重要。

## 男孩女孩科学教养
## —— 小窍门 ——

前面已经讲过，初中阶段针对男生女生大脑差异设计出的教学新举措，在高中阶段仍然适用。不过这里要再列举一些要点。

### 针对男孩的建议

☆要确保每个学生都能在解决矛盾冲突、与人交流沟通这两方面得到他们所需要的培训与指导。

☆要充分了解“男孩的天性”，以便更好地指导男生，帮助他们懂得自己，找到自己的人生价值，找到他们所追求的活着的意义。

☆要鼓励老师建立个人权威，既可以是独特的人格魅力，也可以是学术上的高超水平，或是对规则教育的始终如一，还可以是针对青少年内心需求的敏锐觉知。

☆课堂上要允许学生起身活动，特别是那些在走动中才会思路顺畅的学生。

☆以谈心的方式帮助学生认清自己的长项和弱项，引导他们更有目的地规划好自己的未来。要确保每一名高中生在毕业之前都能得到这样的心灵指导。

☆把爸爸及其他成年男性请进学校，让他们为孩子讲述自己的故事，担当男生的心灵导师，帮助他们成长为健康的成年人。

☆在需要时提供单性别课堂或男女分组的教学环境，更要提倡和支持这样的政策规定。

☆把品德教育和义务劳动当成学生总体教育的一部分，即这是必修课而非选修课。

☆通过开诚布公的讨论，引导男生学习该如何理解女生。

☆讲解媒体文化，包括指导学生了解媒体男性形象对男生构筑自我的影响。

☆提供机会举行成人礼，让学生体验他们的成长。

☆在人类成长与发展、社会学、心理学等课堂上，留出一定的时间让学生做自我陈述及讨论，确保孩子能有机会说出他们所面对的困扰，包括性骚扰、霸凌以及苦闷抑郁的情绪等。

### 针对女孩的建议

☆与教导男生一样，也要教导女生了解自己的“天性”，给她们提供培训的机会和教材，让她们了解老师们所知道的男女大脑之间的相同与不同之处。这些知识不妨作为课堂讨论的内容。高中阶段的男生和女生都已经有了足够的成熟度来讨论本书第 1 章和第 2 章的内容。

☆要多多用心在高深的理科教学上采用新举措，比如动手操作、校外课堂、写日志、做笔记等，以帮助女生提高在理科课程上的学习成绩。

☆在需要时提供单性别课堂或男女分组的教学环境，更要提倡和支持这样的政策规定。

☆要给予学生更高的期望、更多的鼓励，哪怕孩子表现得不需要那么多鼓励。

☆在教学中不要害怕或避免让学生相互竞争，尤其是在数学、科学的教学中，应当多多布置游戏式的竞争活动。

☆要确保女生使用电脑的时间和男生一样多，要为女生树立女性“电脑通”的榜样，学校里的、社区里的都可以，让她们看到女性也能精通电脑，从而增加她们对电脑的兴趣。

☆只要条件允许，老师就要多提供团队式教学，也要多组织学生进行小组学习。

☆确保每名女生在高中毕业前都有过与女性榜样相处的机会，都得到过来自女性师长的心灵指导。

☆要特别关注可能有特殊教育需求的女生，因为女生的表现常常不像男生那么明显，有可能因此被忽视。

☆鼓励女生参与以前只限于男生参与的体育运动，但是活动中要按性别组队，以保护男生和女生健康发育的需要。

☆讲解媒体文化，指导学生了解媒体女性形象对女生构筑自我的影响。

☆把妈妈、祖母及其他成年女性请进校园，让她们为孩子讲述自己的人生故事，在性教育及社会道德教育方面对女生进行辅导。

☆在人类成长与发展、社会学、心理学等课堂上，留出一定的时间让学生做自我陈述及讨论，确保孩子能有机会说出她们所面对的困扰，包括性骚扰、霸凌以及苦闷抑郁的情绪等。

## 给家长的建议

☆当孩子的人生大幕一点点展开时，不要放弃你在其中的“明星”地位。当你必须从主角转换为配角之后，请继续做剧中最为关键的配角。

☆做一个善于倾听的人，不妨多问几个有深度的问题，而且不要对孩子的回应妄加评判。

☆不要限制孩子讨论任何话题，不过，谈话时要维持一定的规矩，这是必不可少的，比如说，“不要当着你弟弟妹妹的面说脏话”。

☆在家中乃至家族中为孩子举办各种成人礼，也可以在社区、教会等组织的帮助下做这些，更要支持学校这么做。

☆让年长的孩子对年幼孩子的品德教育负责。比如说，如果一部电影不适合家里的弟弟妹妹观看，那么大孩子就不能当着弟弟妹妹的面看这样的电影。

☆孩子年龄越大，越要放手给他更多的自由，同时也要让他担负更多的责任。也就是说，如果你给予了家中大孩子一项新的自由，比如说，可以午夜之后才回家，那么这个孩子也要承担一定的新责任，比如一些新的家务劳动。

☆要确保孩子把完成作业、参加学校活动放在比参加娱乐活动更重要的位置上。

☆要求孩子恭恭敬敬地对待学校里的老师和职员，哪怕他不认同师长的建议或者要求，也要保持尊敬态度。

☆保持与学校的密切联系，比如到学校做义工、参与孩子的校队活动、参与学校组织的成人礼等。

# 后 记

一艘泊在港湾中的船是安全的，可是，港湾是船的归属之地吗?

**——佚名**

当今社会的教育文化不但一直与各种各样的困扰相抗争，包括学校里不遵守纪律的学生、家长对学生安全的担忧、老师们的不堪重负，等等，而且还一直争辩不清教育和教育者的界定。什么是教育工作者应做的事？什么样的人可以成为教育工作者？学生、教职员工、学校董事会成员、学生家长、政策制定者以及所有的政治评论员和记者，一直都在思考这个界定。我们坚持认为，如果不把儿童大脑发育因素以及男性大脑与女性大脑的不同运作方式考虑进来，并对此加以深入了解的话，那么在探讨做好教育到底需要做些什么的过程中，就肯定忽略掉了一个必需的关键部分。我们希望，在考虑并决定教育工作者需要什么样的专业培训时，当下的社会文化能够更加清醒地意识到，学习大脑知识、了解大脑性别差异会给教育带来多么大的积极影响。

在研究过程中我们已经看到了一些很有前景的学校，在那里，由于教与学的方式都非常符合儿童大脑获取知识的方式，学生都真正爱上了学习。我们和那里的教职员工一起研究如何教学、如何激励学生、如何发现更适合男孩和女孩学习的新举措，而且常常被老师们的创新思路深深打动。刚开始做这些研究时，我们心里存着的是这样的疑问：老师们是否缺乏脑科学知识的培训？是否缺乏对大脑性别差异的了解？我们对教育的认知是否缺少了这么一个关键环节？而今，经过整整10年的努力，在对全美乃至世界各地的学校与老师进行广泛调研之后，我们已经有了明确的答案。来自不同地区的老师对这一问题的回答全都得到了相互印证："我们需要这样的培训！"

每一代人，为了孩子、为了崇高的教育事业，都在寻找着合适的工具和模式，希望能为教育工作找到一个安全的港湾，并将其好好地停泊在那里。可是我们从大脑研究中获得的最珍贵的礼物，也许就是明白不可能有这么一个港湾。因为大脑是一个鲜活的、不断变化的有机体，我们必须不断顺应其新的变化，寻找新的工具，然后重新回到大海。在这个时代，我们必须调动一切能够调动的力量，帮助孩子充分准备好去面对一切。我们要让所有的男孩女孩都能成功地立足于未来，并为他们的家庭、社区、国家乃至全世界，贡献他们的一分力量。

我们希望这本书能引导你更深入地了解男孩和女孩的大脑，希望通过我们的共同努力，让学校和课堂变成更适合孩子们学习，更能给予他们爱、依恋和情感联结的好地方。自本书第一版出版后的这10年来，古里安研究团队的研究对象，即当下美国社会的教育结构，也和人类社会的其他方方面面一样，始终在不断地调整和变化。在这一进程中，教育工作者和学生家长从来都不是次要角色，而是领路人。尽管也存在相反的论调，但社会文化仍然愿意信任老师，每个男孩和女孩的家长也都愿意让老师成为孩子成长中的核心力量，愿意让孩子在老师的引导下，一步一步长大成人。

因此我们坚信，只要家长和学校都能好好支持老师的工作，只要教育工作者都愿意接受有益于男孩女孩大脑成长的新知识、新技能，并切实地学以致用，就一定能建成完美课堂。既然现在已经有了科学知识及大量的实践证据，充分证明了成长中的男孩和女孩在脑组织结构、神经系统发育、化学物质及激素等诸多方面有很多不同，我们就要多动动脑筋，开创出最有利于孩子成长的教学新方法，充分发挥每个孩子的独特长处，充分满足每个孩子的独特需求。

# 致谢

我首先要向本书英文版的编辑艾伦·林兹勒（Alan Rinzler）表达谢意，能与如此才华横溢的人以及他的同事共事，是我的荣幸，他们包括莱斯莉·卢拉（Lesley Iura）、纳娜·特武马西（Nana Twumasi）、卡罗尔·哈特兰（Carol Hartland），等等。还要特别感谢德布拉·亨特（Debra Hunter），正是他的笃定，才使得本书的出版成为可能。也要感谢我们的作品经纪人苏珊·舒尔曼（Susan Schulman），如果没有她的努力，本书的出版不会这么顺利，同时一并感谢她的同事们。

在此要向全世界所有的老师致以由衷的谢意，如果没有他们的努力，我们将无从获得研究成果。感谢古里安研究所的培训师们通过传播我们已获知的知识与体验，帮助教育工作者及家长们把课堂和家庭改造成更有助于孩子学习的场所，让男孩和女孩都能按照各自独特而美妙的方式好好成长。特此感谢凯莉·金、唐·史蒂文斯（Don Stevens）、达科塔·霍伊特（Dakota Hoyt）、林恩·里特沃（Lynn Ritvo）、佩姬·丹尼尔斯以及克劳迪娅·谢里（Claudia Sherry）。

同时也向密苏里州及堪萨斯州下列学区的教职员工致以真诚的谢意。

- 密苏里州格兰德维尤学区。
- 密苏里州希克曼米尔斯学区。

- 密苏里州独立城学区。
- 堪萨斯州堪萨斯城学区。
- 密苏里州帕克希尔学区。
- 密苏里州圣约瑟夫学区。

还要特别感谢下列密苏里州堪萨斯城的诸位学区主管，感谢他们在百忙之中抽出时间筹划并落实古里安研究所的创办及运行，他们包括：盖登·卡鲁思（Gayden Carruth）、丹·科尔根、杰里·库珀、雷·丹尼尔斯（Ray Daniels）、约翰·马丁（John Martin）、戴维·罗克（David Rock）以及罗伯特·沃特金斯（Robert Watkins）。假如没有这些主管的带领，没有他们手下同事的协助以及老师们在研究所日常运作中的积极参与，这本书就不可能写得出来。抱歉这里无法一一列出他们的名字，但是我的谢意仍要献给他们每一个人。部分老师的名字会在本书正文中出现。

我们也向密苏里州教育研究中心安全学校的职员们致以最诚挚的感谢：拉塞尔·汤普森（Russell Thompson）、苏珊·安德森（Susan Anderson）、丽塔·夏皮罗（Rita Shapiro）以及迈克尔·布思。感谢他们始终如一的支持和领导工作。感谢行政助理罗斯·福特（Rose Ford）为完成这个项目所付出的远超预期的努力，谢谢你！

最后要感谢华盛顿州斯波坎市的政府职员，尤其是特别行政助理斯苔西·瓦赫霍尔茨（Stacie Wachholz），本书能得以出版，她功不可没。由衷感谢为本书贡献出智慧和力量的玛丽·尤卡里斯塔（Mary Eucharista）修女、阿贝·温宁（Abe Wenning）、萨拉·斯托克（Sara Stoker）、克里斯李·哈留（Kristi Harju）、玛丽·格雷厄姆（Marie Graham）以及纳特（Nate）和凯瑟琳（Katherine）等诸多学生助理和研究助理。

BOYS AND GIRLS LEARN DIFFERENTLY

# 注 释

扫码下载“湛庐阅读”App，
搜索“男孩女孩学习大不同”，
获取全书注释。

# 译者后记

随便翻开一本现代儿童教育或者亲子关系的书，我们常会看到这样的语句：要接纳孩子，要爱他如他所是，要理解孩子不良行为背后真正的诉求。

每一位作者，每一本书，都会从不同的角度来诠释对孩子的接纳与爱。我喜欢读这些书，因为正是书中的智慧教导了我该怎么去真正了解自己的孩子，怎么去真正接纳和爱自己的孩子。

这本《男孩女孩学习大不同》再次从一个不同的角度向我们诠释了该怎么去爱孩子：按照男孩和女孩的天生不同，去理解他们、接纳他们、爱他们。

我很喜欢这本书中“科学”的味道。不是从道义的高度要求父母和老师善待孩子，而是以浓厚的“科普”色彩向读者讲述了最近这 20 多年来，西方科学家、教育学家们针对大脑、人类发展以及儿童行为所做出的一些最新科研成果和分析，让我们能“知其然也知其所以然”地明白，为什么男孩和女孩是不同的。

我和你一样，凭直觉就知道男孩和女孩不同。可是，他们为什么会不同？具体有哪些不同？这些不同之处对男孩女孩的行为、成长、学习、成就会有什么影响？在养育孩子的过程中该怎么以不同的方式对待男孩和女孩？对这些，我们却说不明白。

那就请看看这本书吧，你一定能学到很多新知识，明白许多你过去朦朦胧胧有所感觉，却还不能说得明白的事情。读过之后，你一定会比过去更清楚地知道，该怎么更好地去理解你的孩子，去接纳他、去爱他。

亲爱的读者朋友，不论你是一位家长，还是一名教育工作者，这本书都值得你认真读一读。要懂得怎么真正爱孩子，首先要真正懂得孩子，懂得男孩，也懂得女孩。如果你是一位家长，我敢保证你读过之后，你家孩子一定受益匪浅；如果你是一名教育工作者，那么，因为你改变教学思路和教学方法而提高成绩的男生和女生，甚至是从“坏学生”一跃而成为“好学生”的孩子们，一定会在心底深深地感激你一辈子……

玉冰

2017 年 9 月

# 未来，属于终身学习者

我这辈子遇到的聪明人（来自各行各业的聪明人）没有不每天阅读的——没有，一个都没有。巴菲特读书之多，我读书之多，可能会让你感到吃惊。孩子们都笑话我。他们觉得我是一本长了两条腿的书。

———查理·芒格

互联网改变了信息连接的方式；指数型技术在迅速颠覆着现有的商业世界；人工智能已经开始抢占人类的工作岗位……

未来，到底需要什么样的人才？

改变命运唯一的策略是你要变成终身学习者。未来世界将不再需要单一的技能型人才，而是需要具备完善的知识结构、极强逻辑思考力和高感知力的复合型人才。优秀的人往往通过阅读建立足够强大的抽象思维能力，获得异于众人的思考和整合能力。未来，将属于终身学习者！而阅读必定和终身学习形影不离。

很多人读书，追求的是干货，寻求的是立刻行之有效的解决方案。其实这是一种留在舒适区的阅读方法。在这个充满不确定性的年代，答案不会简单地出现在书里，因为生活根本就没有标准确切的答案，你也不能期望过去的经验能解决未来的问题。

而真正的阅读，应该在书中与智者同行思考，借他们的视角看到世界的多元性，提出比答案更重要的好问题，在不确定的时代中领先起跑。

## 湛庐阅读App：与最聪明的人共同进化

有人常常把成本支出的焦点放在书价上，把读完一本书当作阅读的终结。其实不然。

---

时间是读者付出的最大阅读成本

怎么读是读者面临的最大阅读障碍

“读书破万卷”不仅仅在“万”，更重要的是在“破”！

---

现在，我们构建了全新的“湛庐阅读”App。它将成为你“破万卷”的新居所。在这里：

- 不用考虑读什么，你可以便捷找到纸书、电子书、有声书和各种声音产品；
- 你可以学会怎么读，你将发现集泛读、通读、精读于一体的阅读解决方案；
- 你会与作者、译者、专家、推荐人和阅读教练相遇，他们是优质思想的发源地；
- 你会与优秀的读者和终身学习者为伍，他们对阅读和学习有着持久的热情和源源不绝的内驱力。

下载湛庐阅读 App，
坚持亲自阅读，
有声书、电子书、阅读服务，
一站获得。

CHEERS

# 本书阅读资料包

## 给你便捷、高效、全面的阅读体验

## 本书参考资料

湛庐独家策划

- ✔ 参考文献
  为了环保、节约纸张，部分图书的参考文献以电子版方式提供
- ✔ 主题书单
  编辑精心推荐的延伸阅读书单，助你开启主题式阅读
- ✔ 图片资料
  提供部分图片的高清彩色原版大图，方便保存和分享

## 相关阅读服务

终身学习者必备

- ✔ 电子书
  便捷、高效，方便检索，易于携带，随时更新
- ✔ 有声书
  保护视力，随时随地，有温度、有情感地听本书
- ✔ 精读班
  2~4周，最懂这本书的人带你读完、读懂、读透这本好书
- ✔ 课　程
  课程权威专家给你开书单，带你快速浏览一个领域的知识概貌
- ✔ 讲　书
  30分钟，大咖给你讲本书，让你挑书不费劲

**湛庐编辑为你独家呈现**
**助你更好获得书里和书外的思想和智慧，请扫码查收！**

（阅读资料包的内容因书而异，最终以湛庐阅读App页面为准）

# 湛庐阅读App

## 思想者的声音图书馆

**倡导亲自阅读**

不逐高效，提倡大家亲自阅读，通过独立思考领悟一本书的妙趣，把思想变为己有。

**阅读体验一站满足**

不只是提供纸质书、电子书、有声书，更为读者打造了满足泛读、通读、精读需求的全方位阅读服务产品——讲书、课程、精读班等。

**以阅读之名汇聪明人之力**

第一类是作者，他们是思想的发源地；第二类是译者、专家、推荐人和教练，他们是思想的代言人和诠释者；第三类是读者和学习者，他们对阅读和学习有着持久的热情和源源不绝的内驱力。

CHEERS

# 以一本书为核心

## 遇见书里书外，更大的世界

**图书在版编目（CIP）数据**

浙江省版权局
著作权合同登记章
图字：11-2017-329 号

男孩女孩学习大不同：给教师和家长的教导指南 /（美）迈克尔·古里安著；玉冰译 .—杭州：浙江人民出版社，2018.1（2024.4重印）

书名原文：Boys and Girls Learn Differently!

ISBN 978-7-213-08467-6

Ⅰ.①男…　Ⅱ.①迈…　②玉…　Ⅲ.①男性－学习方法　Ⅳ.①G791

中国版本图书馆 CIP 数据核字（2017）第 292995 号

**上架指导：教育 / 科学教养**



**男孩女孩学习大不同：给教师和家长的教导指南**

［美］迈克尔·古里安　著

玉　冰　译

---

出版发行：浙江人民出版社（杭州体育场路 347 号　邮编　310006）

市场部电话：（0571）85061682　85176516

集团网址：浙江出版联合集团　http://www.zjcb.com

责任编辑：朱丽芳

责任校对：徐永明

印　　刷：天津中印联印务有限公司

开　　本：710 毫米 ×965 毫米 1/16　　印　　张：20.75

字　　数：323 千字　　插　　页：1

版　　次：2018 年 1 月第 1 版　　印　　次：2024 年 4 月第 5 次印刷

书　　号：ISBN 978-7-213-08467-6

定　　价：79.90 元

---

如发现印装质量问题，影响阅读，请与市场部联系调换。